성보의 新天氣大要

택일법
교과서

晟甫 安鐘善 지음

성보의 新天氣大要
택일법교과서

인 쇄 일 : 2015년　4월 23일
발 행 일 : 2015년　4월 27일
저　　자 : 안 종 선
발 행 처 : 도서출판 산청
신고번호 : 제2014-000072호
주 소 : 서울시 금천구 시흥대로104다길2(독산동)
전　　화 : (02) 866-9410
팩　　스 : (02) 855-9411
이 메 일 : sanchung54@naver.com

성보의 新天氣大要
택일법교과서

들어가며

　사람은 살아가며 그때그때 상황에 따라 여러 가지 결정을 해야만 한다. 즉 날을 선택하고 시간을 선택해야 하는 과정은 우리 일상사에 반복되는 일이다. 이 반복되고 있는 날짜와 시간의 선택은 인류가 존재하는 한 끊임없이 반복될 것이다. 예부터 우리 조상들은 이러한 반복되는 날짜와 시간 선택의 잣대를 일정한 틀로 정하고 실천해 왔다. 오래도록 모아진 자료와 관습은 학문적인 기반을 가지고 정립되었다.

　이러한 학문적 정립은 이미 오래 전부터 있어 왔으나 조선시대(朝鮮時代)에 들어와 선택음양서(選擇陰陽書)로서 ≪천기대요(天氣大要)≫로 통합되었다. 즉 택일(擇日)과 택시(擇時)에 관한 자료의 집합인 셈이다. 이로서 이 땅에 살고 있는 사람들이 무언가 일을 하고자 할 때 선택적으로 날짜를 정하고 시간을 정하는 기준이 마련되었다.

이 책의 내용은 애초에 한국적인 것이 아니었을지도 모른다. 그러나 어느 시점에서 이 책은 지극히 한국적인 것이 되었다. 이 책은 원래 중국인이 주역(周易)을 바탕으로 하고 명리학(命理學)을 배경으로 삼아 지은 것이지만 우리나라에 들어와 재정립되어 크게 활용되었다. 흔히 혼효중성(昏曉中星)에 맞추어 우리에게 맞도록 개편한 책으로 최상의 가치를 인정받으며 오래도록 저변확대를 불러왔고 긴 시간동안 사용되어 왔다.

과거는 미래의 얼굴이다. 과거에는 학자이거나 문인이라면 구애 없이 ≪천기대요(天機大要)≫를 습득하고 애써서 공부했다. 그것은 일종의 교양과도 같았다. 이 책을 보지 않았다는 것은 학문적 깊이에서도 용납되는 일이 아니었다. 그런데 언제부터인지 이 관행이 무너지고 새로운 서양사상이 들어와 자리를 잡았다. 그리고 우리의 전통으로 자리 잡았던 이 문화는 결국 서서히 설 자리를 잃어가는 지경에 이르렀다. 서양문명이 잘못된 것은 아니지만 오래도록 사용했던 학문이 소리 없이 사장되고 배척된 것은 문제가 아닌가 생각된다.

풍수지리(風水地理)의 역사에서 택일(擇日)은 무시할 수 없는 중요한 부분이다. 풍수지리의 역사처럼 택일의 역사 또한 그 시원(始原)을 알 수 없으리만치 오래되었다. 흔히 조구봉(趙九峰)으로 불리는 조옥재(趙玉材)는 청(靑)나라 말기인 1876년에 출판한 ≪지리오결(地理五訣)≫에서 풍수(風水)를 일러 각기 형가(形家), 법가(法家), 일가(日

家)의 세 부문으로 분류하고 있다. 나름 독특해 보이나 사실은 독특함이 아니고 일반적이다. 이는 달리 불리는 여러 가지 이론과 학습의 방법이나 각 학파의 계보로 정리를 할 수 있다.

조구봉이 말한 형가(形家)란 땅의 형세(形勢)로서 길흉을 판단하는 것이니 흔히 한국에서 말하는 형기파(形氣派)이거나 형세파(形勢派)이고, 법가(法家)란 흔히 이가(理家)라고 칭하여지는데 흔히 말하는 이기파(理氣派)가 이에 해당한다. 이는 오래도록 이 땅에 자리 잡은 풍수의 맥이라는 것에 의심의 여지가 없으니 새로운 것이 아니다. 형가와 비교되는 이기파는 땅에 이르는 기의 흐름을 파악함에 있어 방향과 물의 흐름, 산의 흐름에 오행(五行)을 대입하여 길흉화복(吉凶禍福)을 판단하는 것이다. 전형적인 이기론의 이론이다.

일가(日家)는 특이하다. 이제까지 크게 드러난 바가 없는 학파였다. 일가란 한국사회에서는 흔하게 쓰이는 말이 아니다. 달리 말하면 집에 관련된 것이다. 그렇다고 반드시 집에만 해당하는 것은 아니다. 조구봉이 말한 집이란 양택(陽宅)만을 의미하는 것은 아니다. 죽은 사람의 집인 음택(陰宅)도 포함한다. 즉 일가라는 말은 이론이 아니라 양택과 음택을 지을 터가 준비되었을 때 이후에 적용하는 방법이다. 즉 음택과 양택을 구성하거나 작업, 짓거나 세울 때를 상정하여 그 일에 적합한 시기를 맞추는 일을 말하는 것이다. 나름 독립된 이론이다. 그러나 모두 적용되는 이론이다.

그렇다고 하늘에서 떨어진 것이 아니고 명리학을 바탕으로 하는 이론이다. 다시 일러 말하면 행사를 함에 좋은 날을 잡는 것이니, 택일(擇日)을 의미한다. 즉 조구봉은 택일을 달리 독립시켜 풍수의 형기론과 이기론에 부차하고 상대하는 중요한 이론으로 본 것이다.

조구봉의 이론에 따르면 어느 한 가지에 치우치지 말고 이 세 가지를 적절하게 조화시켜야만 완전한 용사(用事)를 할 수 있다고 주장한 것이다. 즉 큰 그림에서 보아 풍수의 큰 범위에 해당하는 양택이나 음택의 입지를 선정하고 축조하거나, 장례를 치르거나, 심지어 길을 낼 때까지도 반드시 택일을 하여야 올바른 것이라고 주장했다. 따라서 일가는 형가나 법가정도의 지위로 다스려야 한다는 것이다.

풍수의 이론은 흐르는 강처럼 그 시원을 알 수 없으리만치 깊고 넓으므로 무수한 잠언이 있다. 그 하나의 예를 살피면 "첫째 산이 없고, 둘째 사람이 없고, 셋째 때가 맞지 않아 좋은 곳에 쓸 수 없다"는 이야기가 전해지고 있다. 그다지 어려운 문장은 아니라고 해도 그 진의를 파악하기에는 대단히 난해한 잠언이다. 어찌 묘를 쓰고 집을 짓는데 산이 없고 사람이 없다는 말인가? 어불성설(語不成說)이라 논하고 주장하고 비하하지 말아야 하고 이는 좀 더 깊은 정신으로 풀이할 일이다.

이 말의 심오한 의미는, 첫째로는 묘지로 조성할 수 있는 길지(혈, 명당)를 구하기가 심히 어렵다는 것이다. 둘째는 명당의 길지는 구했으나 그 자리에 들어갈 사람이 적다는 말이다. 사람이 죽지 않았다는 것이 아니라 땅은 그 자리에 맞는 사람이 주인이 되어야 한다는 말이다. 어쩌면 인간의 편협함과 욕심 때문에, 혹은 올바른 사람이 없음을 한탄한 것인지도 모를 일이다. 때로는 길지를 볼 줄 아는 사람이 없다는 말인지도 모를 일이다. 셋째는 땅과 사람이 준비되어도 시기가 맞지 않아 사용 할 수 없다는 것이다. 시기라는 말이 이때 필요하다. 즉 땅이 있고 시신이 있어도 택일이 필요하다는 말이다. 택일이 얼마나 영향을 미치는지 중요성을 강조하는 말로 보아도 그다지 틀리지 않을 것이다.

2000년 이후 풍수는 새로운 시대에 들어 발전을 거듭하고 있다. 기존의 풍수에 더해지고 깎여나가 자리 잡는 첨삭(添削)의 고통도 따르고 있다. 오래도록 자리한 풍수의 일반론에 더해 중국(中國), 홍콩(香港), 일본(日本)의 풍수이론이 더해지고 있다. 특히 중국의 풍수는 미국, 영국, 독일 등에 전파되어 적용되고 있으며 놀라운 반향을 일으키고 있다.

문제는 풍수를 배우고 익힌 이들이 자신들이 배운 학문만이 최고라고 주장하는 것에 문제가 있다. 즉 최근 풍수인들의 용사(用事)를 보면, 혹자는 형세만을 가지고 길흉을 판단하고, 다른 이는 이법만을 가지고 길흉을 판단한다. 이러한 행위가 틀렸다는 것이 아니라 부족한 점이 있다는 것이다.

형세와 이기만을 강조 하다 보니 그 용법이 옳다고 할 수 있어도 때때로 택일의 중요성을 간과하는 경향이 있다. 예부터 우리 생활에서 택일은 형세와 이기만큼이나 중요하게 다루어진 측면이 있다. 현대의 풍수사들은 택일에 대해서는 무시하거나 연구를 게을리 하는 경향이 있음도 사실이다. 역시 명리학자들도 택일법을 익히거나 배우지 않고 자신의 느끼지 못하는 어리석음과 단순판단에 근거한 자가당착적(自家撞着的)인 이치에 맞추어 법을 적용하고 판단하는 경우가 허다함을 본다. 그러나 풍수가 전래의 풍습과 문화가 합쳐진 것이듯 택일도 크게 다르지 않다. 택일을 무시하거나 적용하지 않는 것은 세 가지 중 한 가지를 포기하거나 버리는 격이다.

풍수의 범위는 아주 넓다. 그 범위는 이미 인간의 생각 영역을 벗어나며 발전하고 있는지 모를 일이다. 일반적으로 배우고 알려진 형세와 이기만이 풍수에 있어 가전의 보도(寶刀)가 아니고 만병통치(萬病通治)의 명약도 아니다. 형세로 산을 찾고, 집터를 찾았다면 이기를 보충하여 배치하고 살피는 것이 가능하다. 이때 이처럼 여러 가지 조건에 합당하게 날을 선택하여 적용하여 옳고 강한 기운을 불러들여야 하니 택일하는 방법을 세세하게 기록하여 놓은 책이 바로 ≪천기대요≫이다.

애석한 것은 풍수를 배운 사람들이나 풍수에 대해 논하는 사람, 혹은 풍수로 밥을 먹는 사람 중에도 ≪천기대요≫가 무슨 책인지, 어떤 역할을 하는 책인지도 모르는 사람들이 허다하다는 것이다.

풍수지리학자 왕도형(王道亨)은 그의 저술인 ≪나경투해

(羅經透解)≫에서 의미심장한 말을 남겨놓았다. 풍수사들
이 밥을 먹듯하는 말이지만 실천하고 있는지는 의미가 드
는 바로 그 말이다.

"어리석은 의사의 실수는 그 피해가 한 사람에게 미치
나, 어리석은 지사의 실수는 그 피해가 전 가문에 미친다고
하였다(庸醫之誤, 不過一人, 庸師之誤, 必覆全家)"

실로 가슴이 떨리는 말이다. 누구라도 풍수를 배울 수는
있다. 누구라도 풍수를 전수할 자격이 있다. 누구라도 풍수
를 논할 수는 있다. 누구라도 풍수에 대해 주장할 수 있다.

그러나 누구나 땅을 찾아 남의 묘를 쓰고 양택을 잡아서
는 아니 된다. 풍수는 과거를 살피지만 미래를 지향하는 학
문이다. 자그마한 실수나 오류, 혹은 자만심이 일을 그르친
다. 땅을 구하여 그 땅에 용사를 하려면 뼈를 깎는 경험과
수련, 그리고 심사숙고가 필요하다. 학문적 바탕과 실기 경
험, 임기응변과 기존의 지식뿐 아니라 당사자에게 피해가
없도록 모든 경우의 수를 모두 확인하여야 한다. 이것이 택
일에 대한 모든 상황을 정리한 천기대요를 공부해야 하는
이유이다.

≪천기대요≫는 어떤 책인가?

≪천기대요≫는 중국 명(明)나라 학자 임소주(林紹周)
가 여기저기에서 떠돌던 택일의 이론을 모아 저술했다. 그
책이 이 땅에도 흘러들어오니, 달리 선술(撰述)이라고 불러
야 할 ≪천기대요≫를 이 땅에서도 사용하기에 이른다.

이 땅에서 ≪천기대요≫의 출간은 1636년(仁祖14)에

처음으로 이루어졌다. 당시 음양과(陰陽科)에서 활동하던 성여순(成汝栒)이 최초로 간행하였으며 1653년 다시 시헌력(時憲曆)에 의하여 개편 증간하였다. 이후 1737년(英祖13)에 음양과 출신이던 지백원(池百源)이 관상감(觀象監)에서 ≪신증천기대요(新增天機大要)≫라는 표제로 증보본을 발행하기에 이른다. 이후 1763년(英祖39)에 지백원의 손자인 지일빈(池日賓)을 시켜 증보하였으며, 1902년(高宗39)년에는 다시 지송욱(池松旭)이 증보를 하여 관상감에서 간행하였다. 따라서 택일법의 보전과 발달은 이 지씨 가문 일가의 노력에 기인한다.

≪朝鮮圖書解題≫(1919,朝鮮總督府)에서는 '어떤 일이건 치를 적마다 일의 부문별로 반드시 그에 적합한 간지의 세월일시각(歲月日時刻)을 선택하는 것을 택선피기(擇宜避忌)의 방법으로 하였다'고 설명하고 있다.

≪천기대요≫는 오래도록 증간과 증보를 계속하였는데 불과 30여 년 전에도 시중에 출판이 된 적이 있다. 이는 오랜 출판의 이어짐이다.

최근 1982년 6월 30일 명문당에서 김혁재의 이름으로 중판되어 출간된 적이 있다. 현재 저술하고 세상에 내 놓고자 하고 있는 본 책의 내용도 대부분 1982년 명문당에서 출판된 ≪천기대요≫를 그 근간으로 하고 있다.

≪천기대요≫는 그 역사만큼이나 오래도록 우리의 일상에 영향을 미치고 있었다. 조선시대 관상감에서 대를 거슬러 반복적으로 간행되어진 최고의 도참서로, 역학(易學)과

오행설(五行說)의 원리에 의하여 길일과 길시를 가리는 방법으로 사용되었다. 이는 지극히 동양적인 이론의 바탕을 그 근간으로 하고 있다. 표면적으로는 풍수와 연관이 없는 택일법으로 보이지만 사실은 가장 깊이 연관되어진 고리와 같다. 또한 예부터 상장(喪葬), 혼인(婚姻), 양택(陽宅), 제사(祭祀) 등 인간생활 전반에 대한 길흉화복을 가리는 방법을 가리는데 적극적으로 사용하고 적용하였다. 이 책은 민간의 전래적인 택일에 관한 다양한 이론을 적용하여 기술한 책이다. 그 내용은 다음과 같다.

상권은 복희팔괘(伏羲八卦)와 하도낙서(河圖洛書) 등 8항목과 총론이 있고 다음 상장문(喪葬門)으로 19개 항목이 기술되었으며, 하권에는 육갑천규도(六甲天窺圖) 등 25개 항목으로 분류 서술하였다.

조선시대에는 조정에서부터 서민에 이르기까지 음양오행설에 의하여 길흉을 판단하는 것이 전통적 관습이 되어 왔으므로 이 책은 사회의 일용편람으로 널리 사용되었다. 학자나 문인은 반드시 천기대요를 습득하고 배워야 하는 것으로 알려져 온 이유도 생활에 깊이 쓰이기 때문이었다.

≪천기대요≫는 그 범위가 매우 광범위하게 다루어지고 있다. 대표적인 학문은 '상장문(喪葬門)'이다. 이 상장문이 가장 자세하게 수록 되어 있다. 그뿐 아니라 다양한 부분을 나누어 설명하고 있는데 천분대법(遷墳大法), 기조문(起造門), 혼인문(婚姻門), 이사문(移徙門), 기타길일 등이

세세하게 수록 되어 있다. 이는 단순히 학문으로서 배우고 익히는 용도는 아니다.

풍수를 익히는 자가 택일을 하지 못한다면 이는 불측한 일이다. 때로 날을 잡는 역할을 명리학자나 점술사, 혹은 무속인이 하는 경우가 있는데 어떤 기준으로 근거하는지 그 시원과 기준을 알 수 없다. 명리학자나 풍수사는 날을 잡는 일을 궁극적으로 하여야 하는 사람들이므로 ≪천기대요≫의 학습은 필수적이다.

택일은 풍수를 하는 사람들에게 필수적인 덕목이다. 즉 풍수를 하는 지사(地師)는 필수적으로 공부해야만 하는 책이다. 장례일과 장례방향, 혹은 만산도(萬山圖)와 같은 이론은 풍수사의 질적 향상을 위한 무기와 같다. 또한 각종 택일법(擇日法) 등이 수록 되어 있어, 다양한 학문을 이용하여 사람을 상대하는 술사들, 즉 술수를 공부하는 모든 사람은 기본적으로 공부해야 하는 책이다.

≪천기대요≫는 다양한 구성을 가진다. 즉 역(易)의 원리, 상장문(喪葬門), 천분대법(遷墳大法), 기조문(起造門), 혼인문(婚姻門), 이사문(移徙門)을 비롯하여 각종 길흉신의 부문으로 구분되어 기술되어 있다. 이 책은 ≪천기대요≫의 다양한 이론을 정리하고 보충하였고 현대인이 사용하기 어려운 부분은 가감하였다. 즉 불필요하고 지나치게 어려운 부분은 가볍게 처리하고 줄여 사용의 측면을 줄였다. 아울러 지금 사용하기 어렵거나 거북한 부분은 과감하게 생략하였고 필요한 부분에서는 여타의 이론도 가감하였다.

그러나 ≪천기대요≫에 서술된 내용 중에서 가장 중요하고 현대적으로도 의미가 큰 부분은 확대하고 다양한 이론을 끌어와 보충하였다. 즉 양택에서 쓰는 이법(理法)인 기조문 (起造門)과 이사문(移徙門)등은 가능한 강조하였다.

이 책의 내용은 각종 상황에서 날짜를 정하고 불가피한 상황은 피하며 옳은 날과 이로운 날을 선택하고자 하는 목적으로 만들어진 책이다. 이 책은 본인이 만든 책이 아니다. 본인의 지식도 아니다. 그러나 옛 선현(先賢)의 지혜와 풍습이 지금에 매우 필요함에 새로이 분석하고 파악하고 다듬고자 한 책이다. 필요한 사람이 있는 곳에 반드시 이 책이 있기를 바라는 마음으로 정리를 마친다.

轟轟軒에서 晟甫 安 鐘 善

목　차

1부.

동양학(東洋學)의

기초

1장.

음양오행
(陰陽五行)

1. 천간지지(天干地支)

1) 천간(天干)

천(天)은 하늘을 나타내지만 단순히 하늘만을 의미하는 것이 아니다. 천은 하늘의 변화하는 이치와 기(氣)의 움직임을 나타낸다. 하늘에서 일어나는 기의 변화를 말한다. 간(干)은 나무줄기라는 의미를 지닌 간(幹)에서 온 것이다. 즉 천간(天干)이라는 말은 하늘로 표방되는 다양한 기가 시시각각 변화하는 거대한 줄기라는 의미다.

천간의 기를 표현하는 글자는 총 10개로서 달리 십간(十干)이라 부른다. 십간은 단순히 글자가 아니라 하늘의 기를 표현하는 부호(符號)의 성격을 지닌다. 또한 천간은 10개로 이루어져 달리 십천간(十天干)이라고도 부른다. 갑(甲), 을(乙), 병(丙), 정(丁), 무((戊), 기(己), 경(庚), 신(辛), 임(壬), 계(癸)의 열 가지로 이루어졌으며 각각의 글자는 부호의 기능을 지님으로서 글자가 지니는 의미(意味)와 음양(陰陽), 오행(五行) 등이 부여된다.

2) 지지(地支)

천간이 하늘을 의미한다면 지지(地支)는 땅을 의미한다. 하늘을 의미하는 천간과 대비되는 개념이지만 대립(對立)보다는 상호보완적(相互補完的)인 관계를 지니고 있다. 천간이 의미라면 지지는 변화라 볼 수 있을 것이다.

지지는 12개의 글자로 이루어져 십이지(十二支)라 한다.

혼히 우리가 인식하는 12가지의 띠로 파악하면 된다. 12지지는 띠를 의미하는 자축인묘진사오미신유술해(子丑寅卯辰巳午未申酉戌亥)의 글자에 의해서 이루어져 있다. 천간과 다르지 않아 각각의 글자는 글자가 지니는 의미와 음양, 오행 등이 부여된다.

천간의 음양오행										
천간	甲	乙	丙	丁	戊	己	庚	辛	壬	癸
오행	木	木	火	火	土	土	金	金	水	水
음양	양	음	양	음	양	음	양	음	양	음

2. 음양(陰陽)

1) 천간(天干)의 음양(陰陽)

음양(陰陽)이란 우주의 근본인 가이아(Gaia), 즉 혼돈(混沌)에서 분화(分化)를 이루는 과정에서 가장 먼저 일어나는 기의 현상이 보여주는 결과이다. 음양은 표면적으로 서로 대립하고 대비(對比)되는 현상이지만 내부적으로는 서로가 보완(補完)하는 관계이기도 하다. 즉 대립과 대비로 표현되는 자연적인 상황과 화학적(化學的)인 반응(反應)을 살핌에 있어 음이 없다면 양은 존재하지 않으며 양이 없다면 음도 존재의 가치가 없다.

양은 밝고 강하며, 남성적인, 드러남, 튼튼함을 의미하고 음은 어둡고, 약하며, 여성적이고 숨김, 약함을 의미한다. 모든 사물은 음양의 기능과 기질을 지닌다. 천간을 이루는 열 개의 글자는 각기 양(陽)과 음(陰)의 성질에 배속된다. 모든 글자가 각기 음양 중 하나에 해당한다. 이에 갑, 병, 무, 경, 임(甲丙戊庚壬)이 양에 속하고 을, 정, 기, 신, 계(乙丁己辛癸)는 음에 속한다.

2) 지지(地支)의 음양(陰陽)

지지도 천간과 다름없이 각각 음과 양의 성질을 부여받으며 지지가 의미하는 것은 지(地), 질(質), 음(陰), 암(暗), 처(妻), 모(母), 녀(女), 내(內), 중(重)등이 있다. 지지도 천간과 다름없이 음양의 성질을 지닌다.

지지의 음양오행											
지지	子	丑	寅	卯	辰	巳	午	未	申	酉	戌	亥
음양	양	음	양	음	양	음	양	음	양	음	양	음
오행	水	土	木	木	土	火	火	土	金	金	土	水

3. 오행(五行)

오행(五行)은 우리 인류가 살아가고 있는 지구(地球)를 포함하여 우주만물(宇宙萬物)을 형성하는 다섯 가지 기운인 원기(元氣)를 말한다. 오행을 설정하는 애초에는 태양(太陽) 주위를 선회하는 수성(水星), 금성(金星), 화성(火星), 목성(木星), 토성(土星)을 의미하였다.

이는 곧 목, 화, 토, 금, 수의 다섯 가지를 이르는 말로 발전하였는데, 이 글자는 부호의 의미를 지니는 것으로 각각의 성격을 규정하는 물체의 대표적인 글자이다. 즉 이 다섯 개의 글자는 단순하게 글자가 지닌 속성을 이야기하는 것으로 그치지 않고 각각의 성질을 부호하였다. 따라서 이들 오행은 각기 다섯 가지의 성질을 의미한다. 이들 오행은 우주만물을 구성하는 인자(因子)의 성격으로 부호화된다. 오행의 상생(相生)과 상극(相剋)의 관계를 가지고 사물의 상호관계(相互關係)와 보합관계(保合關係), 또 그 생성(生成)의 변화를 해석하기 위해 방법론적 수단으로 대체하여 응용한 것이다.

1) 상생(相生)

목생화(木生火): 나무는 불을 잘 타게 해준다. 불은 나무가 없으면 존재할 수가 없다. 그러나 지나치게 많은 나무는 불을 꺼지게 한다.

화생토(火生土): 흙은 불이 없으면 형체를 변경할 수 없다. 불로 흙을 구워 토기를 만든다. 그러나 흙이 지나치면 불을 덮어 꺼트린다.

토생금(土生金): 흙 속에 광물이 들었다. 금은 땅 속에서 나온다. 그러나 흙이 지나치게 많으면 금을 덮어버린다. 이를 토다금매(土多金埋)하고 한다.

금생수(金生水): 광물질이 많은 암반에서 좋은 생수가 나온다. 돌이 있는 곳에는 이슬이 맺혀 물을 생성한다. 그러나 물이 지나치게 많으면 돌이 물에 잠기게 된다.

수생목(水生木): 물은 나무에 양분을 공급하여 준다. 나무는 물이 없으면 살지 못한다. 그러나 지나치게 물이 많으면 나무의 뿌리를 썩게 만든다.

2) 상극(相剋)

목극토(木剋土): 나무는 땅속에 뿌리를 박고 살기 때문에 흙을 괴롭힌다.

토극수(土剋水): 흙은 물을 못 흐르게 막아 버릴 수 있어 물을 지배한다.

수극화(水剋火): 물은 타오르는 불을 꺼버릴 수 있다.

화극금(火剋金): 불은 금을 녹여 형체를 바꾸어 버린다.

금극목(金剋木): 쇠(금)로 만든 톱이나 칼로 나무를 베어낸다.

오행의 성질과 물형 대비

▶ 오행의 상생 (相生)
▶ 오행의 상극 (相剋)

오행의 성질과 물형 대비

천간	甲	乙	丙	丁	戊	己	庚	辛	壬	계
음양	양목	음목	양화	음화	양토	음토	양금	음금	양수	음수
사물	대림목	풀, 화초	태양	촛불	산	들	바위	세공품	바다	빗물
지지	寅	卯	巳	午	辰戌	丑未	申	酉	子	亥
음양	양목	음목	음화	양화	양토	음토	양금	음금	양수	음수

구분	木	火	土	金	水
자연	화초, 섬유	太陽, 火	沓, 田	金屬, 鐵物	江, 湖水
천간	甲, 乙	丙, 丁	戊, 己	庚, 辛	壬, 癸
지지	寅, 卯	巳, 午	震戌, 丑未	申, 酉	亥, 子
숫자	3, 8	2, 7	5, 0	4, 9	1, 6
색상	靑, 綠	赤	黃	白	黑
방위	東, 東南	南	東北, 西南, 中央	西, 西北	北
계절	春, 春分	夏	四季節	秋, 秋分	冬
기운	生氣	熱氣	止氣	殺氣	冷氣
의미	생성, 시작	기쁨, 열정	中間, 停止	完成, 秋收	沈, 默
오성	牙. ㄱㅋ	舌. ㄴㄷㄹ	脣. ㅇㅎ	齒. ㅅㅈㅊ	喉. ㅁㅂㅍ
맛	酸	苦	甘	辛	鹹
오기	風	熱	濕	燥	寒
오지	怒	喜	思	悲	恐
종교	유교	불교	토속	기독교	도교
국가	한국	일본	중국	미국	유럽
오관	눈	혀	입	코	귀
性情	자상.다정	명랑.활달	과묵.중후	용감.예리	비상.지혜
	유순.평화	성급.열광	중립.중용	정의.의협	냉정.비밀
	희망적	정열적	사교적	혁신적	현실적
	굴복.불안	위험.폭발	우유부단	극단.타산	권모술수
오상	仁	禮	信	智	義
동물	靑龍	주작, 날짐승	螣蛇	白虎	玄武
가족	長男, 長女	中女	老母, 少男	老父, 少女	中男
팔괘	巽, 震	離	艮, 坤	兌, 乾	坎
질병	肝, 膽, 骨	心腸, 小腸, 脈	胃腸, 脾臟, 筋	肺腸, 大腸, 皮	腎臟, 膀胱, 肉
소리	角	致	宮	商	羽

4. 합(合)

합(合)이란 무언가가 첨가(添加)되고 다른 성질이 모여 같은 성질이 이루어지고 더해지는 것이다. 합이란 여러 사람이 마음을 모은 것이다. 합이란 다른 성질, 같은 성질을 가리지 않고 여러 가지가 모이는 것이고 한 가지 성분이 될 수 있도록 결속되는 것이다. 여럿이 모이면 혼자 있을 때보다 힘이 강해지는 것이다. 간지(干支)가 합이 되는 이치도 다르지 않다. 합해져 강해지거나 다른 성질로 변하는 것이 합이다.

1) 천간합(天干合)

천간합은 우주의 이치를 지니는 글자인 천간이 서로 합하는 것이다. 천간자 하나하나가 지닌 각각의 오행의 성분 중 한 가지 성분을 지닌 각각의 오행이 합을 하는 형태에 따라 그 성분이 달라지는 것이다.

(1) 간합(干合)

간합(干合)이란 천간합에서 가장 이상적이고 기본적인 것이다. 음과 양의 성질을 지닌 천간이 합하는 것이며 이를 달리 화상(化象)이라고 하며, 두 개의 천간이 합하면 그 성질이 변하기에 이른다. 이 변화한 오행을 화기오행(化氣五行)이라 한다.

간합은 하늘을 의미하는 성질이 합해지는 것이다. 간합은 겉으로 드러나는 행동력(行動力)이 아니라 의미의 합이다.

성격(性格)의 합이다. 상징(象徵)의 합이다. 간합의 이치는
양간(陽干)과 음간(陰干)이 합해지는 것이니 남녀가 사랑하
는 것과 같은 이치다. 사랑은 정신적인 것이 먼저이기 때문
에 하늘의 기운이 먼저 합해진다는 의미이다.

천간의 합에는 반드시 양간과 음간이 합을 한다. 음간끼
리 합하거나 양간끼리 합하는 일은 어떤 경우도 일어나지
않는다. 이러한 천간의 합에서 성질이 변하는 것을 주목해
야 한다. 두 개의 천간이 만나 성질이 변하니 자식을 낳는
것과 같다. 천간합은 5가지가 있다.

천간합					
십 간	갑기 (甲+己)	을경 (乙+庚)	병신 (丙+辛)	정임 (丁+壬)	무계 (戊+癸)
화기오행변화	토(土)	금(金)	수(水)	목(木)	화(火)

천간합의 의미		
오행	화 오행 (化五行)	의미
토	갑기합토(甲己合土)	중정지합(中正之合)
금	을경합금(乙庚合金)	인의지합(仁義之合)
수	병신합수(丙申合水)	위엄지합(威嚴之合)
목	정임합목(丁壬合水)	인수지합(仁壽之合)
화	무계합화(戊癸合火)	무정지합(無情之合)

(2) 쟁합(爭合)과 투합(妬合)

쟁합(爭合)이란 다툰다는 의미를 지닌다. 이는 부부(夫
婦)의 도를 지키지 않고 어지럽히는 것을 뜻한다. 부부의 도

를 지키지 않으니 어지럽고 난삽(難澁)할 수밖에 없다. 이를 달리 애써 이름을 붙이자면 난잡(亂雜)한 합이다.

천간이 어지러운데 이는 천간에 합의 관계에 있어 음이 2개이고 양이 하나로 합해지거나 양이 2개이고 음이 하나인 상태로 2:1로 합해지는 경우이다. 즉 일음이양(一陰二陽)을 쟁합(爭合)이라 하고 일양이음(一陽二陰)을 투합(妬合)이라 한다. 특히 사주에서 살필 때 쟁합과 투합은 난삽한 합으로 살핀다.

2) 지지합(地支合)

지지합(地支合)은 이름 그대로 지지자(地支字)의 합이다. 지지는 천간을 받치고 있는 글자이다. 지지합의 경우는 천간합보다 범위도 넓고 작용도 강하다. 천간이 지니는 것처럼 의미의 합이 아니라 행동의 합이다. 대단히 행동적이고 드러나는 변화(變化)의 합니다. 지지의 합은 단순하게 두 개의 글자가 합해지는 경우도 있고 세 개의 글자가 합해지는 경우도 있다. 지지합도 천간합과 같이 합해지면 성질이 변하는 것이 있고 변하지 않는 것도 있다. 지지합의 종류도 그 상황에 따라 다양하다.

(1) 지합(地合)

지합(地合)은 달리 육합(六合)이라고 한다. 말 그대로 두 개의 글자가 합해지는 것이다. 지합이 이루어지게 되면 그 변한 성격이 강해지는 특징을 지니는데, 이 성격으로 인해충(沖), 파(破), 공망(空亡), 각종 살(殺) 등을 해소시키는 역할을 한다. 지지합의 종류는 아주 다양하지만 가장 기초적인 합이 되는 지합은 단순한 결합이며 여러 가지의 지지합에서 가장 약한 결속력을 가진다.

천간이 음과 양으로 천간합을 이루듯이 지지도 음과 양으로 합을 이룬다. 두 개로 이루어지는 단순한 지지의 합을 지합(地合), 덕합(德合)이라 부르기도 하고 여섯 번 지지와 합한다 하여 일반적으로 육합(六合)이라고 한다. 지합은 하늘과 땅 사이에 생기는 자연적 변화와 현상을 설명한 것이다.

지합과 변화된 오행	
지지합(육합)	변화된 오행
子(水) + 丑(土) 합	土
寅(木) + 亥(水) 합	木
卯(木) + 戌(土) 합	火
辰(土) + 酉(金) 합	金
巳(火) + 申(金) 합	水
午(火) + 未(土) 합	無

(2) 지지삼합(地支三合)

달리 삼합(三合), 삼합회국(三合會局)이라고 부른다. 지지합에서는 가장 강한 합이다. 여러 가지의 지지합이 있지만 가장 강하기에 여러 가지의 지지합이 있을 경우에는 어느 것보다 우선한다. 십이지지의 지지에서 장생(長生), 제왕

(帝旺), 묘(卯)에 해당하는 각기 다른 오행 세 개의 글자가
동시에 합체하여 이루어진다. 이때 중앙에 자리한 하나의
오행이 지니는 성질을 지님으로서 세 글자가 모두 같은 오
행을 지닌다. 즉 지지삼합이 이루어지면 합쳐지는 글자가
무엇이든 간에 중앙에 위치한 글자의 성격을 따라가는데
목(木), 화(火), 금(金), 수(水)의 네 가지 중 하나의 오행으
로 변화하는 것이다. 가장 중요한 것은 중앙의 글자다. 지지
삼합이 이루어지면 중앙의 글자가 지니는 성정을 따른다.

지지삼합의 변화		
장생 제왕 묘 (長生 帝旺 墓)	변화오행 (變化五行)	변화십간 (變化十干)
해(亥) 묘(卯) 미(未)	목국(木局)	을(乙) - 陰木
인(寅) 오(午) 술(戌)	화국(火局)	병(丙) - 陽火
사(巳) 유(酉) 축(丑)	금국(金局)	신(辛) - 陰金
신(申) 자(子) 진(辰)	수국(水局)	임(壬) - 陽水

(3) 반합(半合)

반합(半合)은 지지삼합의 형태에서 하나의 글자가 없는
것이다. 이를 달리 반회(半會), 조회(朝會)라고도 부른다. 삼
합을 이룰 때, 삼합은 반드시 세 개의 지지가 합쳐져야만 지
지삼합이 이루어진 것으로 본다. 그런데 반합은 이 세 개로
이루어지는 지지삼합에서 두 개만 합쳐지는 경우이다. 이때
반드시 삼합 중 가운데에 해당하는 지(支)가 있어야 성립된
다. 즉 자오묘유(子午卯酉)가 반드시 들어야 반합이다.

(4) 방합(方合)

방합(方合)은 지지삼합이 각각의 방향을 지칭하는 글자와 합해진 것과 달리 한 방위(方位)를 지칭하는 지지 세 글자가 모인 것이다. 즉 동서남북(東西南北)을 지칭하는 지지가 모두 모인 것인데 지지삼합(地支三合)보다는 그 결속력이 약하다. 달리 방향을 정하고 있으므로 글자가 모여 있는 그 방향이 계절을 의미하므로 계절합(季節合)이라고도 한다. 결국 동서남북을 차지한 세 개의 지(支)가 모여 방향(方向)의 합을 이루는 것이다.

방합			
동방합	남방합	서방합	북방합
인묘진(寅卯辰)	사오미(巳午未)	신유술(申酉戌)	해자축(亥子丑)

5. 형충파해(刑沖破害)

1) 형(刑)

형(刑)은 삼합(三合)과 방합(方合)의 상호작용에서 나타나는데 그 작용이 극렬하다. 다만 천간에서는 일어나지 않는다. 지지에서만 일어나는 특징을 지닌다. 형은 각기 상형(相刑), 삼형(三刑), 자형(自刑)등이 있다. 가장 먼저 적용하지만 그 작용력이라는 측면에서 형의 강도(強度)는 충(沖)보다 약하다. 하지만, 사주에 충(沖)이 없고 합(合)만 있을 때에는 형이 바로 충과 똑같은 강력한 작용을 한다. 여러 가지의 형이 있지만 특히 인사신(寅巳申) 삼형(三刑)은 놀랍도록 강한 작용을 한다.

(1) 상형(相刑)

상형(相刑)이란 서로 바라보고 찌르는 것이니, 서로 형한다. 상형은 다섯 가지가 있고 지지에서만 작용한다. 자묘형(子卯刑), 자유형(子酉刑), 자미형(子未刑), 술미형(戌未刑), 축술형(丑戌刑)이 있다.

상형				
子卯	子酉	子未	戌未	丑戌

(2) 일방형(一方刑)

일반적으로 형은 서로 당하는 것이 원칙이나 일방형의 경우는 조금 달라서, 다른 하나는 영향이 없고 오로지 당하는 쪽만 일방적으로 당한다. 즉 누가 누구를 형하는가를 자세히 살펴야 한다.

인(寅) ▷ 사(巳)형 : 날렵하고 치명타를 입힌다.
축(丑) ▷ 술(戌)형 : 둔하지만 치명타를 입힌다.

일방형	
寅巳	丑戌

(3) 삼형(三刑)

삼형(三刑)이라고 부르지만 일반적으로 삼형살(三刑殺)

이라고도 한다. 살이라고 부를 정도로 강하다는 의미를 지니고 있기도 하다. 살(殺)로 적용해도 그 파괴력은 놀랍다. 일반적으로 명리학에서는 피하기 어려운 형살(刑殺)로 구분한다. 형 중에서는 가장 치명적이고 악랄한 형살이다.

인사신(寅巳申):영악하고 날카롭고 치명적이다.

축술미(丑戌未):둔하고 동작은 느리나 치명적이다.

삼형	
寅巳申	丑戌未

(4) 자형(自刑)

자형(自刑)은 서로 좋지 않다. 스스로 찌르고 자해(自害)하는 것이니 두 개의 글자가 묶여 이루어진다. 각각의 사주에 이러한 글자가 있는데, 더불어서 년운(年運)과 대운(大運)에서 이러한 글자가 오면 여지없이 자형으로 적용한다.

오오(午午), 진진(辰辰), 유유(酉酉), 술술(戌戌), 축축(丑丑), 미미(未未), 해해(亥亥)의 7가지이다.

자형						
午午	辰辰	酉酉	戌戌	丑丑	未未	亥亥

2) 충(冲)

명리학의 기초이론에 따르면 합(合)과 충(冲), 형(刑), 파(破), 해(害)가 있으며 이 중에서 가장 작용력이 강한 것은 합(合)과 충(沖)이다. 좋은 의미에서는 합이 강하고 나쁜 의미에서는 충이 가장 강하다는 것이다. 그러나 반드시 합과 충이 나쁜 작용만 하는 것은 아니다. 때로는 충이 좋은 역할을 할 때가 있고 합이 나쁜 역할을 할 때도 있다.

형충파해는 합과 대립되는 개념이지만 반드시 대립으로 보는 것이 능사가 아니다. 때로는 합과 형충파해가 같은 작용을 할 때도 있다. 특히 충(沖)에는 천간충(天干沖)과 지지충(地支沖)이 있다.

(1) 간충(干沖)

천간충(天干沖)을 말한다. 사주의 원국에서 항상 일간(日干)을 중심으로 판단하되 전체 기운의 상관관계와 흐름을 파악하여야 한다. 천간충이 일어나면 마찰(摩擦), 충돌(衝突), 변동(變動)과 같은 상황이 발생 한다. 반드시 나쁜 것이라고 풀지는 않는다. 상황에 따라 좋은 작용도 하므로 일방적으로 나쁘다고 적용하지 않는다.

간충	
干沖	沖의 결과
甲 + 庚 - 沖	가족 우환, 직업 변동
乙 + 辛 - 沖	가정 불화, 문서 분실
丙 + 壬 - 沖	비밀 폭로, 금전 손해
丁 + 癸 - 沖	관재 구설, 손재, 재판
戊 + 甲 - 沖	관재 구설, 다툼, 재판
己 + 乙 - 沖	매사 불성, 관재

(2) 지지충(地支沖)

지지충(地支沖)은 글자 그대로 지지(地支)에서 이루어지는 충(沖)이다. 각각의 지지(地支)는 해당지지(地支)로부터 일곱 번 째 지지(地支)와 서로 충(沖)한다. 충은 서로 찌르는 것이다. 서로 피해를 본다는 것이 일반적인 적용이다. 지지충이 일어나면 천간충과 다르지 않아 마찰(摩擦), 충돌(衝突), 변동(變動)과 같은 상황이 발생 한다.

천간충과 다름없이 지지충도 일방적으로 반드시 나쁜 것이라고 풀지는 않는다. 상황에 따라 좋은 작용도 하므로 일방적으로 나쁘다고 적용하지 않는다. 이러한 지지충(地支沖)에는 묘유충(卯酉沖), 자오충(子午沖), 인신충(寅申沖), 사해충(巳亥沖), 진술충(辰戌沖), 축미충(丑未沖) 등 여섯 개의 충(沖)이 있다.

지지충					
卯酉	辰戌	丑未	巳亥	寅申	子午

지지충의 결과	
地支沖	沖의 결과
子 + 午 - 沖	관재 구설, 손재
丑 + 未 - 沖	매사 불성, 손재
寅 + 辛 - 沖	애정 풍파, 사고
卯 + 酉 - 沖	문서 변화, 인재
辰 + 戌 - 沖	독수 공방, 관재
巳 + 亥 - 沖	심신 곤액, 인해

3) 파(破)

파(破)는 돌과 같은 것을 깨트린다는 의미를 가지고 있다. 깨뜨리는 것은 아픔이고 짜증이고 파열음(破裂音)이다. 더욱 중요한 것은 주체(主體)이다. 파는 상호간(相互間)의 부딪침이 아니라 삼자(三者)가 분열시키는 것이다.

파는 제삼자에 의해 피해를 입는 것이다. 따라서 움직이거나 판단하고자 함은 내 의지가 아니라 누군가에 의한 것이다. 또한 파에 의해 깨어지는 지지(地支)의 조합은 충(沖)이다. 형과 충, 그리고 합의 작용에 비해 파와 해는 작용력이 미약하다고 하지만 무시할 수는 없다. 파는 "子酉, 丑辰, 寅亥, 午卯, 巳申, 戌未"의 육종(六種)으로 육파(六破)가 된다. 지지파는 10번째와 파가 된다. 달리 지지에서 일어나는 작용이므로 지파(地破)라고도 한다.

파(육파)					
子酉	丑辰	寅亥	午卯	巳申	戌未

파의 결과	
地支破	破의 결과
子 + 酉 - 破	불화
丑 + 辰 - 破	관재구설
寅 + 亥 - 破	용두사미
卯 + 午 - 破	매사 불성
巳 + 申 - 破	손재
戌 + 未 - 破	시비

4) 해(害)

해(害)는 육합(六合)의 구성을 방해한다. 결속력(結束力)을 방해한다. 해는 방해꾼이라고 생각하면 된다. 즉 각 지지의 개별 작용이 합이 되어 작용이 해이해지게 되는 상황을 반전시킨다. 즉 부정이면 긍정으로, 긍정이면 부정으로 반전시킨다. 어찌보면 청개구리 같은 역할을 한다. 해는 "子未, 丑午, 寅巳, 卯辰, 酉戌, 申亥"의 여섯 가지가 된다. 따라서 육해(六害)라고도 한다. 지지에서 일어나는 현상이므로 지해(地害)라고도 한다.

육해					
子未	丑午	寅巳	卯辰	酉戌	申亥

2장.

육십갑자
(六十甲子)

1. 육십갑자(六十甲子)의 구성

갑자(甲子)라는 우리 귓가에 무척이나 흔한 이야기, 혹은 흔한 단어가 되었다. 우리는 일상에서도 환갑(還甲), 회갑(回甲)이라는 말을 사용한다. 그러나 갑자(甲子)가 어떤 연유를 통해 갑자라는 이름으로 불리는지 생각해 보는 사람은 아주 적다. 갑자라는 말은 아주 다양한 의미를 내포하고 있다. 이는 시작이라는 의미로 가장 앞선다는 의미가 있는 것이며 사람의 인생이라는 의미를 지니고 있다.

1) 육십갑자(六十甲子)

열 개로 이루어진 십간과 12개로 이루어진 지지를 서로 연결하여 짝을 이루면 60개가 된다. 즉 10개의 천간과 12개의 지지를 계속해 연결해 짝을 지어가면 마지막 글자끼리 만나게 되는데 이때까지 모두 60개의 조합이 이루어지게 되는 것이다. 이 60짝으로 60갑자를 이루는데 상부에는 당연히 천간이 자리하고 하부는 지지가 된다.

천간과 지지의 결합방법은 처음에 10간의 첫째인 갑(甲)과 12지의 첫째인 자(子)를 붙여서 갑자(甲子)를 얻고, 다음에 그 둘째인 을(乙)과 축(丑)을 결합하여 을축(乙丑)을 얻는다.

이처럼 계속해 대비를 하여 60개의 간지를 얻는다.

일정한 공식에 따라 줄긋기 하듯 천간과 지지가 만난다. 천간의 양과 지지의 양이 만나고 천간의 음과 지지의 음이 만나는데 어떤 경우에도 음양이 뒤섞여 만나는 경우는 없다. 이와 같이 순서에 따라 하나씩의 간지를 구해 나가 60개의 간지를 얻는 것이다.

2) 육십갑자 조견표

육십갑자 조견표									
갑자 (甲子)	을축 (乙丑)	병인 (丙寅)	정묘 (丁卯)	무진 (戊辰)	기사 (己巳)	경오 (庚午)	신미 (辛未)	임신 (壬申)	계유 (癸酉)
갑술 (甲戌)	을해 (乙亥)	병자 (丙子)	정축 (丁丑)	무인 (戊寅)	기묘 (己卯)	경진 (庚辰)	신사 (辛巳)	임오 (壬午)	계미 (癸未)
갑신 (甲申)	을유 (乙酉)	병술 (丙戌)	정해 (丁亥)	무자 (戊子)	기축 (己丑)	경인 (庚寅)	신묘 (辛卯)	임진 (壬辰)	계사 (癸巳)
갑오 (甲午)	을미 (乙未)	병신 (丙申)	정유 (丁酉)	무술 (戊戌)	기해 (己亥)	경자 (庚子)	신축 (辛丑)	임인 (壬寅)	계묘 (癸卯)
갑진 (甲辰)	을사 (乙巳)	병오 (丙午)	정미 (丁未)	무신 (戊申)	기유 (己酉)	경술 (庚戌)	신해 (辛亥)	임자 (壬子)	계축 (癸丑)
갑인 (甲寅)	을묘 (乙卯)	병진 (丙辰)	정사 (丁巳)	무오 (戊午)	기미 (己未)	경신 (庚申)	신유 (辛酉)	임술 (壬戌)	계해 (癸亥)

2. 납음오행(納音五行)

납음오행에서 천간은 천간끼리의 음양 오행관계가 성립되고 지지는 지지끼리 음양오행 관계가 성립된다. 천간지지가 만나 형성된 간지만으로도 음양오행이 성립된다. 납음오행이 바로 그것이다. 즉 천간과 지지가 합하여 이루어진 60갑자에도 각각의 오행이 존재한다. 납음오행이 많은 곳에서, 혹은 다양하게 사용되는 것은 아니다. 명리학 일부에서 남녀의 궁합, 망명(亡命)과 산운(山運)의 오행에서 상생상극(相生相剋) 관계를 따져 길흉화복을 논하는데 사용한다.

1) 납음오행표

납음오행표									
간지	오행	간지	오행	간지	오행	간지	오행	간지	오행
甲子乙丑	海中金	丙寅丁卯	爐中火	戊辰己巳	大林木	庚午辛未	路傍土	壬申癸酉	劍鋒金
甲戌乙亥	山頭火	丙子丁丑	澗下水	戊寅己卯	城頭土	庚辰辛巳	白蠟金	壬午癸未	楊柳木
甲申乙酉	泉中水	丙戌丁亥	屋上土	戊子己丑	霹靂火	庚寅辛卯	松柏木	壬辰癸巳	長流水
甲午乙未	砂中金	丙申丁酉	山下火	戊戌己亥	平地木	庚子辛丑	壁上土	壬寅癸卯	金箔金
甲辰乙巳	覆燈火	丙午丁未	天河水	戊申己酉	大驛土	庚戌辛亥	釵釧金	壬子癸丑	桑柘木
甲寅乙卯	大溪水	丙辰丁巳	沙中土	戊午己未	天上火	庚申辛酉	石榴木	壬戌癸亥	大海水

2) 납음오행 관계표

납음오행 관계표					
여 남	木	火	土	金	水
木	무해무익	대길	무해무익	불길	대길
火	대길	불길	대길	불리	불리
土	불리	대길	대길	대길	다소불리
金	다소불리	불길	대길	다소불리	대길
水	대길	불리	불길	대길	대길

3) 납음오행 궁합법 적용

납음오행은 주로 궁합법(宮合法)에서 많이 사용된다. 그러나 납음오행이 명리학에서 궁합을 보는 주류(主流)는 아니다. 궁합을 파악하기 위해 극히 일부에서 사용하거나 당사주(唐四柱)에 편승하여 사용하는데 간단한 이론으로 배우기 쉽고 적용이 간단하기 때문에 사용하는 경우가 있으나 고급명리(高級命理)에서나 일반적인 궁합법에서는 적용하지 않는 경우가 더욱 많다.

현대 명리학에서 적용하는 방식인 일주(日柱)로 파악하는 자평명리(子平命理)에서 사용하는 궁합법과 달리 태어난 출생년도(出生年度)를 살펴보는 궁합법으로 남녀 각각의 출생년도가 오행의 어느 곳에 해당되는지 살핀 후, 상생과 상극을 따지는 궁합이론이다. 그러나 현재 이는 시대에 뒤떨어진 이론으로 치부되고 있으며 현재는 자평명리가 주된 명리학의 이론으로 적용되는 상황에서 궁합법으로 거의 사용하지 않는다. 흔히 당사주(唐四柱)라고 불리는 법에서 사용하지만 자평명리가 나온 뒤로는 거의 사용하지 않는 이론으로 일부에서는 버려진 이론이기도 하다.

3. 육갑순중공망(六甲旬中空亡)

공망(空亡)은 비었다는 뜻이다. 공망이라는 말은 일반적으로 사주팔자(四柱八字)라고 불리는 명리학(命理學) 뿐 아니라 땅을 살펴 음택(陰宅)과 양택(陽宅)을 정하는 풍수지리(風水地理)에서도 방향을 보는 방법에서 다양하게 나오는 말이다. 특히 음택에서는 나경패철(羅經佩鐵)을 놓아 이 공망을 따져 후손(後孫)의 요절(夭折)과 요수(夭壽)를 따진다.

공망은 천간 열 개의 글자와 지지 열두 자리 글자의 차이 때문에 생기는 것이다. 즉 천간과 지지의 글자를 각각 결속하여 간지(干支)를 구성하다 보면 천간은 열 자이고 지지는 열 두자이기 때문에 천간의 마지막인 계(癸)자에 맞추어 가면 지지는 유(酉)에 도달한다. 그리하면 지지가 12자로 두자가 더 많기에 술(戌)과 해(亥)의 두자가 남는다. 이를 공망(空亡)이라 하는데 지지가 공망이면 천간도 공망이 된다. 겉으로 보기에는 그다지 적용이 없지만 실제적인 적용에서는 매우 역할이 크다. 즉 공망이란 것은 지지는 있고 천간이 없는 것을 말하는데 이는 뿌리는 있지만 하늘이 없는 격이다.

공망은 역으로 작용한다. 좋은 성질을 지닌 사주라 할지라도 공망이 되면 이 사주는 흉한 기운으로 바뀌고, 흉한 기운이 공망이 되면 그 흉한 기운이 자연 해소된다. 원래 하늘의 의미를 지니는 간(干)은 공망이 될 수 없다. 그러나 지지가 공망이 되면 일주를 이루고 있는 천간 또한 공망으로 살핀다.

공망이 힘을 발휘하지 못하는 경우도 있다. 이를 해공(解空)이라 한다. 해공이라는 말은 공망이 풀렸다는 의미이다. 해공이 되는 경우는 아주 다양한데 자기의 사주 내에서 삼합(三合), 지합(地合), 반합(半合), 방합(方合), 형(形), 충(沖), 파(破), 해(害)가 있거나 대운(大運)이나 년운(年運)과 같은 행운(行雲)상에서 작용하여 삼합, 지합, 반합, 방합, 형, 충, 파, 해가 있거나 대운에서 동일 공망이 오면 역시 해공된다. 이는 마지막 열쇠와 같은 의미를 지니는 것으로 불운을 행운으로 돌린다는 의미처럼 느껴지기도 하다. 단 대운이나 세운처럼 행운에서 해공된다는 것은 그 기간에 한한다.

공망(空亡)이란 흉살일(凶殺日)로 공허하고 망일(亡日)로 만사에 해로운 날이다. 특히 혼사에는 피해야 하는 날이다. 공망일은 아래의 표에서 보는 바와 같다.

甲子旬中에는 戌亥가 공망이요, (甲子生에서 癸酉生까지)
甲戌旬中에는 申酉가 공망이요, (甲戌生에서 癸未生까지)
甲申旬中에는 午未가 공망이요, (甲申生에서 癸巳生까지)
甲午旬中에는 辰巳가 공망이요, (甲午生에서 癸卯生까지)
甲辰旬中에는 寅卯가 공망이요, (甲辰生에서 癸丑生까지)
甲寅旬中에는 子丑이 공망이다. (甲寅生에서 癸亥生까지)

공망	
갑자순중(甲子旬中)	공망 술해(戌亥)
갑술순중(甲戌旬中)	공망 신유(申酉)
갑신순중(甲申旬中)	공망 오미(午未)
갑오순중(甲午旬中)	공망 진사(辰巳)
갑진순중(甲辰旬中)	공망 인묘(寅卯)
갑인순중(甲寅旬中)	공망 자축(子丑)

3장.

사주구성
(四柱構成)

1. 년주(年柱)

사주(四柱)란 사람의 운명을 분석하는 명리학을 달리 부르는 이름이다. 사람이 태어난 난 해(年), 달(月), 날(日), 시(時)를 각각 천간과 지지를 배열하고 간지(干支)로 계산하여 길흉화복을 예측하는 법을 말하는 것이다. 이 사주를 푸는 명리학은 개인의 노력이 아닌 장구한 시간 속에 이루어진 것으로 사람의 인생여정(人生旅情)을 파악하는 기본적인 자료로 대입된다. 이중 사주란 년주(年柱), 월주(月柱), 일주(日柱), 시주(時柱)로 구분되며, 년주는 태어난 해의 간지이다.

사주를 대입할 때 오래전에는 년(年)을 중심으로 삼았다. 이를 당사주(唐四柱)라 한다. 그러나 현재는 자평명리(子平命理)를 이용해 사람의 운명을 예측 파악하므로 일주(日柱)를 중심으로 삼는다.

이처럼 년주(年柱)의 적용은 신중해야 한다. 특히 년 초에 태어난 사람의 경우는 년주의 적용에 심사숙고가 요구된다. 역술(易術)에서는 시간관념(時間觀念)이 일반 관념과 차이가 있다. 명리학에서는 구정(舊正)을 새해의 시작으로 보거나 양력의 1월 1일을 새로운 해의 시작으로 보지 않는다. 명리학에서는 입춘(立春)을 기점으로 새해가 시작된다. 따라서 날짜와 관계없이 입춘 전은 지난해의 년주가 적용되고 입춘 후에는 새해의 년주가 적용된다. 명리학에서 사용하는 기준은 절기력(節氣曆)이다. 새해에 들어서도 입춘 전이면 지난해의 태세로 연주(年柱)를 삼는다. 입춘이 지나지 않으면 전해로, 입춘이 지나면 새해의 간지로 년주를 세우는 것이다.

2. 월주(月柱)

월주(月柱)도 달을 기준으로 한다. 년주(年柱)와 다름없이 절기(節氣)를 기준으로 하는 것이다. 연도(年度)가 바뀌었더라도 입춘(立春)이 지나지 않았으면 묵은해의 태세(太歲)로 년주를 세우듯 입춘(立春)이 들어있는 달은 입춘을 기준으로, 이전은 전 달로, 절기 이후는 새로운 달로 월주를 세운다. 날이나 숫자가 아니라 절기를 기준으로 하는 것이다. 월주(月柱)는 인월(寅月, 1월)부터 지지 차례대로 축월(丑月, 12월)까지의 해당 월의 지지의 법식에 따라 천간을 붙여나간다.

12절기(입절)											
절기	입춘	경칩	청명	입하	망종	소서	입추	백로	한로	입동	대설	소한
년/월	1월	2월	3월	4월	5월	6월	7월	8월	9월	10월	11월	12월
甲己	丙寅	丁卯	戊辰	己巳	庚午	辛未	壬申	癸酉	甲戌	乙亥	丙子	丁丑
乙庚	戊寅	己卯	庚辰	辛巳	壬午	癸未	甲申	乙酉	丙戌	丁亥	戊子	己丑
丙申	庚寅	辛卯	壬辰	癸巳	甲午	乙未	丙申	丁酉	戊戌	己亥	庚子	辛丑
丁壬	壬寅	癸卯	甲辰	乙巳	丙午	丁未	戊申	己酉	庚戌	辛亥	壬子	癸丑
戊癸	甲寅	乙卯	丙辰	丁巳	戊午	己未	庚申	辛酉	壬戌	癸亥	甲子	乙丑

특기할 것은 새로운 달의 기준이다. 달은 그 달의 1일 기준이 아니라, 그 달의 절기(節氣)의 시작을 기준으로 한다. 즉 절기 이전은 전 달로, 절기 이후는 새로운 달로 월주를 세운다. 보통 절기라 하면 24절기를 이야기 하지만 절기와 월주의 기준이 되는 절기는 입절(入節)을 기 기준으로 한다. 이를 다시 12절기라 칭한다. 따라서 어느 날에 절기가 있어도 그 시간을 잘 살펴야 한다. 절기시에 적용하여 이전과 이후에 따라 날과 달의 간지가 변하기 때문이다.

절기에 대한 이해는 ≪칠정산내편(七政算內篇)≫에 보다 자세하고 정확하게 기록되어 있다. 이 내용을 ≪글로벌 세계대백과사전≫에서 재인용한다.

이 재인용의 내용을 살피면 아래와 같은 문장이다.

"1월 입춘(立春)은 1월의 절기이고 우수(雨水)는 중기이다. 동풍이 불어서 언 땅이 녹고 땅 속에서 잠자던 벌레들이 움직이기 시작하면 물고기가 얼음 밑을 돌아다닌다. 기러기가 북으로 날아가며, 초목에서 싹이 튼다. 2월 경칩(驚蟄)은 2월의 절기이고, 춘분(春分)은 중기이다. 복숭아꽃이 피기 시작하고, 꾀꼬리가 울며, 제비가 날아온다. 3월 청명(淸明)은 3월의 절기이고, 곡우(穀雨)는 중기이다. 오동(梧桐)이 꽃피고 산비둘기가 깃을 털고, 뻐꾸기가 뽕나무에 내려앉는다. 4월 입하(立夏)는 4월의 절기이고, 소만(小滿)은 중기이다. 청개구리가 울고 지렁이가 나오며, 씀바귀가 뻗어오르며, 냉이가 죽고 보리가 익는다. 5월 망종(芒種)은 5월의 절기이고, 하지(夏至)는 중기이다. 왜가리가 울기 시작하며, 사슴의 뿔이 떨어진다. 매미가 울기 시작한다. 6월 소서(小暑)는 6월의 절기이고, 대서(大暑)는 중기이다. 더운 바람이 불고 귀뚜라미가 벽에 다니며, 매가 사나워지고, 썩은 풀이 화하여 반딧불이가 된다. 흙이 습하고 더워지며, 때로 큰 비가 내린다. 7월 입추(立秋)는 7월의 절기이고, 처서(處暑)는 중기이다. 서늘한 바람이 불고 이슬이 내리며, 쓰르라미가 울고 매가 새를 많이 잡는다. 벼가 익는다. 8월 백로(白露)는 8월의 절기이고, 추분(秋分)은 중기이다. 기러기가 날아오고, 제비가 돌아가며, 뭇새들이 먹이를 저장한다. 물이 마르기 시작한다. 9월 한로(寒露)는 9월의 절기이고, 상강(霜降)은 중기이다. 국화가 노랗게 피고, 초목이 누렇게 낙엽지고, 땅 속에서 잠을 자는 벌레들이 땅 속으로 들어간다. 10월 입동(立冬)은 10월의 절기이고, 소설(小雪)은 중기이다. 물이 얼기 시작하고 땅이 얼기 시작하며, 겨울이 된다. 11월 대설(大雪)은 11월의 절기이고, 동지(冬至)는 중기이다. 범이 교미(交尾)를 시작하며, 고라니의 뿔이 떨어지고 샘물이 언다. 12월 소한(小寒)은 12월의 절기이고, 대한(大寒)은 중기이다. 기러기가 북으로 돌아가고, 까치가 깃을 치기 시작하며, 닭이 알을 품는다. 나는 새가 높고 빠르며, 물과 못이 두껍고 단단하게 언다."

특히 입절(立節)에 해당하는 날에는 그 시간을 정확하게 따져야 한다. 그 이유는 입절에 해당하는 날은 입절에 해당하는 날이라 해도 입절이 시작되는 시간 이전은 전 달의 간지를 적용하고 그 시간부터 새로운 달의 월주가 적용되기 때문이다.

3. 일주(日柱)

일주(日柱)는 년도(年度)나 절기와는 무관한 고유한 일진(日辰)을 가지고 있다. 일주는 60갑자중 하나에 해당한다. 따라서 일주는 60개의 하나이다. 태세를 계산하고 일주를 계산하는 방법이 있으나 이미 시중에서 흔하게 구할 수 있는 만세력(萬歲曆)을 사용하는 방법이 효율적이고 비교적 사용이 편하다. 그 날짜의 천간지지를 따져 일주를 찾는다.

4. 시주(時柱)

시주(時柱)는 하루를 12시각으로 쪼갠 것으로 현재 시중에서 일반적으로 사용하고 적용하는 서양의 24시와는 다르다. 언뜻 보아서는 서양의 24시를 두 개씩 겹쳐 12시로 축소한 듯 보인다. 시주는 자시(子時)에서 지지 순으로 해시(亥時)까지 해당시의 지지의 법식에 따라 천간을 붙인다. 특히 자시는 조자시(早子時)와 야자시(夜子時)로 나눈다. 중요한 것은 이 시를 나눌 때 일정한 규칙이 있는 것이다. 일반적으로 적용하는 시주 외에도 지금까지 시행되었던 섬머타임 등의 적용과 일정한 시기에 따라 정각을 기준으로 나눈 경우와 30분 단위로 나눈 경우가 있다.

시주												
시/일	子	丑	寅	卯	辰	巳	午	未	申	酉	戌	亥
甲己	甲子	乙丑	丙寅	丁卯	戊辰	己巳	庚午	辛未	壬申	癸酉	甲戌	乙亥
乙庚	丙子	丁丑	戊寅	己卯	庚辰	辛巳	壬午	癸未	甲申	乙酉	丙戌	丁亥
丙申	戊子	乙丑	丙寅	辛卯	壬辰	癸巳	甲午	乙未	丙申	丁酉	戊戌	己亥
丁壬	庚子	辛丑	壬寅	癸卯	甲辰	乙巳	丙午	丁未	戊申	己酉	庚戌	辛亥
戊癸	壬子	癸丑	甲寅	乙卯	丙辰	丁巳	戊午	己未	庚申	辛酉	壬戌	癸亥

우리 나라는 국제 표준시간인 동경135도 표준시를 사용하고 있다. 과거의 시는 일본의 공경시인 127도를 사용한 적이 있었다. 현재는 동경135도 표준시를 기준으로 보는 것이 되며 서울 남쪽인 대전 아래 중앙부터 동쪽 지방은 시간이 2분씩 앞당겨지며 인천을 기준으로 서쪽지방은 2분씩 더 늘어나게 된다. 이 시간을 적용하여 지금의 시간개념은 다음과 같다. 아울러 써머타임이 적용하는 년도는 –1시간을 빼야하고 동경127도 시간을 사용했던 시기는 –30분을 빼야 한다.

◐ 현재 동경 135도 사용

자시 23:30〜01:30

축시 01:30〜03:30

인시 03:30~05:30

묘시 05:30~07:30

진시 07:30~09:30

사시 09:30~11:30

오시 11:30~13:30

미시 13:30~15:30

신시 15:30~17:30

유시 17:30~19:30

술시 19:30~21:30

해시 21:30~23:30

◕ 동경 127도 30분 사용시기

1908.02.01. ~ 1911.12.31.

1954.03.21 ~ 1961.08.09.

자시 23:00~01:00

축시 01:00~03:00

인시 03:00~05:00

묘시 05:00~07:00

진시 07:00~09:00

사시 09:00~11:00

오시 11:00~13:00

미시 13:00~15:00

신시 15:00~17:00

유시 17:00~19:00

술시 19:00~21:00

해시 21:00~23:00

⬤ 써머타임 실시시기

1948.06.01. 00:00 ~ 1948.09.13. 00:00

1949.04.03. 00:00 ~ 1949.09.11. 00:00

1950.04.01. 00:00 ~ 1950.09.10. 00:00

1951.05.06. 00:00 ~ 1951.09.09. 00:00

1955.05.05. 00:00 ~ 1955.09.09. 00:00

1956.05.20. 00:00 ~ 1956.09.30. 00:00

1957.05.05. 00:00 ~ 1957.09.22. 00:00

1958.05.04. 00:00 ~ 1958.09.21. 00:00

1959.05.03. 00:00 ~ 1959.09.20. 00:00

1960.05.01. 00:00 ~ 1960.09.18. 00:00

1987.05.10. 02:00 ~ 1987.10.11. 03:00

1988.05.08. 02:00 ~ 1988.10.09. 03:00

이 시기에는 1시간을 당겨 시간을 적용한다.

⬤ 야자시와 조자시

시(時)를 볼 때 과거에는 자시(子時), 축시(丑時)등으로 표현을 했다. 야자시(野子時), 조자시(朝子時)라는 개념은 논란이 많은 이론으로 서양의 24시 개념이 도입된 개념이다. 즉 밤 12시부터 날이 바뀐다는 이론이 나오면서 생기게

된 것으로 자평학이나 그 이후에 나온 어떠한 풍수이론에
도 조자시와 야자시 구분이 없다. 일본에서 서양의 24시 제
도를 받아들여 조자시와 야자시를 사용해야 한다고 주장하
게 되었으며 조자시와 야자시를 주장하는 이론의 대부분은
일본의 이론을 번역했거나 적용한 것이다.

4장.

팔괘론
(八卦論)

1. 팔괘(八卦)란?

팔괘(八卦)는 주역(周易)의 기본적인 부호(符號)이다. 혼돈에서 파생된 음양(陰陽)을 바탕으로 하는 동양의 세계관(世界觀)을 토대로 하여 삼라만상(森羅萬象), 변화하는 우주의 법칙을 나타낸 것이 바로 팔괘(八卦)다.

팔괘는 음양을 바탕으로 이루어진다. 음과 양은 대비되는 개념이기도 하고 대립되는 개념이기도 하지만 이는 물질의 궁극적인 본질(本質)이며, 이 모든 것의 의념을 체계적으로 통일한 것이 태극(太極)이다. 중국의 고전(古典)이며 ≪사서삼경(四書三經)≫에 드는 경전(經典)이기도 한 ≪역경(易經)≫의 「계사전(繫辭傳)」에는 다음과 같이 설명되어 있다.

"역(易)에 태극(太極)이 있으며, 이것이 양의(兩儀)를 낳고, 양의는 사상(四象)을 낳고, 사상은 팔괘(八卦)를 낳는다."

팔괘								
태극	태극(太極, ◉)							
음양	양 (陽 ▬)				음 (陰 ▬▬)			
사상	태양 (太陽 ⚌)		소음 (小陰 ⚎)		소양 (小陽 ⚍)		태음 (太陰 ⚏)	
팔괘	건(乾 ☰)	태(兌 ☱)	이(離 ☲)	진(震 ☳)	손(巽 ☴)	감(坎 ☵)	간(艮 ☶)	곤(坤 ☷)
	천(天)	택(澤)	화(火)	뇌(雷)	풍(風)	수(水)	산(山)	지(地)

팔괘란 주역(周易)의 기본괘인 8가지 괘(卦)를 말한다. 전설의 복희씨(伏羲氏)가 만들었다고 전하며, 괘(卦)는 괘

(掛)와 통하는데 그 모습은 사물의 모양을 본 따서 그렸다고 전한다. 다른 설에 따르면 괘의 기본은 사람의 생식기(生殖器)를 음양을 표시한 것이라 한다. 8괘는 건(乾), 태(兌), 이(離), 진(震), 손(巽), 감(坎), 간(艮), 곤(坤)을 말한다.

팔괘의 분배								
팔괘 구분	건 (乾)	태 (兌)	이 (離)	진 (震)	손 (巽)	감 (坎)	간 (艮)	곤 (坤)
생성 순서	일건천 一乾天	이태택 二兌澤	삼이화 三離火	사진뢰 四震雷	오손풍 五巽風	육감수 六坎水	칠간산 七艮山	팔곤지 八坤地
자연	하늘 (天)	못 (澤)	불 (火)	우레 (雷)	바람 (風)	물 (水)	산 (山)	땅 (地)
가족	아버지	막내딸	작은딸	큰아들	큰딸	작은 아들	막내 아들	어머니

2. 팔괘(八卦)의 구성(構成)

괘를 구성하는 기본 요소는 이어진 선(—)과 끊어진 선(--)인데, 이것은 일종의 범주로서 서로 반대되는 모든 현상과 관계성을 상징한다. 또한 남성과 여성을 상징하는 부호이다. 이는 남녀의 성기를 형상화한 것이라 의미를 부여하지만 음양을 표시하는 부호로 인식하는 것이 팔괘를 이해하는데 도움이 된다. 달리 강유(剛柔) 혹은 음양(陰陽)으로 불리는데, 후에 양효(陽爻,—)와 음효(陰爻,——)로 명명되었다. 음효와 양효가 세 개씩 겹쳐질 때 나타날 수 있는 경우가 모두 여덟 가지이기 때문에 팔괘가 성립되었다. 이 팔괘를 이용하여 중첩함으로서 64괘가 구성된다.

팔괘란, 역학에서 자연계와 인간계의 본질을 인식하고 설명하는 기호체계로 자연계 구성의 기본이 되는 하늘, 땅, 우레, 불, 지진, 바람, 물, 산 등을 상징한다.

3. 64괘(六十四卦)

전설을 따라가 보자. 복희(伏羲)가 처음으로 8괘를 만들었고, 후인들이 있어 8괘를 각각 하나의 부호로 인식하여 2괘씩을 겹쳐 중괘(重卦) 64개를 만들었다고 한다. 이는 바로 64괘를 말한다. 따라서 64괘는 음양을 가리지 않고 총 6개의 괘로 이루어진 괘가 64개가 있다는 것이다. 이를 육효(六爻)라 부른다. 중괘가 이루어짐으로써 육효가 비로소 성립되었다. 이 육효는 점술학(占術學)에 적용된다.

상괘(上卦), 외괘(外卦), 소성괘(小成卦)

하괘(下卦), 내괘(內卦), 소성괘(小成卦), 대성괘(大成卦).

주역(周易) 64괘 상하괘 도해

상괘 / 하괘	건 乾	태 兌	리 離	진 震	손 巽	감 坎	간 艮	곤 坤
건 乾	1 乾건	43 夬쾌	14 大有대유	34 大壯대장	9 小畜소축	5 需수	26 大畜대축	11 泰태
태 兌	10 履이	58 兌태	38 睽규	54 歸妹귀매	61 中孚중부	60 節절	41 損손	19 臨임
리 離	13 同人동인	49 革혁	30 離리	55 豊풍	37 家人가인	63 旣濟기제	22 賁비	36 明夷명이
진 震	25 无妄무망	17 隨수	21 噬嗑서합	51 震진	42 益익	3 屯준	27 頤이	24 復복
손 巽	44 姤구	28 大過대과	50 鼎정	32 恒항	57 巽손	48 井정	18 蠱고	46 升승
감 坎	6 訟송	47 困곤	64 未濟미제	40 解해	59 渙환	29 坎감	4 蒙몽	7 師사
간 艮	33 遯둔	31 咸함	56 旅려	62 小過소과	53 漸점	39 蹇건	52 艮간	15 謙겸
곤 坤	12 否부	45 萃췌	35 晋진	16 豫예	20 觀관	8 比비	23 剝박	2 坤곤

2부.

택일법(擇日法)

5장.

택일의 기초
(擇日의 基礎)

1. 생기법(生氣法)

생기법(生氣法)은 택일(擇日)을 할 때 가장 기본이 되는 택일법이다. 택일은 방법이나 시기, 혹은 여러 가지 상황에 따라 달라지기도 하지만 기본이 되는 방법이 있다면 당연 생기법이 우선 된다. 생기법은 일진(日辰)을 기준으로 하여 길(吉)한 날과 흉(凶)한 날을 가리는데 이때 적용하는 나이는 양력(陽曆)을 기준으로 한다. 여러 가지 상황에서 동양(東洋)이나 우리나라의 경우 음력(陰曆)을 기준 하는 상황도 있는데, 택일의 생기법에서는 양력이 기준이 된다. 즉 태어난 해를 기준으로 하는 것이다. 간혹 양택(陽宅)에서 사용하는 몇 가지의 택일법과, 음택(陰宅)에서 음력으로 적용하여 사용하는 택일법이 있는데, 어떠한 경우에라도 생기법만은 음력으로의 사용을 불허한다.

생기법에서 사용하는 단어는 다양한데 이중 생기(生氣), 천의(天宜), 복덕일(福德日)은 좋은 날로 길일(吉日)이라 칭하고, 화해(禍害), 절명(絶命)은 대흉일(大凶日)로 매우 좋지 않으며, 절체(絶體), 유혼(遊魂), 귀혼일(歸魂日)은 소흉일(小凶日)이라 하여 별로 좋은 날이 아니다. 택일할 때는 이처럼 생기법으로 먼저 길한 날인가를 가리고 난 후에야, 다른 여러 가지 방법으로 추가로 파악하고 적용하고 배치하여 비교한 다음, 다른 방법에서도 적용하여 길일이 되는가를 살핀다. 이 경우에도 역시 가장 중요한 생기, 천의, 복덕일에 맞지 않으면 다른 날이 적용되어도 쓰지 않는다. 즉 어떤 택일에도 우선 적용하는 것이 이 생기법이 되는 것이다.

● 기본 구궁도

구궁도(九宮圖)는 생기법의 기본이 된다. 달리 마방진(魔方陣)이라 불리기도 하는 이 구궁도는 제갈량(諸葛亮)의 진법(陣法)에서 유래했다고도 전하는 것으로 생기(生氣)를 알기 위해서는 먼저 구궁도를 이해해야만 한다. 따라서 구궁도의 운용법을 알고 난 후에야 본궁(本宮)을 적용한다. 본궁이란 달리 사주를 보고자 하는 명주(命主)의 나이에 해당하는 궁으로 일정한 법칙에 따라 각 궁에 나이를 붙여 찾는다.

손(巽)			이(離)			곤(坤)		
辰	巽	巳	丙	午	丁	未	坤	申
진(震)				中央		태(兌)		
甲	卯	乙				庚	酉	辛
간(艮)			감(坎)			건(乾)		
丑	艮	寅	壬	子	癸	戌	乾	亥

● 남자 나이 붙이는 법

예를 들자면 남자는 이궁(離宮)에서부터 1세를 붙여 순행(順行)한다. 단 2세는 곤궁(坤宮)을 건너뛰어 태궁(兌宮)에 2세를 붙이는데 참고할 것은 처음에만 건너뛰고 이후로는 어떤 경우도 건너뛰지 않는다. 따라서 2세를 태궁(兌宮)에 붙이면 건궁(乾宮)에 3세, 감궁(坎宮)에 4세, 간궁(艮宮)에 5세, 진궁(震宮)에 6세, 손궁(巽宮)에 7세를 붙여 나간다.

다시 이궁(離宮)에 이르면 8세가 되고 곤궁(坤宮)이 9세, 태궁(兌宮)이 10세가 된다. 이와 같은 방식으로 반복적이며 계속적으로 순행하여 본인의 나이에 다다르는 곳이 바로 본궁이다.

손(巽)	이(離)	곤(坤)
7,15,23,31,39,47, 55,63,71,79	1,8,16,24,32,40,4 8,56,64, 72	0,9,17,25,33,41,4 9,57,65, 73
진(震)	中央	태(兌)
6,14,22,30,38,46, 54,62,70,78		2,10,18,26,34,42, 50,58,66,74
간(艮)	감(坎)	건(乾)
5,13,21,29,37,45, 53,61,69,77	4,12,20,28,36,44, 52,60,68,76	3,11,19,27,35,43, 51,59,67,75

◐ 여자나이 붙이는 법

여자는 남자와 적용의 차이가 있어 감궁(坎宮)에서부터 1세를 붙여 팔방(八方)을 역행(逆行)하는데 건궁(乾宮)에 2세를 붙이고 태궁(兌宮)에 3세, 이궁(離宮)에 5세, 손궁(巽宮)에 6세, 진궁(震宮)에 7세를 붙인다. 단 8세는 간궁(艮宮)을 건너뛰어 감궁(坎宮)에 붙이는데 처음에만 건너뛴다. 이후 다시 건궁(乾宮)에 9세, 태궁(兌宮)에 10세로 역행하여 본인의 나이에 닿는 곳이 본궁이다.

손(巽)	이(離)	곤(坤)
6,13,21,29,37,45, 53,61,69,77	5,12,20,28,36,44, 52,60,68,76	4,11,19,27,35,43, 51,59,67,75
진(震)	中央	태(兌)
7,14,22,30,38,46, 54,62,70,78		3,10,18,26,34,42, 50,58,66,74
간(艮)	감(坎)	건(乾)
0,15,23,31,39,47, 55,63,71,79	1,8,16,24,32,40,4 8,56,64, 72	2,9,17,25,33,41,4 9,57,65, 73

● 생기복덕법의 길흉화복

본궁을 찾으면 나이에 해당하는 본궁을 기본괘(基本卦)로 하고 상지선동(上指先動)하여 작괘(作卦)를 하여 생기팔신(生氣八神)을 붙여나간다.

생기팔신은 각기 일상생기(一上生氣), 이중천의(二中天宜), 삼하절체(三下絶體), 사중유혼(四中遊魂), 오상화해(五上禍害), 육중복덕(六中福德), 칠하절명(七下絶命), 팔중귀혼(八中鬼魂)이다.

생기복덕법	
生氣	탐랑(貪狼)으로 극귀지상(極貴之象)이며 매사형통의 대길한 일진과 방위이다.
天宜	거문(巨門)으로 부귀지상(富貴之象)이며 매사 형통의 대길한 일진과 방위다.

絶體	녹존(祿存)으로 병권지상(兵權之象)이며 매사 부진한 일진과 방위다.
遊魂	문곡(文曲)으로 준아지상(俊雅之象)이며 이해상반의 별무득실한 일진과 방위다
禍害	염정(廉貞)으로 살벌지상(殺伐之象)이며 매사 부진에 인상손재한다.
福德	무곡(武曲)으로 극귀지상(極貴之象)이며 매사 형통에 대길한 일진과 방위다.
絶命	파군(破軍)으로 호쟁지상(好爭之象)이며 매사 부진에 인상다재의 대흉이다.
鬼魂	보필(輔弼)로 간웅탐공지상(奸雄貪恭之象)이며 무사안일하고 별무득무해이다.

● 생기팔신 붙이기

본궁을 찾으면 생기팔신을 붙여나간다.

생기팔신								
본궁 생기팔신	생기	천의	절체	유혼	화해	복덕	절명	귀혼
건(戌亥)	태	진	곤	감	손	간	이	건
태(酉)	건	이	간	손	감	곤	진	태
이(午)	진	태	감	곤	간	손	건	이
진(卯)	이	건	손	간	곤	감	태	진
손辰巳)	감	곤	진	태	건	이	간	손
감(子)	손	간	이	건	태	진	곤	감
간(丑寅)	곤	감	태	진	이	건	손	간
곤(未坤)	간	손	건	이	진	태	감	곤

생기팔신을 붙이는 방법은 의외로 간단하게 적용할 수 있다. 그 하나의 적용으로 51세의 여자인 경우를 적용해 보고자 한다. 여자 51세의 경우 곤궁(坤宮)이 본궁이다. 이에 생기팔신을 붙여나가면 된다. 즉 도표에서 보듯 곤(坤)에 본궁(本宮)이기 때문에 간(艮)에 생기(生氣), 손(巽)에 천의(天意), 건(乾)에는 절체(絶體)가 되며, 이(離)에는 유혼(遊魂), 진(震)은 화해(禍害), 태(兌)는 복덕(福德), 감(坎)은 절명(絶命), 곤(坤)은 귀혼(鬼魂)이 된다.

팔괘								
팔괘	건	곤	간	손	감	리	진	태

◗ 생기복덕일

생기팔신을 붙여 적용하면 일정한 틀이 만들어진다. 그것이 생기복덕표이다. 따라서 적용측면만 살핀다면 생기복덕일만 적용하면 된다.

남자의 생기 복덕일(만 나이로 보지 않고 우리나라 보통 나이로 본다).

남자의 생기복덕일							
남자 나이(일반나이)	생기일 生氣	천의일 天宜	절체일 絶體	유혼일 遊魂	화해일 禍害	복덕일 福德	절명일 絶命	귀혼일 歸魂
	좋음	좋음	보통	보통	나쁨	좋음	나쁨	나쁨

2.10.18.26.34.42.50.58.66.74.82	戊亥	午	丑寅	辰巳	子	未申	卯	酉
3.11.19.27.35 43.51.59.67.75	酉	卯	未申	子	辰巳	丑寅	午	戊亥
4.12.20.28.36 44.52.60.68.76	辰巳	丑寅	午	戊亥	酉	卯	未申	子
5.13.21.29.37 45.53.61.69.77	未申	子	酉	卯	午	戊亥	辰巳	丑寅
6.14.22.30.38 46.54.62.70.78	午	戊亥	辰巳	丑寅	未申	子	酉	卯
7.15.23.31.39. 47.55.63.71.79	子	未申	卯	酉	戊亥	午	丑寅	辰巳
1.8.16.24.32 40.48.56.64.72	卯	酉	子	未申	丑寅	辰巳	戊亥	午
9.17.25.33.41 49.57.65.73	丑寅	辰巳	戊亥	午	卯	酉	子	未申

여자의 생기 복덕일(만 나이로 보지 않고 우리나라 보통 나이로 본다).

여자의 생기복덕일								
여자 나이(일반나이)	생기일 生氣	천의일 天宜	절체일 絶體	유혼일 遊魂	화해일 禍害	복덕일 福德	절명일 絶命	귀혼일 歸魂
	좋음	좋음	보통	보통	나쁨	좋음	나쁨	나쁨

나이								
3.10.18.26.34 42.50.58.66.74.82	戌亥	午	丑寅	辰巳	子	未申	卯	酉
2.9.17.25.33 41.49.57.65.73	酉	卯	未申	子	辰巳	丑寅	午	戌亥
1.8.16.24.32 40.48.56.64.72	辰巳	丑寅	午	戌亥	酉	卯	未申	子
15.23.31.39. 47.55.63.71.79	未申	子	酉	卯	午	戌亥	辰巳	丑寅
7.14.22.30.38 46.54.62.70.78	午	戌亥	辰巳	丑寅	未申	子	酉	卯
6.13.21.29.37 45.53.61.69.77	子	未申	卯	酉	戌亥	午	丑寅	辰巳
5.12.20.28.36 44.52.60.68.76	卯	酉	子	未申	丑寅	辰巳	戌亥	午
4.11.19.27.35 43.51.59.67.75	丑寅	辰巳	戌亥	午	卯	酉	子	未申

생기복덕일을 찾아 적용하는 기준은 집안의 가장(家長)을 중심으로 하는 데, 남자가 가장이면 남자를 보고 여자가 가장이면 여자의 생기복덕일을 참고하여 적용하는 것을 원칙으로 한다. 과거에는 남자만이 가장이었지만 이는 돈을 번다거나 대외적인 역할 때문이었다. 시대의 변화와 사회상의 변천으로 가장의 역할과 남녀의 역할이 통합되어 여자가 가장의 역할을 하는 경우도 많다.

올해 40세의 나이를 지닌 남자를 가장으로 정하고 적용의 실례를 살펴본다. 남자의 생기복덕일 표 중에서 40세에 해당하는 [좋음]에 해당하는 날을 찾아보면 생기일은 묘

(卯)일이고, 천의일은 유(酉)일, 복덕일은 진,사(辰,巳)일이
된다. 특히 간지가 기록되어 있는 달력을 참고하는 것이 좋
으며 만세력을 사용할 수도 있다. 흔히 음력 날짜를 알리는
글자와 간지가 나온 달력을 참고하는데, 음력 날짜가 기록
되어진 달력에는 대부분 간지가 있으므로 참고하기 편하다.

달력에 한문으로 표시되어 있는 글씨가 바로 간지인데 그
날의 일진을 표시한 글씨이다. 그 글씨 중에 남자에게 좋은
묘(卯), 유(酉), 진,사(辰,巳)일에는 이사(移徙)를 하거나 약혼
(約婚), 결혼(結婚), 여행(旅行) 등의 택일에 사용한다. 아울
러 가구, 가전제품, 피아노, 자동차등의 생활용품을 들여놓는
날도 이 날에 택일한다. 혹 가장 역할을 하는 남편의 생기복덕
일과 보조자인 부인의 나이를 따져 보아 생기복덕일을 산출
하여 겹치는 날이 있거나 해당한다면 더욱 좋은날이 되겠다.
그러나 그처럼 일치하는 경우는 극히 드믄 경우이고, 만약
서로의 복덕일이 다르다면 가장 중심으로 택일한다.

2. 황도흑도길흉정국(黃道黑道吉凶定局)

달리 부르기를 황흑도길흉영정국(黃黑道吉凶永定局)이
라 부른다. 황도(黃道)는 능히 흉살(凶殺)을 제살(制殺)할
수 있는 길신(吉神)이다. 이사(移徙)는 물론 혼인(婚姻), 건
물(建物)이나 각종 구조물(構造物)의 기초공사(基礎工事),
초상(初喪)이 이르러 날짜로 잡아 시체(屍體)를 안장(安葬)
하는 일 등 모든 일에 거리낌이 없이 대길(大吉)하다.

어떤 경우에도 택일하여 사용할 수 있다. 즉 일신에 천강(天罡), 하괴(河魁) 등과 같은 흉살(凶殺)이 있다고 하더라도 이를 모두 제거할 수 있으므로 모든 행사에 무방한 날이다. 그러나 흑도(黑道)는 황도와 반대로 대흉(大凶)하므로 반드시 피해야 한다. 어떤 경우라도 흑도는 피하는 것이 좋다.

황도흑도길흉정국												
月,日 구분	11월子日	12월丑日	1월寅日	2월卯日	3월辰日	4월巳日	5월午日	6월未日	7월申日	8월酉日	9월戌日	10월亥日
청룡황도 (靑龍黃道)	申	戌	子	寅	辰	午	申	戌	子	寅	辰	午
명당황도 (明堂黃道)	酉	亥	丑	卯	巳	未	酉	亥	丑	卯	巳	未
옥당황도 (玉堂黃道)	卯	巳	未	酉	亥	丑	卯	巳	未	酉	亥	丑
금궤황도 (金櫃黃道)	子	寅	辰	午	申	戌	子	寅	辰	午	申	戌
사명황도 (司命黃道)	午	申	戌	子	寅	辰	午	申	戌	子	寅	辰
천덕황도 (天德黃道)	丑	卯	巳	未	酉	亥	丑	卯	巳	未	酉	亥
백호흑도 (白虎黑道)	寅	辰	午	申	戌	子	寅	辰	午	申	戌	子
천형흑도 (天刑黑道)	戌	子	寅	辰	午	申	戌	子	寅	辰	午	申
천뇌흑도 (天牢黑道)	辰	午	申	戌	子	寅	辰	午	申	戌	子	寅
주작흑도 (朱雀黑道)	亥	丑	卯	巳	未	酉	亥	丑	卯	巳	未	酉
현무흑도 (玄武黑道)	巳	未	酉	亥	丑	卯	巳	未	酉	亥	丑	卯
구진흑도 (句陳黑道)	未	酉	亥	丑	卯	巳	未	酉	亥	丑	卯	巳

황흑도길흉영정국(黃黑道吉凶永定局)은 월(月)에서 길한 날짜를 택일(擇日)하고, 일(日)에서 길한 시간(時間)을 보는 법이다. 모든 행사에 길한 날짜로 시간을 잡으려면 흑도일시(黑道日時)를 피하고 황도일시(黃道日時)만을 쓰는 것이 좋다.

적용할 경우에 기준이 그 해의 어느 달(月)이라면 황도일(黃道日), 흑도일(黑道日)이 적용되고, 적용하는 기준이 날(日)일 경우에는 황도시(黃道時), 흑도시(黑道時)가 된다. 흑도는 나쁜 날이므로 가능한 피하는 것이 좋다.

택일 할 경우 여유가 없다면 황도일만 사용하는 것도 하나의 방법이 된다.

그러나 가능하면 이전의 생기복덕일 표에서 찾아 생기, 천의, 복덕일을 겸하여 황도일과 중첩되는 날을 사용하는 것을 권한다. 즉 황도일에 앞서 생기복덕표가 우선한다는 것이다.

이와 같은 법칙으로 사용한다면, 만약 음력 11월(子月)에 택일을 한다면 황도일(黃道日)인 신일(申日), 유일(酉日), 묘일(卯日), 자일(子日), 오일(午日), 축일(丑日)을 택일(擇日)하고, 시간도 신시(申時), 유시(酉時), 묘시(卯時), 자시(子時), 오시(午時), 축시(丑時)가 길하므로 선택하여 적용한다.

3. 이십팔수정국(二十八宿正局)

이십팔수정국(二十八宿正局)을 논하고자 한다면 반드시 이십팔수(二十八宿)가 무엇인지 알아야 한다. 이십팔수란 고대로부터 전래 되어 온 점성술(占星術)에서 응용된 것으로 하늘의 적도(赤道)를 따라 그 남북에 있는 별들을 28개의 구역으로 구분하여 부른 이름이다. 각 구역에는 여러 개의 별자리들이 있는데, 그 중 대표적인 것을 그 구역에 있는 수(宿)라고 정하였다. 이러한 수는 전부 28개가 되므로 통칭 28수라고 부른다. 단 이 별자리들이라는 것은 단수(單數)가 아니라 복수(複數)라는 것이다.

고대 중국에서는 별을 보고 점을 치는 기법이 있었으니 이를 고천문(古天文)이라 부른다. 해와 달을 비롯하여 오성(목성, 금성, 수성, 토성, 화성)의 운행을 관측할 때 각각 구역을 나누어 28개의 별자리를 나누고, 그것을 이용하여 해와 달, 오성이 이르는 위치를 설명했는데, 여기에는 각기 몇 개의 항성(恒星)이 포함되어 있다. 그러므로 이것은 오늘날 천문학에서 말하는 별자리(constellation)와는 다른 개념으로서, '이십팔사(二十八舍)' 또는 '이십팔성(二十八星)'이라고도 부른다.

이십팔수는 고대 중국의 천문학(天文學)과 종교(宗敎), 문학(文學), 점성술(占星術), 풍수지리(風水地理) 등등에 광범하게 응용되었으며, 특히 각 영역마다 특수한 의미를 부여하여 그 내용이 대단히 복잡하다.

단순하게 파악하여도 〖천상열차분야지도(天象列次分野

之圖)》속의 별자리를 파악하기가 쉽지 않다. 이십팔수라는 개념은 짧은 시간에 이루어진 개념은 아니다. 이미 오래전의 시대인 전국시대부터 별자리를 살피는 법에 따라 이십팔수의 개념이 형성되어 있었으며, 이후 시대에 따라 약간의 변화가 있었다는 것은 분명하다.

이십팔수는 각 방위에 따라 별자리들이 각기 따로 자리를 잡는다. 이러한 기준은 방위(方位)를 기준으로 하고, 방위를 기준으로 나누면 다음과 같다. 또한 이십팔수는 각 자리에 해당하는 짐승과 지역, 그리고 사람의 생일 등등에 복잡하게 대응되어 설명되기도 한다. 또한 중국의 전통적인 민간신앙(民間信仰)에서는 각 별자리에 해당하는 신을 설정하여 섬기기도 한다. 이러한 개념은 이 땅에서도 일부 적용된다.

이십팔수정국이란 이 이십팔수가 어떤 위치를 점하고 있는가를 살피는 것이다. 즉 황도 주변에 위치한 28개의 별자리를 말하는데, 이 이십팔수는 하나의 별을 이야기하는 것은 아니다. 동서남북에 각각의 별자리들이 배치되어 있으니 이를 성수(星宿)라 부르기도 한다. 동쪽으로는 각항저방심미기(角亢氐房心尾箕), 북쪽으로는 두우여허위실벽(斗牛女虛危室壁), 서쪽으로는 규루위묘필자삼(奎婁胃昴畢觜參), 남쪽으로는 정귀유성장익진(井鬼柳星張翼軫)이 있어 각기 방향마다 7개의 별자리가 배속된다.

택일할 때마다 좋고 나쁜 일이 있으므로 가려서 사용해야 한다. 단 칠살일(七殺日)은 흉신일(凶神日)이라 하여 예부터 국가적인 행사를 꺼리니 전쟁에 나가거나 사냥을 나가는 출군(出軍)은 가장 꺼리는 일이었다. 칠살일은 개인적이나 가문(家門)에서 행하는 일, 관직(官職)에 나아가기 위한 일, 배타고 나가는 일, 결혼(結婚), 집을 짓는 일, 기타 등등의 일에서 꺼리는 날이다. 이처럼 칠살일은 모두 꺼리니 국가적 일이나 개인적이 일이나 택일하지 않음이 좋으며 길흉을 논하기에 앞서 피하는 것이 좋다.

이십팔수정국		
方向	상징	二十八宿
東	靑龍	각(角), 항(亢), 저(氐), 방(房), 심(心), 미(尾), 기(箕).
西	白虎	규(奎), 루(婁), 위(胃), 묘(昴), 필(畢), 자(觜), 삼(參)
南	朱雀	정(井), 귀(鬼), 유(柳), 성(星), 장(張), 익(翼), 진(軫)
北	玄武	두(斗), 우(牛), 여(女), 허(虛), 위(危), 실(室), 벽(壁)

이십팔수정국의 적요						
이십팔수	구분	宮	숫자	수거성	방향	적요
각(角)	칠살일	辰	1	처녀자리	동방	起造, 婚姻에 吉, 修墳과 埋葬에 흉하고 朔日에는 大凶
항(亢)	칠살일	卯	2	처녀자리	동방	長房造作은 婚姻후 空房數, 葬事를 범하면 重喪, 望日에 들면 大凶
저(氐)		卯	3	천칭자리	동방	起造, 婚姻에 吉, 修墳과 埋葬에 흉.
방(房)		卯	4	전갈자리	동방	萬事亨通, 埋葬에만 흉
심(心)		寅	5	전갈자리	동방	諸事皆凶으로 모두 흉

미(尾)		寅	6	전갈자리	동방	開門, 起造, 放水, 埋葬, 婚姻에 만사형통
기(箕)		寅	7	궁수자리	동방	開門, 起造, 放水, 埋葬, 婚姻에 만사대길
두(斗)		丑	8	궁수자리	북방	만사대길, 起造, 埋葬에 더욱 길하다.
우(牛)	칠살일	子	9	염소자리	북방	神殺에 해당되니 모두 흉
여(女)			10	물병자리	북방	凶
허(虛)		子	11	조랑말	북방	萬事亨通, 埋葬에만 흉
위(危)		子	12	페가수스	북방	開門, 起造, 放水, 埋葬 등 모두 흉
실(室)		亥	13	페가수스	북방	開門, 起造, 放水 등 모두 길
벽(壁)		戌	14	페가수스 안드로메다	북방	開門, 放水, 埋葬, 造作, 婚姻 등 모두 길
규(奎)	칠살일	戌	15	안드로메다 물고기자리	서방	造作은 길, 開門, 放水, 埋葬 등은 흉
루(婁)	칠살일	戌	16	양자리	서방	開門, 放水, 埋葬, 造作, 婚姻에 길, 晦日은 흉
위(胃)		酉	17	양자리	서방	起造, 埋葬, 婚姻등 모두 길
묘(昴)		酉	18	황소자리	서방	造作에만 길, 開門, 放水, 埋葬, 婚姻에 흉
필(畢)		申	19	황소자리	서방	開門, 起造, 放水, 埋葬, 婚姻등 모두 길
자(觜)		申	20	오리온	서방	埋葬에만 길, 諸事에 흉
삼(參)		申	21	오리온	서방	造作에만 길, 開門, 放水, 埋葬에 흉
정(井)		未	22	쌍동이자리	남방	開門, 起造, 放水에 길, 埋葬에만 흉
귀(鬼)	칠살일	午	23	게자리	남방	埋葬에만 길, 開門, 起造, 放水, 婚姻에 흉
유(柳)		午	24	큰물뱀자리	남방	開門, 放水, 埋葬, 婚姻에 모두 흉

성 (星)	칠살 일	午	25	큰물뱀 자리	남방	新房造作에만 길, 凶星 을 만나면 生死離別
장 (張)		午	26	큰물뱀 자리	남방	起造, 動兵, 上官, 埋葬, 出行, 婚姻은 모두 길
익 (翼)		巳	27	컵자리 큰물뱀 자리	남방	埋葬에만 길, 開門, 放 水, 造作등에 흉
진 (軫)		辰	28	까마귀 자리	남방	修官衣, 埋葬, 造舟, 造 作, 出動이 모두 길

● 칠살일에 대한 경종의 시구

칠살일에 대한 시구	
각항규루귀우성 角亢奎婁鬼牛星	각, 항, 규, 루, 귀, 우성은
출군편시불회병 出軍便是不回兵	출군하면 군사들은 돌아오지 못하니
행선정파조침익 行船定破遭沈溺	배를 타고 나가면 파선이 되어 물에 잠기고
위관미만역조형 爲官未滿亦遭形	벼슬을 받으면 위임을 받아 나가기 전에 큰일 이 있고
혼인기조봉차일 婚姻起造逢此日	결혼을 하거나 집 짓는 일에 이 날을 쓰면
불과주년견곡성 不過周年見哭聲	일년이 지나기 전에 곡소리 들려오는 것을 보고
세인약지피칠살 世人若知避七殺	사람들이 만약이라도 칠살을 피할 수 있다면
상공농사진풍락 商工農士盡豊樂	장사, 공업, 농업, 벼슬에 나아감에 즐거움이 넘친다

4. 건제십이신(建除十二神)

지구(地球)에서 보아 움직이지 않는 것으로 보이는 북극(北極) 주위에 고착된 십이지(十二支)에 대하여 한 달에 한 방위씩 전진하는 특수한 십이방위(十二方位)를 말하며 십이직(十二直)이라고도 한다. 북쪽하늘에 고착된 좌표는 현재 한국인이 인식하는 일반화된 방향감각과 달리 북극성(北極星)의 위치를 중심으로 하여 아래의 지평선 쪽을 자(子), 위쪽을 오(午), 동쪽을 묘(卯), 서쪽을 유(酉)로 정하니 이는 정방위(正方位)가 된다. 이에 따라 십이지의 방위가 시계반대방향으로 결정된다.

방향의 개념인 십이직과 달리 사주와 택일법에서는 건제십이신(建除十二神)은 길흉을 맡은 열두 신이다. 제주도에는 신구간이라는 특이한 풍습이 있다. 즉 소임을 맡은 신들이 명령을 받기위해 자리를 비우는 것을 말한다. 이처럼 각 방향과 각 날짜에는 관장을 하는 신이 있다. 12개의 지지에 해당하는 날에도 장악하는 신이 있다. 따라서 이 신살(神殺)은 택일에 적용된다. 각각의 신은 관장하는 부분에 따라 길흉이 다르다. 택일을 할 때 이 신살들이 장악한 길흉을 파악하여야 한다.

건제십이신의 적요		
십이신	길흉	적요
건(建)	길	冠帶, 救人, 貴人接見, 出行, 面接, 旅行, 入學, 淸掃, 上章
	흉	動土, 修造, 斬草, 伐草, 破土, 削土, 切土, 婚姻
제(除)	길	上章, 安宅, 療病, 立券, 接木, 祭祀, 種禾, 出行
	흉	球官, 移徙, 出財
만(滿)	길	納奴, 掃舍, 裁衣, 接木, 祭祀
	흉	求福, 動土, 移徙, 立柱
평(平)	길	祭祀, 築墻, 取土, 治道, 平基
	흉	開渠, 裁種, 出行
정(定)	길	求福, 求嗣, 納畜, 修造, 安碓, 埋葬, 裁衣, 祭祀, 婚姻
	흉	訴訟, 裁種, 出行

집 (執)	길	上章, 修造, 立券, 埋葬, 祭祀, 婚姻,
	흉	移徙, 入宅, 出行
파 (破)	길	壞垣, 手術, 治病, 破屋
	흉	嫁娶, 動土, 安葬, 移徙, 進入口, 斬草, 出行, 破土, 興工
위 (危)	길	上章, 修造, 立券, 祭祀, 婚姻
	흉	狩獵, 入水, 捕魚, 狩獵, 行船
성 (成)	길	救財, 上表, 修造, 安宅, 移徙, 接花木, 祭祀, 婚姻, 還家
	흉	訴訟
수 (收)	길	納彩, 納畜, 狩獵, 植木, 入學, 接花, 祭祀, 播種, 婚姻
	흉	永窆, 造基, 斬草, 出行, 破土
개 (開)	길	開塘, 修造, 安碓, 安宅, 立券, 裁種, 祭祀, 天井, 出行, 婚姻
	흉	動土, 埋葬
폐 (閉)	길	立券, 作廁, 埋葬, 接花, 祭祀
	흉	動土, 修造, 遠回, 移徙, 出行. 還家

한글로 풀이해서 현대적인 상황으로 적용해 보면 다음과
같다.

건제십이신의 해석과 현대적 적용	
건 (建)	집을 청소하고, 마을로 나서거나 여행을 떠나며 관공서에 투서(投書)하거나 학교에 입학하거나 복장을 잘 갖추고 남에게 찾아가 직업을 구하거나 부탁을 하기에 좋은 날이다. 그러나 건물을 수리하거나 새로이 건조하는 일과 벽을 바르거나 혼인(婚姻)을 치르고, 장사(葬事)를 치르거나 무덤에 풀을 깎는 일은 매우 꺼린다.
제 (除)	마을로 나가거나, 여행을 떠나고 관공서에 투서하고 문권(文券)을 만들거나 병원을 찾아 병을 치료하며 나무를 심는 일에는 좋다. 그러나 권력자나 실력자를 찾아 관직(官職)을 부탁하거나 회사취직을 부탁하며 집안에서 재물을 내가거나 이사하는 일에는 꺼린다.
만 (滿)	집안을 청소하고, 일할 사람이나 가정부 등을 들여오고 나무를 자르거나 접(接)을 붙이는 일에는 좋다. 그러나 집을 지으려고 흙을 다루는 일과 기둥을 세우는 일은 물론이고 이사하는 일에는 좋지 않아 피한다. 사시(四時)의 맹월(孟月 첫달)은 천적(天賊)이 되므로 더욱 흉(凶)하다.

평 (平)	모든 일에 두루두루 길한 날이다. 그러나 나무를 심는 일이나 도랑을 치는 일이나 농토와 집터 등에서 땅을 파거나 무너뜨리거나 하는 제반의 흙과 관련된 일과 풀을 베는 일은 꺼리니 조심하라.
정 (定)	혼인을 치르는 일에 좋다. 집의 기둥을 세우거나 죽은 자가 있어 장사를 지내거나, 방아를 자리 잡아 고정하여 배치시키거나, 가축을 들이거나, 자식을 구하는 기도를 하는 일은 물론이고 복을 구하는 기도를 하기에도 마땅한 날이다. 그러나 집을 나서 여행을 떠나거나 송사(訟事)을 일으켜 고발하거나 고소하는 일과 나무를 심는 일에는 꺼린다.
집 (執)	혼인을 치르는 일, 집을 지으려고 기둥을 세우거나 장사를 지내는 일도 좋다. 관공서 일을 보거나 문권(文券)을 만드는 일에 마땅하다. 그러나 이사하거나 새로 지은 집이나 새로 지었거나 산 집에 이사해 들어가거나 여행하는 일는 좋지 않다.
파 (破)	병원을 찾아 병을 치료하고 집을 부수는 일에는 좋다. 그러나 흙을 다루거나, 장사를 지내거나 무덤에 풀을 베는 일은 피한다. 이사하거나 여행을 떠나는 일이나 혼인도 좋지 않다. 사람을 배치하고 직원을 뽑는 일도 좋지 않다. 그리고 사시(四時)의 중월(仲月 둘째달)은 천적(天賊)이 되므로 더욱 흉하다.
위 (危)	집을 수리하고 건조하는 일이나 혼인, 관공서에 일을 보거나 문권(文券)을 만드는 일은 좋다. 그러나 산에 들어가 사냥하거나 물에 가서 배 타고 고기 잡는 일은 꺼린다. 물놀이 가거나 등산도 피한다.
성 (成)	집을 수리 건조하는 일이나 이사, 혼인은 물론이고 관공서의 일 보는 일이 좋다. 재물을 구하는 제반의 모든 행위가 좋으니 구직이나 부탁도 좋다. 나무를 접붙이는 일도 길하다. 그러나 소송(訴訟)만은 꺼린다.
수 (收)	혼인에는 좋은 날이다. 학교에 입학하고 꽃나무를 심는 일이며, 가축을 늘이고 사냥하는 일에 좋다. 그러나 땅을 파헤치거나 무덤을 만들기 위해 땅을 파는 행우, 혹은 사초하여 묘를 개축하는 일이며 마을로 나서고 여행을 떠나고 풀을 베는 일은 피한다.
개 (開)	혼인을 치르거나 집에 기둥을 세우는 일, 우물을 파고 못을 파는 일도 좋다. 집안에 방아를 설치하고 나무를 심는 일이나 문밖을 나서 마을을 가거나 여행을 떠나는 일, 문권을 세우는 일에 마땅하다. 그러나 흙을 다루는 여러 가지 일이나 장사를 치르기에는 꺼리는 날이다. 사시(四時)의 계월(季月)에는 천적(天賊)이 되므로 더욱 흉하다.

폐 (閉)	장사를 지내는 일이나 화장실을 고치거나 짓고 꽃나무에 접을 붙이고 문권을 만드는 일에는 마땅하다. 건물을 수리하거나 새로이 짓고 흙을 다루는 일은 물론이고 문밖을 나서 마을로 가거나 여행을 떠나는 일, 혹은 이사에는 매우 꺼린다.

5. 삼갑순(三甲旬)

생갑(生甲), 사갑(死甲), 병갑(病甲)을 삼갑순(三甲旬)이라고 한다. 삼갑순은 건축(建築), 이사(移徙), 입택(入宅), 매장(埋葬), 결혼(結婚) 등의 기준으로 삼는다. 결혼택일이나 이사택일에는 생갑순이 가장 길하고, 병갑순은 불리하며, 사갑순은 질병(疾病)이나 사망(死亡) 등의 액(厄)이 있어 쓰지 않는다. 일반적인 양택행사(陽宅行事)에는 생갑순이 가장 길하고 병갑순은 불리하고 사갑순은 사망이나 질병의 액이 있어 쓰지 않는다. 반대로 음택행사(陰宅行事)에서는 사갑순이 가장 길하고 병갑순은 보통이며 생갑순은 쓰지 않는다.

생갑순법(生甲旬法)을 적용하는 방법의 예를 들어본다. 2008년 무자년(戊子年)에 어떤 행사를 한다고 할 때에, 무자년(戊子年)의 자(子)가 들어 있는 표를 살펴보아야 한다. 이중 생갑순(生甲旬)에 속하는 갑자순(甲子旬 – 甲子일로 부터 부터 10日 동안)과 갑오순(甲午旬 – 甲午일로 부터 10日 동안)에 날짜를 잡는다. 즉 생갑순에 해당하는 갑자순과 갑오순의 20일 중에서 당사자의 생기복덕(生氣福德)일을 찾는다. 이것을 생갑순법(生甲旬法)이라 부르며 가장 먼저 적용하는데, 일반적으로 생갑순은 혼인(婚姻), 약혼(約婚), 회갑(回甲), 개업(開業), 이사(移徙), 신축착공일(新築着工日), 개축(改築) 등은 길일에 택하고, 사갑순은 장사(葬事), 묘지이장(墓地移葬), 묘지벌초(墓地伐草) 등의 음택에 관련한 택일에 사용하며, 병갑순은 병자(病者)의 약 짓는 택일에 사용한다.

삼갑순			
년/구분	삼갑	갑 순	순중일
子午卯酉	生甲	甲子旬	甲子.乙丑.丙寅.丁卯.戊辰.己巳.庚午.辛未.寅申.癸酉
		甲午旬	甲午.乙未.丙申.丁酉.戊戌.己亥.庚子.辛丑.壬寅.癸卯
	死甲	甲戌旬	甲戌.乙亥.丙子.丁丑.戊寅.己卯.庚辰.辛巳.壬午.癸未
		甲辰旬	甲辰.乙巳.丙午.丁未.戊申.己酉.庚戌.辛亥.壬子.癸丑
	病甲	甲申旬	甲申.乙酉.丙戌.丁亥.戊子.己丑.庚寅.辛卯.壬辰.癸巳
		甲寅旬	甲寅.乙卯.丙辰.丁巳.戊午.己未.庚申.辛酉.壬戌.癸亥
辰戌丑未	生甲	甲戌旬	甲戌.乙亥.丙子.丁丑.戊寅.己卯.庚辰.辛巳.壬午.癸未
		甲辰旬	甲辰.乙巳.丙午.丁未.戊申.己酉.庚戌.辛亥.壬子.癸丑
	死甲	甲申旬	甲申.乙酉.丙戌.丁亥.戊子.己丑.庚寅.辛卯.壬辰.癸巳
		甲寅旬	甲寅.乙卯.丙辰.丁巳.戊午.己未.庚申.辛酉.壬戌.癸亥
	病甲	甲子旬	甲子.乙丑.丙寅.丁卯.戊辰.己巳.庚午.辛未.寅申.癸酉
		甲午旬	甲午.乙未.丙申.丁酉.戊戌.己亥.庚子.辛丑.壬寅.癸卯

寅申巳亥	生甲	甲申旬	甲申.乙酉.丙戌.丁亥.戊子.己丑.庚寅.辛卯.壬辰.癸巳
		甲寅旬	甲寅.乙卯.丙辰.丁巳.戊午.己未.庚申.辛酉.壬戌.癸亥
	死甲	甲子旬	甲子.乙丑.丙寅.丁卯.戊辰.己巳.庚午.辛未.寅申.癸酉
		甲午旬	甲午.乙未.丙申.丁酉.戊戌.己亥.庚子.辛丑.壬寅.癸卯
	病甲	甲戌旬	甲戌.乙亥.丙子.丁丑.戊寅.己卯.庚辰.辛巳.壬午.癸未
		甲辰旬	甲辰.乙巳.丙午.丁未.戊申.己酉.庚戌.辛亥.壬子.癸丑

육십갑자
甲子.乙丑.丙寅.丁卯.戊辰.己巳.庚午.辛未.寅申.癸酉.
甲戌.乙亥.丙子.丁丑.戊寅.己卯.庚辰.辛巳.壬午.癸未.
甲申.乙酉.丙戌.丁亥.戊子.己丑. 庚寅.辛卯.壬辰.癸巳.
甲午.乙未.丙申.丁酉.戊戌.己亥.庚子.辛丑.壬寅. 癸卯.
甲辰.乙丙午.丁未.戊申.己酉.庚戌.辛亥.壬子.癸丑. 甲
寅.乙卯. 丙辰.丁巳.戊午.己未.庚申.辛酉.壬戌.癸亥.

（六十甲子）

2014년의 예를 들어보자. 2014년은 갑오년(甲午年)이다. 지지를 살피면 오(午)이니 생갑순(生甲旬)은 갑자순(甲子旬)과 갑오순(甲午旬)이다. 따라서 甲子, 乙丑, 丙寅, 丁卯, 戊辰, 己巳, 庚午, 辛未, 寅申, 癸酉, 甲午, 乙未, 丙申, 丁酉, 戊戌, 己亥, 庚子, 辛丑, 壬寅, 癸卯일이 생갑순에 해당한다.

이 날짜에 혼인(婚姻), 약혼(約婚), 회갑(回甲), 개업(開業), 이사(移徙), 신축착공일(新築着工日), 개축(改築) 등을 하면 좋다. 갑술순과 갑진순은 사갑순에 해당한다. 甲戌, 乙亥, 丙子, 丁丑, 戊寅, 己卯, 庚辰, 辛巳, 壬午, 癸未, 甲辰, 乙

巳, 丙午, 丁未, 戊申, 己酉, 庚戌, 辛亥, 壬子, 癸丑일이니 이 시기에는 음택에 관련된 일을 하기에 좋다. 갑신순과 갑인순은 병갑순에 해당한다. 甲申, 乙酉, 丙戌, 丁亥, 戊子, 己丑, 庚寅, 辛卯, 壬辰, 癸巳, 甲寅, 乙卯, 丙辰, 丁巳, 戊午, 己未, 庚申, 辛酉, 壬戌, 癸亥일에는 병에 관련된 일이 좋다.

6. 백기일(百忌日)

현대인은 생활습관적인 면에서 여러 가지 상황과 다가오는 일들에 대한 판단을 과거와 달리 생각할 수도 있다. 즉 현대적으로는 어떤 행사를 치를 때 몇 가지 조건이 있다. 즉 현대적인 사고의 기준 틀에서는 많은 것이 과거와 다르다. 현대적인 사고를 기준으로 보면 해가 떠서 날씨가 화창하고 비가 오거나 흐리지 않은 날씨가 우선적인 조건이 될 것이다. 그러나 과거는 날씨만으로 상황을 따지지 않았으니, 날마다 고유의 기(氣)가 있다고 생각하고 적용하여 상황을 판단하였다. 이제 과거의 경험과 지식을 받아들여 택일법을 통해 좋은 날을 골라 행사를 치른다면 당사자는 마음이 편해져서 만족감과 자신감을 얻을 수 있을 것이다.

특히 택일에서 백기일(百忌日)이란 피하는 날이 있다. 이에 해당되는 날에는 무슨 일이든지 하면 좋지 않다는 것이니, 일상생활에서 가능하면 이 날을 피하여 일을 행하라는 것이다. 즉 일종의 금기일(禁忌日)이다. 일진(日辰)의 천간(天干)에 해당하는 간의(干意)를 살펴야 한다. 아울러 지지

(地支)의 의미를 더해 살피면 완벽하게 택일을 할 수 있다.

1) 십간

	십간해석
甲日	갑불개창(甲不開倉)이니 일진이 갑일(甲日)이면 사사로이 창고에 물건을 출납시키거나 서둘러 개업(開業)을 하지마라. 실물수(失物數)가 생기고 손재수(損財數)가 생긴다.
乙日	을불재식(乙不裁植)이니 일진이 을일(乙日)이면 날씨가 좋고 물이 풍부해도 화초(花草)나 초목(草木), 또는 모든 파종(播種)을 하지 마라. 고사목(枯死木)이 많다
丙日	병불수조(丙不修竈)이니 일진이 병일이면 부뚜막이나 구들을 고치거나 집짓는 일을 하지 마라. 동티가 생기고 우환이 생긴다.
丁日	정불삭발(丁不削髮)이니 일진이 정일이면 이발을 하지 마라. 초상이 나거나 귀신의 장난이 염려된다.
戊日	무불수전(戊不受田)이니 일진이 무일이면 전답(田畓)을 매매 하거나 상속받지 마라. 가뭄이 계속된다 하더라도 이 날에 밭에 물을 뿌리면 곡식이 말라 죽는다.
己日	기불파권(己不破券)이니 일진이 기일이면 책이나 문서를 찢거나 버리지 마라. 어떤 경우도 계약을 파기하지 않는다. 이익은 멀어지고 큰 손재수가 따른다.
庚日	경불경락(庚不經絡)이니 일진이 경일이면 몸에 좋지 않은 일이 일어날 가능성이 높다. 병원에서 수술하거나 침을 맞지 마라. 오히려 화근이 생기니 몸을 버린다. 또한 송사가 따르고 구설시비가 끊이지 않는다.
辛日	신불합장(辛不合醬)이니 일진이 신일이면 간장을 담그지 마라. 장맛이 변하거나 죽는다. 장맛이 변하거나 줄어들면 집안에 우환이 끊이지 않고 병자가 생긴다.
壬日	임불결수(壬不決水)이니 일진이 임일이면 논에 물을 가두지 마라. 논에 물을 대는 날로서는 부적합하니 미리 파악하여 이 날을 살펴 이전이나 이후에 논에 물을 대어라. 만약 이 날에 논물을 대면 가뭄이 들고 논에 물이 마른다.
癸日	계불송사(癸不訟事)이니 일진이 계일이면 관청일을 보지 말고 고소 또는 송사를 하지마라. 오히려 송사를 당한다. 관청일을 보면 잘못되어 다시 보아야 할 일이 생기고 남을 고소하면 오히려 내가 고소당한다.

2) 지지

	지지해석
子日	자불문복(子不問卜)이니 일진이 쥐의 날이면 점을 치지 마라. 점괘가 제대로 나오지 않고 만사에 재수가 없다. 子日에 죽을 쑤어 먹으면 모든 병에 호기가 있고 창(瘡)이 있어 쑥 뜸을 뜨면 좋다.
丑日	축불관대(丑不冠帶)이니 일진이 소의 날이면 관대(冠帶)를 매지 마라. 관모를 갖추고 관대를 매면 파직을 당한다. 丑日에 머리를 감으면 무병하고 부자집의 마루 밑 흙을 파서 솥에 바르면 부자가 된다. 축월축시(丑月丑時)에 소원을 빌면 성취하고 일을 시작하면 좋다.
寅日	인불제사(寅不祭祀)이니 일진이 호랑이 날이면 제사를 지내지 마라. 우환을 염려하여 푸닥거리나 불공을 드리면 반드시 후환이 생긴다. 인일인시(寅日寅時)에는 아무 일도 이루어지지 않는다. 인월에 붕어를 먹으면 머리에 독기가 생긴다. 인월에 발을 씻을 때 소금을 넣어 따뜻한 물에 닦으면 감기가 저 멀리 달아난다.
卯日	묘불천정(卯不穿政)이니 일진이 묘일 토끼 날 이면 우물을 파지 말아라. 수도를 새로이 놓거나 망가진 수도를 수리하지 마라. 묘일에 물을 건드리면 물이 썩는다. 우물이 썩으면 집안에 우환이 오고 병이 돈다.
辰日	진불곡읍(辰不哭泣)이니 일진이 용의 날이면 서러운 일이 있어도 울지 말아야 한다. 울음소리가 들려오면 집안에 줄초상이 일어난다. 辰月에 복숭아 입을 따서 응달에 말려 장복하여 마시면 가슴앓이 병을 치료할 수 있다.
巳日	사불원행(巳不遠行)이니 일진이 뱀의 날이면 먼 길을 떠나거나 이사를 하지 마라. 흉하고 돌발사고가 생긴다. 巳月에 국화의 줄기를 삶아 마시면 백발이 되는 것을 막는다.
午日	오불점개(午不苫蓋)이니 일진이 말의 날이면 지붕을 덮지 말며 사냥을 하지마라. 집에 물이 새며 낙상(落傷)이 있다. 午日이나 戌日에 결혼하면 큰일을 하거나 출세를 하는 자손이 있다.
未日	미불복약(未不服藥)이니 일진이 염소일 이면 섣부르게 약을 먹거나 입원을 하지마라. 약효가 살아나지 않는다. 未月 未時에 계약하면 덕을 본다. 未日이나 寅日에 출생하면 머리가 좋다.
辛日	신불안상(辛不安狀)이니 일진이 원숭이 날이면 책상이나 침구를 사들이지 마라. 동티가 난다. 申月에 박이나 수세미 줄기에서 물을 받아 마시면 피부병이나 위장병에 효험이 있다.

酉 日	유불회객(酉不回客)이니 일진이 닭의 날이면 손님을 맞아들이지 말고 잔치를 하지마라. 싸움이 나거나 구설수가 뜬다. 酉月이나 酉日, 酉時에 새로운 일을 시작하면 매우 흉하다.
戌 日	술불걸구(戌不乞狗)이니 일진이 술일 개의 날이면 개를 집에 들이지 마라. 戌日 戌時에 개를 들이면 집안에 흉한일이 생긴다. 戌月에 국화주를 마시면 회충이 사라진다.
亥 日	해불가취(亥不嫁娶)이니 일진이 돼지날이면 장가가고 시집가는 일을 하지 마라. 이혼하고 파혼한다. 亥日에 떡을 먹으면 체하는 기운을 몰아낼 수 있다. 亥日에 팥을 그늘에 말려 삶아 먹으면 입술이 파래지는 것을 고칠 수 있다.

3) 적용 실례

하루하루를 표현하는 간지는 천간과 지지의 짝으로 이루어져 있다. 육십갑자가 이루어진 천간지지가 순환하여 하루하루의 기운을 조절한다. 즉 일진(日辰)의 해석이 되는 것이다. 일진의 해석에 백기일의 용법이 적용된다. 따라서 천간과 지지의 속성을 함께 살펴야 한다. 실례의 적용 측면을 실례로서 살펴보면 아래와 같다.

◑ 갑자(甲子)일

물건(재물, 곡식)을 받거나 내어주지 않고, 길흉을 묻거나 점을 치지 않는다. 매매, 계약 등을 하지 말고 점 등을 보지 않는다.

◑ 을축(乙丑)일

씨앗을 뿌리거나 나무를 심지 않고, 관례복을 입지 않는다. 풀이하면 새로운 일을 시작하지 않고, 관청에 출입을 하지 않는다.

● 병인(丙寅)일

부뚜막을 만들거나 수리하지 않고, 복을 빌거나 제사를 지내지 않는다. 풀이하면 건물 수리를 하지 않고, 굿 등을 하지 않는다.

● 정묘(丁卯)일

머리를 자르거나 다듬지 않고, 우물이나 구덩이를 파지 않는다. 풀이하면 이발을 하지 않고, 아전인수를 하지 않는다. 내게 이로운 일을 하지 않는다.

● 무진(戊辰)일

논밭이나 토지를 인수하지 않고, 울음소리를 내지 않는다. 풀이하면 부동산 거래를 하지 않고, 내가 힘든 내색을 하지 않는다.

● 기사(己巳)일

서적이나 문서를 훼손하지 않고, 멀리 가지 않는다. 풀이하면 계약의 파기 등을 하지 않고, 여행을 하지 않는다.

● 경오(庚午)일

침이나 뜸 치료를 받지 않고, 지붕을 덮지 않는다.

7. 복단일(伏斷日)

복단일(伏斷日)이란 엎어지고 끊어지는 날이다. 백사(百事)가 모두 불리한 날이란 뜻으로 모든 일이 이롭지 못하다. 어떤 일도 하지 말라는 날이니 택일에서는 선택하지 않고 피하는 것이 좋겠다. 택일법에서 복단일은 우선적으로 피하는 날이다. 십악대패일(十惡大敗日)과 같은 날로 매우 좋지 않은 작용을 하는 날이다.

이 날은 평소에 하지 않던 일을 하지 않는 것이 좋다. 긍정적인 일에는 무조건 피하는 것이 상책이다. 그러나 반대로 부정적인 일은 좋다. 해도 좋은 일이 있으니 화장실 짓는 일, 구덩이 파는 일, 샘을 막거나 메우는 일, 궤짝을 만들고 부수는 일은 길하다. 구멍을 막고, 물을 막는 둑을 만드는 일, 젖먹이 젖 떼는 일, 인연을 끊는 일 등은 복단일에 하는 것이 좋다.

그러나 매장(埋葬), 혼인(婚姻), 일반적인 공사착공(工事着工), 흙을 다루는 일, 입택(入宅), 이사하는 날, 윗사람 만나는 일, 여행(旅行), 입시원서(入試願書) 내는 날, 입사원서(入社願書) 내는 날 등은 매우 불길하니 피하는 것이 좋다.

현대적 의미에서 복단일은 요일(曜日)에도 적용이 가능하다.

복단일											
일	子	丑	寅	卯	辰	巳	午	未	申	酉	戌	亥
이십팔수	허 (虛)	두 (斗)	실 (室)	여 (女)	기 (箕)	방 (房)	각 (角)	장 (張)	귀 (鬼)	자 (觜)	위 (胃)	벽 (壁)
요일	일	목	화	토	수	일	목	월	금	일	토	수

8. 삼원백(三元白)

삼원백(三元白)은 일백(一白), 이흑(二黑), 삼벽(三碧), 사록(四綠), 오황(五黃), 육백(六白), 칠적(七赤), 팔백(八白), 구자(九紫)로 대별되는 9개의 별을 말한다.

달리 구성(九星), 삼원자백(三元紫白)이라 부르거나 모두 합쳐 삼원자백구성(三元紫白九星)이라고도 불린다.

삼원백은 양택과 음택을 가리지 않고 고루 사용한다. 중궁에 배치된 구성부터 차례로 배치하여 길흉을 판단한다.

일반적으로 이사택일에는 일백(一白), 육백(六百), 팔백(八白)의 백(白)만을 사용한다. 즉 일백, 팔백, 구백은 길하고 구자(九紫)는 보통의 날이며 나머지는 흉하다.

연월일시에 자와 백, 즉 자백(紫白: 일백, 육백, 팔백, 구자)를 만나면 길하고 이흑(二黑), 삼벽(三碧), 사록(四綠), 오황(五黃), 칠적(七赤)을 만나면 흉하다.

사록 (巽)	구자 (離)	이흑 (坤)
삼벽 (辰)	오황 (中)	칠적 (兌)
팔백 (艮)	일백 (坎)	육백 (乾)

1) 순역(順逆)

중궁(中宮)에 어떤 구성(九星)이 오느냐에 따라 배치가
달라진다. 구궁을 순행(順行)하느냐? 역행(逆行)하느냐에
따라서도 구성의 배치는 달라진다.

구궁을 순행할 것인지, 역행할 것인지는 순국분포(順局
分布)에 해당하는지, 혹은 역국분포(逆局分布)에 해당하는
지 확인하여 판단한다.

구궁의 순역분포는 각기 순국분포와 역국분포로 나눌 수
있다. 순국분포라는 것은 구궁을 구성학의 기본도를 바탕으
로 9개의 칸에 배치할 때, 구궁을 순행하여 배치하는 것으
로 연백, 월백, 일백양둔, 시백양둔이 순국분포에 해당한다.

중궁에 위치한 구성이 어느 것인가에 따라 각기 일백입
중, 이흑입중, 삼벽입중, 사록입중, 오황입중, 육백입중, 칠
적입중, 팔백입중, 구자입중으로 나뉘어진다. 즉, 일이삼사
오륙칠팔구의 구궁이 중앙에 위치하는 것이다.

구궁의 역국분포는 구성을 구궁에 배치할 때 순국분포와
반대로 구궁의 배치를 역으로 하는 것으로 일백음둔, 시백
음둔이 역국분포에 해당한다. 역시 일백입중, 이흑입중, 삼

벽입중, 사록입중, 오황입중, 육백입중, 칠적입중, 팔백입중, 구자입중으로 나뉘어진다.

● 三元甲子

구궁의 순역 분포에서 반드시 알아야 할 것이 삼원이다. 달리 삼원갑이라고도 불리는 이론으로 각기 상원갑자, 중원갑자, 하원갑자라고 함, 달리 상원, 중원, 하원이라고도 부른다. 육십갑자를 참고하면 된다.

시작인 갑자에서 마지막인 계해까지 한번 순환하는 것을 일원이라 한다. 세 번 순환하면 삼원이 된다. 세 번 순환하면 180이라는 숫자가 나온다.

따라서 해로는 180년, 달로 적용하면 180개월, 날로 따지면 180일이며 시간으로는 180시간이 된다.

- 上元甲子 : 1864년 - 1923년
- 中元甲子 : 1923년 - 1983년
- 下元甲子 : 1984년 - 2043년

2) 연백정국

태세(太歲=년주)로 자백구성의 위치를 정하는 방법이다. 먼저 구궁을 역행으로 기갑자하여 짚어 나가다가 각 태세가 닿는 구성을 찾아서 해당 태세가 닿은 구성을 다시 구궁도의 중궁에 넣고 순행하면 년자백을 찾을 수 있다.

[年白上元 : 일백에 갑자를 붙여 역행한다].

四綠	九紫	二黑
庚午 己卯 戊子 丁酉 丙午 乙卯	乙丑 甲戌 癸未 壬辰 辛丑 庚戌 己未	壬申 辛巳 庚寅 己亥 戊申 丁巳
三碧	五黃	七赤
辛未 庚辰 己丑 戊戌 丁未 丙辰	己巳 戊寅 丁亥 丙申 乙巳 甲寅 癸亥	丁卯 丙子 乙酉 甲午 癸卯 壬子 辛酉
八白	一白	六白
丙寅 乙亥 甲申 癸巳 壬寅 辛亥 庚申	甲子 癸酉 壬午 辛卯 庚子 己酉 戊午	戊辰 丁丑 丙戌 乙未 甲辰 癸丑 壬戌

[年白中元 : 四綠에 갑자를 붙여 역행한다.]

四綠	九紫	二黑
甲子 癸酉 壬午 辛卯 庚子 己酉 戊午	戊辰 丁丑 丙戌 乙未 甲辰 癸丑 壬戌	丙寅 乙亥 甲申 癸巳 壬寅 辛亥 庚申
三碧	五黃	七赤
乙丑 甲戌 癸未 壬辰 辛丑 庚戌 己未	壬申 辛巳 庚寅 己亥 戊申 丁巳	庚午 己卯 戊子 丁酉 丙午 乙卯
八白	一白	六白
己巳 戊寅 丁亥 丙申 乙巳 甲寅 癸亥	丁卯 丙子 乙酉 甲午 癸卯 壬子 辛酉	辛未 庚辰 己丑 戊戌 丁未 丙辰

[年白下元 : 七赤에 갑자를 붙여 역행한다.]

四綠	九紫	二黑
丁卯 丙子 乙酉 甲午 癸卯 壬子 辛酉	辛未 庚辰 己丑 戊戌 丁未 丙辰	己巳 戊寅 丁亥 丙申 乙巳 甲寅 癸亥

三碧			五黃			七赤		
戊辰	丁丑	丙戌	丙寅	乙亥	甲申	甲子	癸酉	壬午
乙未	甲辰	癸丑	癸巳	壬寅	辛亥	辛卯	庚子	己酉
	壬戌			庚申			戊午	
八白			一白			六白		
壬申	辛巳	庚寅	庚午	己卯	戊子	乙丑	甲戌	癸未
己亥	戊申	丁巳	丁酉	丙午	乙卯	壬辰	辛丑	庚戌
							己未	

3) 월백정국

월지로 자백구성의 위치를 정하는 방법이다. 먼저 구궁을 역행으로 짚어 나가다가 각 월지가 닿는 구성을 찾아서 해당 월지가 닿은 구성을 다시 구궁도의 중궁에 넣고 순행하면 월자백을 찾을 수 있다.

아래의 방법으로 역행으로 짚어나가 월지에 해당하는 구성을 찾아야 한다.

그 후에 월자백 정국은 순국분포에 해당하므로 중국에 넣고 나머지 구성을 순행으로 배치한다.

- 月白上元 : 자오묘유년에 해당한다. 1월에 팔백을 붙여 역행한다.

- 月白中元 : 진술축미년에 해당한다. 1월을 오황에 붙여 역행한다.

- 月白下元 : 인신사해년에 해당한다. 1월을 이흑에 붙여 역행한다.

[月白上元 : 자오묘유년, 1월을 팔백에 붙여 역행한다.]

四綠	九紫	二黑
5월	9월	7월
三碧	五黃	七赤
6월	4월	2월 . 11월
八白	一白	六白
정월 . 10월	8월	3월 . 12월

[月白中元 : 진술축미년, 一월을 오황에 붙여 역행한다.]

四綠	九紫	二黑
2월 . 11월	6월	4월
三碧	五黃	七赤
3월 . 12월	정월 . 10월	8월
八白	一白	六白
7월	5월	9월

[月白下元 : 인신사해년, 一월을 이흑에 붙여 역행한다.]

四綠	九紫	二黑
8월	3월 . 12월	정월 . 10월
三碧	五黃	七赤
9월	7월	5월
八白	一白	六白
4월	2월 . 11월	6월

4) 일백정국

일백정국은 각기 일백양둔과 일백음둔으로 나뉘어진다.

(1) 일백양둔

일진으로 자백구성의 위치를 정하는 방법이다. 일진이란 각각의 그 날이다. 먼저 구궁을 순행으로 기갑자하여 짚어 나가다가 각 일진이 닿는 구성을 찾아서 해당 일진이 닿은 구성을 다시 구궁도의 중궁에 넣고 순행하면 일자백을 찾을 수 있다. 갑자를 붙여 순행하는 방법은 아래와 같다.
- 양둔상원(陽遁上元) : 일백에 갑자를 붙여 순행한다
- 양둔중원(陽遁中元) : 칠적에 갑자를 붙여 순행한다
- 양둔하원(陽遁下元) : 사록에 갑자를 붙여 순행한다.

[日白陽遁上元 : 일백에 갑자를 붙여 순행한다.]

四綠	九紫	二黑
丁卯 丙子 乙酉 甲午 癸卯 壬子 辛酉	壬申 辛巳 庚寅 己亥 戊申 丁巳	乙丑 甲戌 癸未 壬辰 辛丑 庚戌 己未
三碧	五黃	七赤
丙寅 乙亥 甲申 癸巳 壬寅 辛亥 庚申	戊辰 丁丑 丙戌 乙未 甲辰 癸丑 壬戌	庚午 己卯 戊子 丁酉 丙午 乙卯
八白	一白	六白
辛未 庚辰 己丑 戊戌 丁未 丙辰	甲子 癸酉 壬午 辛卯 庚子 己酉 戊午	己巳 戊寅 丁亥 丙申 乙巳 甲寅 癸亥

[日白陽遁中元 : 칠적에 갑자를 붙여 순행한다.]

四綠	九紫	二黑
甲子 癸酉 壬午 辛卯 庚子 己酉 戊午	己巳 戊寅 丁亥 丙申 乙巳 甲寅 癸亥	辛未 庚辰 己丑 戊戌 丁未 丙辰
三碧	五黃	七赤
壬申 辛巳 庚寅 己亥 戊申 丁巳	乙丑 甲戌 癸未 壬辰 辛丑 庚戌 己未	丁卯 丙子 乙酉 甲午 癸卯 壬子 辛酉
八白	一白	六白
戊辰 丁丑 丙戌 乙未 甲辰 癸丑 壬戌	庚午 己卯 戊子 丁酉 丙午 乙卯	丙寅 乙亥 甲申 癸巳 壬寅 辛亥 庚申

(2) 일백음둔

일백음둔(日白陰遁)은 일진(日辰)으로 자백구성(紫白九星)의 위치를 정하는 방법이다. 먼저 구궁을 역행으로 기(起) 갑자(甲子)하여 짚어 나가다가 각 일진이 닿는 구성을 찾아서 해당 일진이 닿은 구성을 다시 구궁도의 중궁에 넣고 역행하면 일자백을 찾을 수 있다.

[日白陰遁上元 : 구자에 갑자를 붙여 순행한다.]

四綠	九紫	二黑
己巳 戊寅 丁亥 丙申 乙巳 甲寅 癸亥	甲子 癸酉 壬午 辛卯 庚子 己酉 戊午	辛未 庚辰 己丑 戊戌 丁未 丙辰
三碧	五黃	七赤
庚午 己卯 戊子 丁酉 丙午 乙卯	戊辰 丁丑 丙戌 乙未 甲辰 癸丑 壬戌	丙寅 乙亥 甲申 癸巳 壬寅 辛亥 庚申

八白	一白	六白
乙丑 甲戌 癸未 壬辰 辛丑 庚戌 己未	壬申 辛巳 庚寅 己亥 戊申 丁巳	丁卯 丙子 乙酉 甲午 癸卯 壬子 辛酉

[日白陰遁中元 : 삼벽에 갑자를 붙여 순행한다.]

四綠	九紫	二黑
壬申 辛巳 庚寅 己亥 戊申 丁巳	丁卯 丙子 乙酉 甲午 癸卯 壬子 辛酉	乙丑 甲戌 癸未 壬辰 辛丑 庚戌 己未
三碧	五黃	七赤
甲子 癸酉 壬午 辛卯 庚子 己酉 戊午	辛未 庚辰 己丑 戊戌 丁未 丙辰	己巳 戊寅 丁亥 丙申 乙巳 甲寅 癸亥
八白	一白	六白
戊辰 丁丑 丙戌 乙未 甲辰 癸丑 壬戌	丙寅 乙亥 甲申 癸巳 壬寅 辛亥 庚申	庚午 己卯 戊子 丁酉 丙午 乙卯

[日白陰遁下元 : 六白에 갑자를 붙여 순행한다.]

四綠	九紫	二黑
丙寅 乙亥 甲申 癸巳 壬寅 辛亥 庚申	庚午 己卯 戊子 丁酉 丙午 乙卯	戊辰 丁丑 丙戌 乙未 甲辰 癸丑 壬戌
三碧	五黃	七赤
丁卯 丙子 乙酉 甲午 癸卯 壬子 辛酉	乙丑 甲戌 癸未 壬辰 辛丑 庚戌 己未	壬申 辛巳 庚寅 己亥 戊申 丁巳
八白	一白	六白
辛未 庚辰 己丑 戊戌 丁未 丙辰	己巳 戊寅 丁亥 丙申 乙巳 甲寅 癸亥	甲子 癸酉 壬午 辛卯 庚子 己酉 戊午

5) 시백정국

시(時)로 자백구성의 위치를 정하는 방법이다. 시백정국 역시 시백양둔과 시백음둔으로 나뉘어진다. 먼저 날이 동지(冬至) 후이면 양둔, 하지(夏至) 후이면 음둔으로 구분한다. 그리고 난 후에 그 날의 일진을 찾아 상원일, 중원일, 하원일 중 어디에 해당하는지 확인하여 순국분포할 것인지 연국분포할 것인지 정한다.

시백정국		
상원일	甲子, 乙丑, 丙寅, 丁卯, 戊辰, 己卯, 庚辰, 辛巳, 壬午, 癸未, 甲午, 乙未, 丙申, 丁酉, 戊戌, 己酉, 庚戌, 辛亥, 壬子, 癸丑	
중원일	甲申, 乙酉, 丙戌, 丁亥, 戊子, 己巳, 庚午, 辛未, 壬申, 癸酉, 甲寅, 乙卯, 丙辰, 丁巳, 戊午, 己亥, 庚子, 辛丑, 壬寅, 癸卯	
하원일	甲戌, 乙亥, 丙子, 丁丑, 戊寅, 己丑, 庚寅, 辛卯, 壬辰, 癸巳, 甲辰, 乙巳, 丙午, 丁未, 戊申, 己未, 庚申, 辛酉, 壬戌, 癸亥	

(1) 시백양둔

날이 동지(冬至)후로 시백양둔이면 순국 분포한다. 일진이 삼원 중 어디에 해당하는지에 따라 다음과 같이 갑자를 붙여 구궁을 차례로 순행하여 짚어 나간다. 구궁안의 간지는 시의 간지이다.

- 양둔상원일(陽遁上元日) : 일백에 갑자시를 붙여 순행한다
- 양둔중원일(陽遁中元日) : 칠적에 갑자시를 붙여 순행한다
- 양둔상원일(陽遁下元日) : 사록에 갑자시를 붙여 순행한다

[時白陰遁上元 : 一白에 갑자를 붙여 순행한다.]

四綠	九紫	二黑
丁卯 丙子 乙酉 甲午 癸卯 壬子 辛酉	壬申 辛巳 庚寅 己亥 戊申 丁巳	乙丑 甲戌 癸未 壬辰 辛丑 庚戌 己未
三碧	五黃	七赤
丙寅 乙亥 甲申 癸巳 壬寅 辛亥 庚申	戊辰 丁丑 丙戌 乙未 甲辰 癸丑 壬戌	庚午 己卯 戊子 丁酉 丙午 乙卯
八白	一白	六白
辛未 庚辰 己丑 戊戌 丁未 丙辰	甲子 癸酉 壬午 辛卯 庚子 己酉 戊午	己巳 戊寅 丁亥 丙申 乙巳 甲寅 癸亥

[時白陰遁中元 : 七赤에 갑자를 붙여 순행한다.]

四綠	九紫	二黑
庚午 己卯 戊子 丁酉 丙午 乙卯	丙寅 乙亥 甲申 癸巳 壬寅 辛亥 庚申	戊辰 丁丑 丙戌 乙未 甲辰 癸丑 壬戌
三碧	五黃	七赤
己巳 戊寅 丁亥 丙申 乙巳 甲寅 癸亥	辛未 庚辰 己丑 戊戌 丁未 丙辰	甲子 癸酉 壬午 辛卯 庚子 己酉 戊午
八白	一白	六白
乙丑 甲戌 癸未 壬辰 辛丑 庚戌 己未	丁卯 丙子 乙酉 甲午 癸卯 壬子 辛酉	壬申 辛巳 庚寅 己亥 戊申 丁巳

[時白陰遁下元 : 四綠에 갑자를 붙여 순행한다.]

四綠	九紫	二黑
甲子 癸酉 壬午 辛卯 庚子 己酉 戊午	己巳 戊寅 丁亥 丙申 乙巳 甲寅 癸亥	未 庚辰 己丑 戊戌 丁未 丙辰

三碧	五黃	七赤
壬申 辛巳 庚寅 己亥 戊申 丁巳	乙丑 甲戌 癸未 壬辰 辛丑 庚戌 己未	丁卯 丙子 乙酉 甲午 癸卯 壬子 辛酉
八白	一白	六白
戊辰 丁丑 丙戌 乙未 甲辰 癸丑 壬戌	庚午 己卯 戊子 丁酉 丙午 乙卯	丙寅 乙亥 甲申 癸巳 壬寅 辛亥 庚申

(2) 시백음둔

날이 하지(夏至) 후로 시백음둔이면 역국 분포한다. 일진
이 삼원 중 어디에 해당하는지에 따라 다음과 같이 갑자를
붙여 구궁을 차례로 역행하여 짚어나간다. 구궁안의 지지는
시의 간지이다.

- 음둔상원일(陰遁上元日) : 구자에 갑자시를 붙여 역행한다
- 음둔중원일(陰遁中元日) : 삼벽에 갑자시를 붙여 역행한다
- 음둔상원일(陰遁下元日) : 육백에 갑자시를 붙여 역행한다.

[음둔상원일(陰遁上元日) : 구자에 갑자시를 붙여 역행한다]

四綠	九紫	二黑
己巳 戊寅 丁亥 丙申 乙巳 甲寅 癸亥	甲子 癸酉 壬午 辛卯 庚子 己酉 戊午	辛未 庚辰 己丑 戊戌 丁未 丙辰
三碧	五黃	七赤
庚午 己卯 戊子 丁酉 丙午 乙卯	戊辰 丁丑 丙戌 乙未 甲辰 癸丑 壬戌	丙寅 乙亥 甲申 癸巳 壬寅 辛亥 庚申

八白	一白	六白
乙丑 甲戌 癸未 壬辰 辛丑 庚戌 己未	壬申 辛巳 庚寅 己亥 戊申 丁巳	丁卯 丙子 乙酉 甲午 癸卯 壬子 辛酉

[음둔중원일(陰遁中元日) : 삼벽에 갑자시를 붙여 역행한다]

四綠	九紫	二黑
壬申 辛巳 庚寅 己亥 戊申 丁巳	丁卯 丙子 乙酉 甲午 癸卯 壬子 辛酉	乙丑 甲戌 癸未 壬辰 辛丑 庚戌 己未
三碧	**五黃**	**七赤**
甲子 癸酉 壬午 辛卯 庚子 己酉 戊午	辛未 庚辰 己丑 戊戌 丁未 丙辰	己巳 戊寅 丁亥 丙申 乙巳 甲寅 癸亥
八白	**一白**	**六白**
戊辰 丁丑 丙戌 乙未 甲辰 癸丑 壬戌	丙寅 乙亥 甲申 癸巳 壬寅 辛亥 庚申	庚午 己卯 戊子 丁酉 丙午 乙卯

[음둔상원일(陰遁下元日) : 육백에 갑자시를 붙여 역행한다]

四綠	九紫	二黑
丙寅 乙亥 甲申 癸巳 壬寅 辛亥 庚申	庚午 己卯 戊子 丁酉 丙午 乙卯	戊辰 丁丑 丙戌 乙未 甲辰 癸丑 壬戌
三碧	**五黃**	**七赤**
丁卯 丙子 乙酉 甲午 癸卯 壬子 辛酉	乙丑 甲戌 癸未 壬辰 辛丑 庚戌 己未	壬申 辛巳 庚寅 己亥 戊申 丁巳
八白	**一白**	**六白**
辛未 庚辰 己丑 戊戌 丁未 丙辰	己巳 戊寅 丁亥 丙申 乙巳 甲寅 癸亥	甲子 癸酉 壬午 辛卯 庚子 己酉 戊午

9. 월기일(月忌日)

매사에 방해를 놓는 흉신(凶神)이 작용하는 날로 이사, 집들이, 장거리 여행, 결혼식, 잔치 등에 꺼린다. 그러나 인일(寅日)과 묘일(卯日)에 해당되면 살(殺)이 제거된다. 그와 반대로 여행에서 들어오는 날, 시신이 집안에 들어오는 날로 사용하기도 한다.

매월 음력 5일, 14일, 23일이 해당된다.

10. 오합일(五合日)

인일(寅日)과 묘일(卯日)이 들어 있는 날이 오합일(五合日)이라 한다. 흔히 혼인(婚姻) 날짜를 택일할 때 쓰는 법이다. 다섯 가지의 길일이다.

간혹 매스컴에서 "몇 년 만에 들어오는 오합 대길일"하면서 여러 택일법 중에서 다섯 가지 이상이 합국(合局)되어 이루어진 날처럼 잘못 오도(誤導)하고 있다.

오합(五合)이란 해와 달이 합하는 날(日月合), 음양이 합하는 날(陰陽合), 백성이 합하는 날(人民合), 쇠와 돌이 합하는 날(金石合), 강과 하천이 합하는 날(江河合)이 각기 따로 있다.

따라서 60갑자일 중에서 인일(寅日)과 묘일(卯日)이 들어가는 날은 모두 오합일(五合日)에 해당된다.

이 날을 좋다고 하는 것은 음양불장길일(陰陽不將吉日)

과 득합(得合)하면 다른 길흉성(吉凶星)은 일절(一切) 불문
(不問)하고 영세대길(永世大吉)하다고 하기 때문이다. 따라
서 음양불장길일과 살피는 것이 좋다.

오합일	
일월합(日月合)	갑인일(甲寅日), 을묘일(乙卯日)
음양합(陰陽合)	병인일(丙寅日), 정묘일(丁卯日)
인민합(人民合)	무인일(戊寅日), 기묘일(己卯日)
금석합(金石合)	경인일(庚寅日), 신묘일(辛卯日)
강하합(江河合)	임인일(壬寅日), 계묘일(癸卯日)

3부.

길신(吉神)과

흉신(凶神)

6장.

길신
(吉神)

1. 세간길신(歲干吉神)

길신(吉神)이라 하면 명리학(命理學)과 ≪천기대요(天氣大要)≫ 등에서 다양하게 적용되는 좋은 신이다. ≪천기대요≫의 택일법에서는 좋은 작용을 하는 기운을 이르는 말로, 택일에서 중요한 기준이 된다. 이중 세간길신은 한해의 천간(天干)을 기준으로 판단하는 것으로 좋은 영향을 미치는 좋은 날이다.

세간길신										
연간 세신길신	甲	乙	丙	丁	戊	己	庚	辛	壬	癸
세덕	甲	庚	丙	壬	戊	甲	庚	丙	壬	戊
세덕합	己	乙	申	丁	癸	己	乙	辛	丁	癸
천복귀인	酉	申	子	亥	卯	寅	午	巳	午	巳
문창귀인	巳	午	申	酉	申	酉	亥	子	寅	卯
문곡귀인	巳亥	子午	寅申	卯酉	寅申	卯酉	巳亥	辰戌	寅申	卯酉
천관귀인	未	辰	巳	酉	卯	酉	亥	申	戌	午
태극귀인	子	午	卯	午	巳	午	寅	亥	巳	申

세간길신 해석	
세덕 世德	하늘과 땅, 음양이 화합하여 백가지 기운이 복이 들어 좋다.
세덕합 世德合	장례에 아주 좋은 날이다. 묘를 만들기도 좋다.
천복귀인 天福貴人	높은 벼슬에 올라 가문을 세우고 웃음꽃이 사라질 날이 없다.

문창귀인 文昌貴人	살아서는 부귀하고 죽어서는 문장을 남긴다.
문곡귀인 文曲貴人	글 솜씨가 뛰어나고 오래도록 풍류를 즐긴다.
천관귀인 天官貴人	문무에 뛰어나고 아름다움을 겸비하니 부귀가 겸전한다.
태극귀인 太極貴人	녹픈 벼슬에 오르고 집안에 복록이 가득하다.

2. 세지길신(歲支吉神)

길신이라 하면 동양학을 바탕으로 하는 여러 학문, 즉 명리학과 ≪천기대요≫ 등에서 다양하게 적용되는 좋은 신이다. 세지길신은 한 해의 지지(地支). 즉 년지(年支)를 기준으로 적용한다. 사주를 살피는 명리학이나 ≪천기대요≫에서 폭 넓게 적용하고 있다.

세지길신											
연지 세지길신	子	丑	寅	卯	辰	巳	午	未	申	酉	戌	亥
세천덕	巽	庚	丁	坤	壬	辛	乾	甲	癸	艮	丙	乙
천덕합	申	乙	壬	巳	丁	丙	寅	己	戊	亥	辛	庚
세월덕	壬	庚	丙	甲	壬	庚	丙	甲	壬	庚	丙	甲
월덕합	丁	乙	辛	己	丁	乙	辛	己	丁	乙	辛	己
역마	寅	亥	申	巳	寅	亥	申	巳	寅	亥	申	巳
천창	酉	戌	亥	子	丑	寅	卯	辰	巳	午	未	申
지창	辰 戌	寅 申	子 午	巳 亥	卯 酉	寅 申	卯 酉	丑 未	子 午	辰 戌	卯 酉	寅 申
수천	申	辰	子	亥	申	乙	坤	卯	丙	卯	辰	亥
수전	丙 壬	丑 未	子 午	巳 亥	甲 庚	丁	艮 癸	卯 酉	丙 壬	卯 酉	辰 戌	巳 亥

세지길신 해석	
세천덕 歲天德	음양이 서로 통하여 하늘과 땅의 화합을 부른다
천덕합 天德合	오행이 서로 합하니 모든 복이 생겨난다
세월덕 歲月德	오행이 모두 조화를 이루니 만가지 복이 생겨난다
월덕합 月德合	장사를 지내고 묘를 만드는데 대길하다
역마 驛馬	조장은 물론이고 묘를 만드는 것과 다른 모든 일에 대길하다
천창 天倉	창고를 짓거나 수리하며 장막을 설치하는데 길하다
지창 地倉	창고를 짓거나 수리하며 장막을 설치하는데 길하다
수천 守天	과거에 급제하니 길하고 모든 살을 제압한다
수전 守展	재물이 발전하고 여자가 귀하며 어린아이의 살을 제압한다

3. 월가길신(月家吉神)

월가길신(月家吉神)은 달을 기준으로 좋은 의미를 지닌 날을 택일하는 방법이다. 이때 달은 절기(節氣)를 기준으로 한다.

여기서 절기란 24절기 중에 12절기를 의미하는 것이다. 보통 절기를 말할 때에는 24절기를 말하는데, 이 24절중 새 달이 시작되는 기준의 절기를 다시 입절(立節)이라는 말로 부른다. 따라서 24절기는 12절기와 12중기로 나눈다.

입절이라 부르는 12절기는 입춘(立春), 경칩(驚蟄), 청명

(淸明), 입하(立夏), 망종(芒種), 소서(小暑), 입추(立秋), 백로(白露), 한로(寒露), 입동(立冬), 대설(大雪), 소한(小寒)이 해당되고 24절기 중에서 입절과 관계없는 12중기는 각기 우수(雨水), 춘분(春分), 곡우(穀雨), 소만(小滿), 하지(夏至), 대서(大暑), 처서(處暑), 추분(秋分), 상강(霜降), 소설(小雪), 동지(冬至), 대한(大寒)이 속한다.

즉 각각의 달을 적용할 때는 12절기에 해당하는 입춘, 경칩, 청명, 입하, 망종, 소서, 입추, 백로, 한로, 입동, 대설, 소한을 그 달의 시작으로 본다는 것이다.

월 월가길신	월가길신											
	1	2	3	4	5	6	7	8	9	10	11	12
천덕	丁	申	壬	辛	亥	甲	癸	寅	丙	乙	巳	庚
월덕	丙	甲	壬	庚	丙	甲	壬	庚	丙	甲	壬	庚
천덕합	壬	巳	丁	丙	寅	己	戊	亥	辛	庚	申	乙
월덕합	辛	己	丁	乙	辛	己	丁	乙	申	己	丁	乙
월공	壬	庚	丙	甲	壬	庚	丙	甲	壬	庚	丙	甲
월은	丙	丁	庚	己	戊	辛	壬	癸	庚	乙	甲	辛
월재	九	三	四	二	七	六	九	三	四	二	七	六
생기	戊	亥	子	丑	寅	卯	辰	巳	午	未	申	酉
천의	丑	寅	卯	辰	巳	午	未	申	酉	戊	亥	子
왕일	寅	寅	寅	巳	巳	巳	申	申	申	亥	亥	亥
상일	巳	巳	巳	申	申	申	亥	亥	亥	寅	寅	寅
해신	申	申	戊	戊	子	子	寅	寅	辰	辰	午	午
오부	亥	寅	巳	申	亥	寅	巳	申	亥	寅	巳	申
옥제사일	丁 巳	甲 子	乙 丑	丙 寅	辛 卯	壬 辰	丁 亥	甲 午	乙 未	丙 申	辛 酉	壬 戌
황은대사	戌	丑	寅	巳	酉	卯	子	午	亥	辰	辛	未

천사신	戌	丑	辰	未	戌	丑	辰	未	戌	丑	辰	未
요안일	寅	申	卯	酉	辰	戌	巳	亥	午	子	未	丑
만통사길	午	亥	申	丑	戌	卯	子	巳	寅	未	辰	酉
회가재성	午	子	寅	戌	子	寅	辰	子	寅	子	寅	辰
천귀	甲乙	甲乙	甲乙	丙丁	丙丁	丙丁	庚辛	庚辛	庚辛	壬癸	壬癸	壬癸
사상	丙丁	丙丁	丙丁	戊己	戊己	戊己	壬癸	壬癸	壬癸	甲乙	甲乙	甲乙
삼합	午戌	亥未	申子	酉丑	戌寅	亥卯	子辰	巳丑	寅午	卯未	辰申	巳酉
육합	亥	戌	酉	申	未	午	辰	巳	卯	寅	丑	子
시덕	午	午	午	辰	辰	辰	子	子	子	寅	寅	寅

월가길신 해석	
천덕 天德	장례를 치르거나 묘를 만들고 관청에서 일을 구하는 일에 길하다.
월덕 月德	이 방향으로 건물 고치는 일을 하면 길하다.
천덕합 天德合	묘를 고치거나 관공서에서 일을 구하는 일이 길하다.
월덕합 月德合	이 방향으로 건물 고치는 일을 하면 길하다.
월공 月空	글을 짓거나 집을 짓는 일, 땅을 파거나 흙을 받는 일이 길하다.
월은 月恩	하늘이 돕는 날이다.
월재 月財	이사, 묘를 고치는 일을 하면 횡재수가 생긴다.
생기 生氣	기쁜 일이 생기니 天喜라고도 한다.
천의 天醫	치료를 하기 위해 침이나 약을 구하면 길하다.
왕일 旺日	집을 지으며 상량에 길하고 묘를 조장하며 하관도 좋다.
상일 相日	집을 지으며 상량에 길하고 묘를 조장하며 하관도 좋다.
해신 解神	모든 살을 제거하고 모든 일이 길하다.
오부 五富	산소를 만들거나 창고를 짓는 일에 길하다.

옥제사일 玉帝赦日	추진하는 일을 모두 이룰 수 있다.
황은대사 皇恩大赦	재앙이 소멸되고 근심이 없어진다.
천사신 天赦神	모든 죄가 용서된다.
요안일 要安日	복이 생겨난다.
만통사길 萬通四吉	위기가 사라지고 복이 온다. 무슨 일을 하든 화가 길이 된다.
회가재성 回駕宰星	하늘의 높은 별이 도와주니 모든 일이 이루어진다.
천귀 天貴	위기가 사라지고 복이 온다. 무슨 일을 하든 화가 길이 된다.
사상 四相	위기가 사라지고 복이 온다. 무슨 일을 하든 화가 길이 된다.
삼합 三合	위기가 사라지고 복이 온다. 무슨 일을 하든 화가 길이 된다.
육합 六合	위기가 사라지고 복이 온다. 무슨 일을 하든 화가 길이 된다.
시덕 時德	위기가 사라지고 복이 온다. 무슨 일을 하든 화가 길이 된다.

4. 사대길일(四大吉日)

천은(天恩), 대명(大明), 천사(天赦), 모창일(母倉日)은 사대길일이라 한다. 이 다섯 가지에 해당하는 길일은 모든 일에 적용하며 대길하다. 가장 손쉽게 적용하여 사용하는 방법이기도 하다. 그렇다 하더라도 생기법을 우선하고 사용하는 것을 감안해야 한다.

1) 천은상길일(天恩上吉日)

모든 재앙과 죄가 소멸되는 날이다. 이날의 의미는 하늘이 은혜를 베풀어 도든 귀신 및 살성들을 제하는 제일 좋은 날이라는 의미이다.

천은상길일	
천은상길일	甲子, 乙丑, 丙寅, 丁卯, 戊辰, 己卯, 庚辰, 辛巳, 壬午, 癸未, 己酉, 庚戌, 辛亥, 壬子, 癸丑

2) 대명상길일(大明上吉日)

매사가 대통하는 날이다

대명상길일	
대명상길일	辛未, 壬申, 癸酉, 丁丑, 己卯, 壬午, 甲申, 丁亥, 壬辰, 乙未, 壬人, 甲辰, 乙巳, 丙午, 己酉, 庚戌, 辛亥

3) 천사상길일(天赦上吉日)

재앙과 죄가 소멸되는 날이다.

천사상길일	
계절	천사상길일
봄(1.2.3월)	戊寅日
여름(4.5.6월)	甲午日
가을(7.8.9월)	戊申日
겨울(10.11.12월)	甲子日

4) 모창상길일(母倉上吉日)

신축이나 이사 등에 좋은 날이다

모창상길일	
계절	모창상길일
봄(1.2.3월)	亥 子日
여름(4.5.6월)	寅 卯日
가을(7.8.9월)	辰 戌 丑 未日
겨울(10.11.12월)	申 酉日
토왕용사(土旺用事) 후 巳 午日	

5. 투수일(偸修日)

투수일(偸修日)은 세상 만물의 운행과 이동, 변화를 관장하는 모든 신들이 자리를 잠깐 비우는 날이다. 따라서 신들의 눈을 피해야 하는 안장(安葬)과 각종 물체의 안돈(安頓)이나 조작(造作)에 길한 날이다. 험한 일에 택일하기 좋다.

투수일	
투수일(偸修日)	壬子, 癸丑, 丙辰, 丁巳, 戊午, 己未, 庚申, 辛酉

6. 천농일(天聾日)

천농일(天聾日)은 하늘이 귀가 먹은 날이므로 무슨 일을 하든 좋은 날이다. 따라서 백사(百事)에 길하다고 한다.

천농일	
천농일(天聾日)	丙寅, 戊辰, 丙子, 丙申, 庚子, 壬子, 丙辰

7. 지아일(地啞日)

지아일(地啞日)은 땅이 벙어리가 되는 날이므로 무슨 일을 하든 좋다. 따라서 백사(百事)에 길하다고 한다.

지아일	
지아일(地啞日)	丙寅, 戊辰, 丙子, 丙申, 庚子, 壬子, 丙辰

8. 공망일(空亡日)

대공망일(大空亡日)은 천지가 공(空)을 맞는 날이니 텅텅 비었다는 날이다. 일반적으로 무리 없는 날로 인식하고 택한다. 무슨 일을 하든지 나쁘지 않지만 굿을 하거나 제사(祭祀) 지내는 날로는 합당치 않다. 개업(開業), 매매(賣買), 기제(祈祭)도 흉하다.

이 날은 지상에 있는 모든 신(神)이 염라대왕(閻羅大王)의 호출로 회의하러 하늘로 올라간다는 날이다. 따라서 흉신(凶神)이건 길신(吉神)이건 주재하는 신이 없으므로 이사를 비롯해서 터파기, 기초공사(基礎工事), 집수리, 장례식

(葬禮式) 등에 이 날을 사용하면 무방하다. 특히 이사, 건축 (建築), 이장(移葬) 등에 날짜가 긴박하여 원칙대로 택일이 불가능할 경우 아래 공망일(空亡日)을 사용하면 해가 없다 고 한다.

공망일	
대공망일 大空亡日	甲午, 甲申, 甲戌, 乙丑, 乙亥, 乙酉, 壬子, 壬寅, 壬辰, 癸未, 癸巳, 癸卯

9. 오공일(五空日)

오공일(五空日)은 만사대통(萬事大通)의 날이다. 다섯 가지의 빈 날이라는 의미를 지닌다. 모든 신이 하늘로 올라가 땅이 비어 있어 해가 없는 날이기에 모든 일을 해도 좋다.

오공일	
오공일(五空日)	戊戌 午時, 己亥, 庚子, 辛丑

10. 천지개공일(天地皆空日)

천지개공일(天地皆空日)은 만사대통(萬事大通)의 날이 다. 역시 비었다는 날이니 공망일이나 오공일처럼 주재하는 신이 없어 비었다는 뜻으로 쓰인다. 하늘과 땅이 모두 비어 있어서 어떤 일을 하여도 탈이 없으니 만사를 원활하게 할 수 있다.

천지개공일	
천지개공일(天地皆空日)	戊戌, 己亥, 庚子, 庚申

11. 오길성(五吉星)

매 달마다 특별히 좋은 날이 있다. 이날 택일을 하면 만사가 뜻대로 된다고 한다. 예를 들어 2월에 좋은 날은 묘자유미일(卯子酉未日)이 된다. 음력으로 적용하여야 하고 각 달에 좋은 날을 지정하고 있다.

오길성	
월	좋은 날
1,7월	丑, 未, 辰, 戌, 巳
2,8월	卯, 子, 酉, 未
3,9월	巳, 寅, 亥, 申, 酉
4,10월	未, 亥, 辰, 酉, 丑
5,11월	酉, 亥, 未, 丑
6,12월	亥, 寅, 巳, 申, 卯

7장.

흉신
(凶神)

1. 세간흉신(歲干凶神)

흉신(凶神)은 나쁜 적용을 하는 기운을 이른다. 택일을 할 때는 흉신에 해당하는 날은 가능한 배제하도록 하여야 한다. 길신과 반대되는 개념으로 대부분 좋지 않다는 의미를 가진다.

세간흉신(歲干凶神)은 적용 측면에서 세간길신과 마찬가지로 한 해의 천간을 기준으로 한다. 세간흉신은 음택에서 사용하기 위한 택일법으로 주로 묘를 쓰거나 여러 가지 묘에 관련된 경우 적용하여 사용한다.

흉신이라는 말은 아주 나쁜 경우이고 나쁜 작용을 하는 신이니 장사를 지내거나 음택을 고치고 개수하는데 주의해야 할 날이 될 가능성이 아주 높다. 즉 사용하지 말아야 할 날이다.

그런데 특이하게도 건(乾), 손(巽), 감(坎), 간(艮), 진(震), 곤(坤), 태(兌)등의 글자가 나온다. 이는 방향을 의미하는 글자이므로 날짜와 좌향(坐向)으로 풀어야 할 것이다.

세간흉신 해석	
산가곤룡 山家困龍	장사를 지내거나 묘를 만지는데 아주 흉하다
산가관부 山家官符	장사를 지내거나 묘를 만지면 질병과 시비가 따른다
좌산관부 坐山官符	관재가 일고 시비가 일어 사람이 다치거나 죽음에 이른다
나천대퇴 羅天大退	살인이 일어나거나 재물을 탕진한다
부천공망 浮天空亡	건물이나 묘를 이 방향으로 쓰면(좌향) 관재수를 부른다

산가혈인 山家血刃	양택에서 범하면 재물을 탕진하고 피를 부르니 위험하다
장군전 將軍箭	화살이 날아오는 격이니 살인을 부른다

세간흉신										
연간 세간흉신	甲	乙	丙	丁	戊	己	庚	辛	壬	癸
산가곤룡	乾	庚	丁	巽	甲	乾	庚	丁	巽	甲
산가관부	亥	酉	未	巳	卯	亥	酉	未	巳	卯
좌산관부	戌	申	午	辰	寅	戌	申	午	辰	寅
나천대퇴	坎	震	艮	艮	坤	坤	巽	巽	兌	兌
부천공망	壬	癸	辛	庚	坤	乾	丁	丙	甲	乙
산가혈인	六.七	一.四	二.八	三	九	六.七	一.四	二.八	三	九
장군전	卯	辰	午	未	午	未	酉	戌	子	丑

2. 세지흉신(歲支凶神)

세지흉신(歲支凶神)도 한해의 지지를 그 기준으로 한다. 예를 들어 갑자년(甲子年)이면 자(子)를 기준으로 한다. 을축년(乙丑年)이라면 축(丑)을 기준으로 한다.

세지흉신은 그 해의 방위(方位)를 살펴 길흉을 판단한다. 세간흉신과 적용방법이 크게 다르지 않다.

세지흉신												
연지 세지흉신	子	丑	寅	卯	辰	巳	午	未	申	酉	戌	亥
좌산나후	六	八	三	九	七	二	二	八	一	一	四	六
순산나후	乙	壬	艮	辛	巽	丙	丁	坤	辛	乾	癸	庚
황천구퇴	卯	子	酉	午	卯	子	酉	午	卯	子	酉	午

나천대퇴	四	七	一	一	一	一	六	六	二	二	九	九
구천주작	卯	戌	巳	子	未	寅	酉	辰	亥	午	丑	申
타겁혈인	二	八	六	二	九	四	二	八	八	二	九	四
태음살	亥	子	丑	寅	卯	辰	巳	午	未	申	酉	戌
겁살	巳	寅	亥	申	巳	寅	亥	申	巳	寅	亥	申
재살	午	卯	子	酉	午	卯	子	酉	午	卯	子	酉
세살	未	辰	丑	戌	未	辰	丑	戌	未	辰	丑	戌
좌살	丙丁	甲乙	壬癸	庚申	丙丁	甲乙	壬癸	庚申	丙丁	甲乙	壬癸	庚申
향살	壬癸	庚申	丙丁	甲乙	壬癸	庚申	丙丁	甲乙	壬癸	庚申	丙丁	甲乙
천관부	亥	申	巳	寅	亥	申	巳	寅	亥	申	巳	寅
지관부	辰	巳	午	未	申	酉	戌	亥	子	丑	寅	卯
유재	乾戌	未申	子丑	子丑	子丑	乾戌	乾戌	乾戌	子丑	未申	未申	未申
대장군	酉	酉	子	子	子	卯	卯	卯	午	午	午	酉
태세	子	丑	寅	卯	辰	巳	午	未	申	酉	戌	亥
대모	午	未	申	酉	戌	亥	子	丑	寅	卯	辰	巳
소모	巳	午	未	申	酉	戌	亥	子	丑	寅	卯	辰
백호살	申	酉	戌	亥	子	丑	寅	卯	辰	巳	午	未
금신살	巳	酉	丑	巳	酉	丑	巳	酉	丑	巳	酉	丑

세지흉신 해석	
좌산나후 坐山羅候	관재수를 초래하며 남에게 구걸하여 비루해진다.
순산나후 巡山羅候	장사를 지내거나 산소를 만들기 꺼리고 관재수로 근심이 생긴다.
황천구퇴 皇天灸退	건물이나 묘를 이 방향으로 하면 모든 것이 흩어져 소멸된다.
나천대퇴 羅天大退	재물은 흩어지고 사람은 망하며 계획한 일은 이루어지지 않는다.
구천주작 九天朱雀	입향(入向)을 꺼리며 수리하거나 새로이 짓는 일도 꺼린다.
타겁혈인 打劫血刃	작향이 불리하고 동토(動土), 즉 흙을 건드리는 일을 꺼린다.
태음살 太陰殺	작향이나 기조를 꺼린다.

겁살 劫殺	납음오행으로 制殺한다. 가령 이날의 납음오행이 木이면 목을 극하는 납음오행이 金인 생년의 사람이 주관한다.
재살 災殺	납음오행으로 制殺한다. 가령 이날의 납음오행이 木이면 목을 극하는 납음오행이 金인 생년의 사람이 주관한다.
세 살 歲殺	납음오행으로 制殺한다. 가령 이날의 납음오행이 木이면 목을 극하는 납음오행이 金인 생년의 사람이 주관한다.
좌살 坐殺	산소를 만들거나 묘를 다듬는 것을 꺼린다.
향살 向殺	산소를 만들거나 묘를 다듬는 것을 꺼린다.
천관부 天官符	산소를 만들거나 묘를 다듬는 것을 꺼린다.
지관부 地官符	산소를 만들거나 묘를 다듬는 것을 꺼린다.
유재 流財	주택과 전답에 손해가 일어난다.
대장군 大將軍	고치고 새로 짓는 것을 꺼리고 흙을 건드리는 일도 꺼린다.
태세 太歲	고치고 새로 짓는 것을 꺼리고 흙을 건드리는 일도 꺼린다.
대모 大耗	땅을 파거나 재물 지출과 창고의 물건을 내가는 일도 꺼린다.
소모 小耗	땅을 파거나 재물 지출과 창고의 물건을 내가는 일도 꺼린다.
백호살 白虎殺	모든 일이 불길하니 修身하고 입을 조심하라.
금신살 金神殺	땅을 파거나 건드리지 말고 埋葬도 꺼린다.

3. 월가흉신(月家凶神)

월가흉신(月家凶神)은 매달 특정한 날을 나쁘게 보는 것이다. 매달 몇 개의 날이 흉한 기운이 미친다는 날이다. 이때도 달의 기준은 음력이나 양력이 아니라 절기(節氣)로 한다. 각 달마다 해당되는 지지가 있다. 사실 해당되지 않는 지지가 많지 않아 적용에 신경 써야 한다.

월가흉신의 종류는 너무나 많은데 각각의 날이 다른 상황이나 일에 대하여 흉하게 적용되므로 사용이나 택일에 신중하게 적용하여야 한다.

월가흉신법은 달로써 보는데 그 달에 그 일진을 만나면 모든 일을 하는데에 불길하니 가급적 이 날을 피하여 택하는 것이 좋다.

월가흉신												
월 \ 월가흉신	1	2	3	4	5	6	7	8	9	10	11	12
천라 (천강)	巳	子	未	寅	酉	辰	亥	午	丑	申	卯	戌
하괴	亥	午	丑	申	卯	戌	巳	子	未	寅	酉	辰
지파	亥	子	丑	寅	辰	卯	巳	午	未	申	酉	戌
나망	子	申	巳	辰	戌	亥	丑	申	未	子	巳	申
멸몰	丑	子	亥	戌	酉	申	未	午	巳	辰	卯	寅
천구	子	丑	寅	卯	辰	巳	午	未	申	酉	戌	亥
왕망	寅	巳	申	亥	卯	午	酉	子	辰	未	戌	丑
천적	辰	酉	寅	未	子	巳	戌	卯	申	丑	午	亥
피마	子	酉	午	卯	子	酉	午	卯	子	酉	午	卯
홍사살	酉	巳	丑	酉	巳	丑	酉	巳	丑	酉	巳	丑
온황살	未	戌	辰	寅	午	子	酉	申	巳	亥	丑	卯
토온	辰	酉	巳	午	未	申	戌	亥	子	丑	寅	卯
토기	寅	巳	申	亥	卯	午	酉	子	辰	未	戌	丑
토금	亥	亥	亥	寅	寅	寅	巳	巳	巳	申	申	申
천격	寅	子	戌	申	午	辰	寅	子	戌	申	午	辰
지격	辰	寅	子	戌	申	午	辰	寅	子	戌	申	午
산격	未	巳	卯	丑	亥	酉	未	巳	卯	丑	亥	酉
수격	戌	申	午	辰	寅	子	戌	申	午	辰	寅	子
음차	庚戌	辛酉	庚申	丁未	丙午	丁巳	甲辰	乙卯	甲寅	癸丑	壬子	癸亥
양착	甲寅	乙卯	甲辰	丁巳	丙午	丁未	庚申	辛酉	庚戌	癸亥	壬子	癸丑
유화	巳	寅	亥	申	巳	寅	亥	申	巳	寅	亥	申

천화	子	卯	午	酉	子	卯	午	酉	子	卯	午	酉
빙소와해	巳	子	丑	申	卯	戌	亥	午	未	寅	酉	辰
수사	戌	辰	亥	巳	子	午	丑	未	寅	申	卯	酉
귀기	丑	寅	子	丑	寅	子	丑	寅	子	丑	寅	子
비염살	戌	巳	午	未	寅	卯	辰	亥	子	丑	申	酉
혈기	丑	未	寅	申	卯	酉	辰	戌	巳	亥	午	子
혈지	丑	寅	卯	辰	巳	午	未	申	酉	戌	亥	子
독화	巳	辰	卯	寅	丑	子	亥	戌	酉	申	未	午
지낭일	庚子 庚 庚午	癸丑 癸 癸未	甲子 甲 甲寅	己卯 己 己丑	戊辰 戊 戊午	癸未 癸 癸巳	丙寅 丙 丙申	丁卯 丁 丁巳	戊辰 戊 戊子	庚子 庚 庚戌	辛酉 辛 辛未	乙未 乙 乙酉

월가흉신 해석	
천라 天羅	백가지의 일을 꺼린다. 황도일이나 황도시를 겸하면 가능하다.
하괴 河魁	백가지의 일을 꺼린다. 황도일이나 황도시를 겸하면 가능하다.
지파 地破	우물이나 웅덩이를 파는 일을 꺼린다.
나망 羅網	혼인, 출행, 고방과 고소를 꺼린다.
멸몰 滅沒	혼인, 기조, 출행, 다른 직책으로 이동, 부서를 옮김을 꺼린다.
천구 天狗	목적이 있는 제사(고사)를 꺼린다.
왕망 往亡	출행, 이사, 부임, 전쟁터로 나가는 것을 꺼린다.
천적 天賊	이사, 출행, 재물을 투자하거나 창고를 열어 물건을 꺼내지 않는다.
피마 披麻	새로 지은 집으로 들어가거나 시집과 장가드는 것을 피한다.
홍사살 紅紗殺	혼인하여 새로운 사람을 들이는 것을 피한다.
온황살 瘟瘟殺	병을 치료하는 행위, 이사하고 집을 짓거나 수리하는 일을 꺼린다.

토온 土瘟	땅을 파거나 우물 파는 일을 꺼린다.
토기 土忌	땅을 파거나 흙을 옮기는 일을 꺼린다.
토금 土禁	땅을 파거나 우물 파는 것을 꺼린다.
천격 天隔	출행, 관공서에서 일을 구하거나 직위를 구하는 일을 꺼린다.
지격 地隔	나무를 심거나 시체를 묻는 일을 꺼린다.
산격 山隔	산에 올라 나무를 자르는 일을 꺼린다.
수격 水隔	바다에 가거나 고기잡이, 배를 타고 나가는 일을 꺼린다.
음차 音差	집안에 혼사로 사람을 들이거나 장례를 꺼린다.
양착 陽錯	집안에 혼사로 사람을 들이거나 장례를 꺼린다.
유화 遊火	침을 맞거나 뜸을 뜨고 치료를 목적으로 약을 먹는 것을 꺼린다.
천화 天火	집을 수리하거나 짓지 않고 지붕 덮는 일도 금한다.
빙소와해 冰消瓦解	새로 지은 집에 들어가는 일을 하지 않고 새로운 일도 꺼린다.
수사 受死	관공서에 나아가 일을 구하거나 혼인, 이사를 꺼린다.
귀기 歸忌	이사, 입택, 결혼, 객지에서 돌아와 집에 들어오는 것을 꺼린다.
비염살 飛廉殺	집에서 기르는 가축에서 손해가 나고 여타의 재산도 손실이 있다.
혈기 血忌	침을 맞으면 낫지는 않고 피만 흘린다.
혈지 血支	침이나 뜸을 떠도 출혈만 있다.
독화 獨火	새로이 일을 시작하거나 지붕을 올리거나 부엌을 짓지 않는다.
지낭일 地囊日	새로이 일을 시작하거나 흙을 옮기고 우물이나 못을 파지 않는다.

4. 사시흉신(四時凶神)

사시흉신(四時凶神)은 달리 사시흉살(四時凶殺)이라고 불리울 정도로 택일에 불리한 날이다. 계절에 따라 택일을 하기에 그 절기에 따라 불리한 날이다. 계절에 따라 적용하기 때문에 절기를 파악하여야 한다.

절기(이십사절기, 24절기, 二十四節氣)는 한국은 물론이고 중국과 동남아 지역을 필두로 하여 동양문화권(東洋文化圈), 혹은 한자문화권(漢字文化圈)에서 태양년(太陽年)을 태양의 황경(黃經)에 따라 24등분하여 계절을 자세하고 세세하게 나눈 것으로 달리 절후(節候), 시령(時令)이라고도 한다.

황경(黃經)에 따라 24절기를 나누었다는 말은 절기를 나눔에 있어 황경이 중심이 되었다는 말이다. 황경(黃經)이란 태양이 춘분점(春分點)을 기점으로 하여 황도(黃道)를 움직인 각도를 말하는 것이다. 즉 황경이 0°일 때를 춘분(春分)으로 하고 각각 15°간격으로 나누어 24절기를 구분한다. 15°간격으로 분금하니 24개로 나누면 360°에 이른다.

이와 같이 황도를 움직여 나누면 절기와 절기 사이는 대략 15일 간격이며, 양력 날짜는 거의 같지만 음력으로는 조금씩 달라지므로 3년에서 4년 사이에 큰 폭의 차이가 나서 대략 한 달의 차이가 나게 된다. 이에 가끔 윤달을 넣어 계절과 맞추고 있다. 그러나 윤달도 다른 달과 다름없이 간지를 형성하고 있기 때문에 택일에서는 윤달이라고 해서 달라질 것은 없다. 즉 윤달도 다른 달과 동일하게 적용하는 것이다.

24절기는 절(節)과 중(中)으로 분류되는데, 입춘 등 24절기에 각각 순서를 매겨 보면 홀수에 해당하는 절기는 입춘(立春)과 같이 절(節), 두 번째로 오는 우수(雨水)처럼 짝수에 해당하는 절기는 중(中)이 된다. 이처럼 24절기중 12개는 절, 12개는 중이 된다. 이중 입절(立節)로 사용하는 12가지가 달을 시작하는 절기가 된다. 입절은 달리 입절(入節)이라고 부르기도 한다. 태음태양력(太陰太陽歷)을 사용하는 명리학을 필두로 하여 동양학의 절기력은 달력의 달을 적용하는 것이 아니라 절기력의 입절을 그 달의 시작으로 적용한다. 따라서 일반화된 달력과는 약간의 차이가 있으며 태음태양력으로 적용하여야 한다. 이 과정에서 사계절(四季節)은 입춘(立春), 입하(立夏), 입추(立秋), 입동(立冬) 등 4립(四立)의 날에서 시작된다. 사시흉신은 사계(四季)를 기준으로 하여 나쁜 날을 찾는 법이다.

사시흉신				
사계 사시흉신	春	夏	秋	冬
정사폐	庚申 辛酉	壬癸 子亥	甲乙 寅卯	丙丁 午巳
방사폐	庚申 辛酉	壬子 癸亥	甲寅 乙卯	丙丁 午巳
천전지전	癸卯 辛卯	丙午 戊午	辛酉 癸酉	壬子 丙子
천지전살	卯	午	酉	子
천지황무	巳酉丑	申子辰	亥卯未	寅午戌
사시대오	乙未	丙戌	辛丑	壬辰
사허폐	己酉	甲子	辛卯	庚午
사시소모	壬子	乙卯	戊午	辛酉

사시흉신 해석	
정사폐 正四廢	새로이 분봉을 만들지 않고 새로운 일도 꺼린다.
방사폐 傍四廢	새로이 분봉을 만들지 않고 새로운 일도 꺼린다.
천전지전 天轉地轉	땅을 이동하거나 헤집거나 장사지내는 것을 꺼린다.
천지전살 天地轉殺	못이나 뚝, 제방 막는 일을 꺼린다.
천지황무 天地荒蕪	어떤 경우도 뜻을 이루기 어렵다.
사시대모 四時大耗	땅을 건드리거나 이동하거나 집을 짓는 것을 꺼린다.
사허패 四虛敗	이사와 집에 들어가는 것과 창고를 수리하지 않는다.
사시소모 四時小耗	땅을 건드리거나 이동하거나 집을 짓는 것을 꺼린다.

5. 십악대패일(十惡大敗日)

오죽하면 이런 이름이 붙었을까! 이 날은 특별히 나쁜 날이므로 큰일을 삼간다. 건록(乾祿)이 공망(空亡)되는 날을 십악대패일이라 부른다. 십대패악일은 1년 중 특별히 나쁜 날로 행동을 조심해야 한다. 달리 십악일(十惡日)이라고도 한다.

십악대패일(十惡大敗日)이라 하는 것은 그 해의 그 달에 따라 그 날의 일진을 상대로 하여 보게 되는데 그해 그달 그날에 무슨 일든 하면 크게 실패한다는 것이다. 특히 혼례에는 반드시 피해야 한다.

건록이 공망되는 날을 십악대패일이라 하는데 갑진(甲辰), 을사(乙巳), 병신(丙申), 정해(丁亥), 무술(戊戌), 기축(己丑), 경진(庚辰), 신사(辛巳), 임신(壬申), 계해(癸亥)의 10개가 된다. 일반적으로 이 간지에 해당하는 날에는 큰일을 삼간다. 아울러 해마다 극단적으로 나쁜 날도 있다.

사주에서 살필 때, 이날 태어난 사람이 재(財)를 보면 부명(富命)이고 관(官)을 보면 귀명(貴命)이라 한다. 만약 재와 관을 모두 보지 못하면 당장에 명예가 있고 부를 누려도 말년에 빈한(貧寒)을 면치 못한다. 혼인(婚姻)에도 영향을 미치는데 만일 조혼(早婚)하면 마(魔)가 생겨 이별수로 작용한다. 어떤 일을 하더라도 십악대패일은 피한다.

십악대패일									
天干	甲	乙	丙	丁	戊	己	庚	辛	壬	癸
乾祿	寅	卯	巳	午	巳	午	申	酉	亥	子
甲子旬	甲子	乙丑	丙寅	丁卯	戊辰	己巳	庚午	辛未	壬辰	癸酉
甲戌旬	甲戌	乙亥	丙子	丁丑	戊寅	己卯	庚辰	辛巳	壬午	癸未
甲申旬	甲申	乙酉	丙戌	丁亥	戊子	己丑	庚寅	辛卯	壬辰	癸巳
甲午旬	甲午	乙未	丙申	丁酉	戊戌	己亥	庚子	辛丑	壬寅	癸卯
甲辰旬	甲辰	乙巳	丙午	丁未	戊申	己酉	庚戌	辛亥	壬子	癸丑
甲寅旬	甲寅	乙卯	丙辰	丁巳	戊午	己未	庚申	辛酉	壬戌	癸亥
十惡大敗日	甲辰	乙巳	丙申	丁亥	戊戌	己丑	庚辰	辛巳	壬申	癸亥

6. 사폐일(四廢日)

사폐일(四廢日)은 모든 일에 흉하다. 이날에 출생한 사람은 매사에 장애(障碍)가 많고 모든 일이 어긋나기 쉬우며 따라서 계획을 해도 틀어지기 쉽고 생활상 고생이 많다. 유시무종(有始無終)이라 시작은 있으나 끝이 없는 결과가 되며 명리학에서는 인수(印綬)가 있으면 이 살을 취하지 않는다.

춘절(春節)에는 신유(庚申), 하절(夏節)에는 임자(壬子), 추절(秋節)에는 갑인(甲寅), 동절에는 병오(丙午)가 해당되는데 삼합(三合)이 있을 경우에는 경신(庚申), 계해 (癸亥), 을묘(乙卯), 정미(丁未)도 사폐일이 된다. 사폐일은 인(囚)하고 사(死)되어 무용하니 사용하지 않는다.

사폐일이란 사시(四時)의 폐일(廢日)을 일컫는 말로, 봄에는 모든 기가 끊어지고, 여름철에는 물의 기운, 가을철에는 목의 기운, 겨울철에는 불의 기운이 끊어져 무력하니, 영화(榮華)를 보기 어렵다는 뜻이다. 이날 출생한 사람은 어떤 일을 하더라도 성공하기 어렵고 일의 시작은 있으나 끝이 없으니 매사가 용두사미(龍頭蛇尾)라는 의미이다. 사폐일은 물상(物象)의 살핌에 있어 연장선상에서 보아도 비교적 불리(不利)한 글자의 조합이니 겉으로 드러내어 암시하는 바가 매우 흉하다.

사폐일	사폐일
사폐일	봄(1.2.3월) - 庚申, 辛酉日 여름(4.5.6월) - 壬子, 癸亥日 가을(7.8.9일) - 甲子, 乙卯日 겨울(10,11,12월) - 丙午, 丁巳日

7. 사유일(四維日)

사유일(四維日)에는 모든 것이 흉하므로 택일할 때 피한다.

사유일	
사유일	춘분, 추분, 동지, 하지의 하루 전

8. 사절일(四絶日)

사절일(四絶日)은 모든 일에 흉하다. 사절일을 알고자 하면 사립일(四立日)을 알아야 한다. 사립일 이라는 것은 입춘, 입하, 입추, 입동을 말하고 사립일의 전일은 각각 사절일이라고 부른다. 사립일은 입절이라 하고 그 입절의 하루 전이다.

사절일	
사절일	입춘, 입하, 입추, 입동의 하루 전

9. 월기일(月忌日)

매 달마다 나쁜 날이다. 월기일(月忌日)이란 각종 경사일 채택시 매월 이날은 흉살(凶殺)이 작용하는 흉한 날이라 하여 피해야하는 날이다. 결혼식, 연회, 장거리여행, 집들이, 성형수술 등을 하면 흉한 날이다. 그러나 이날이 인일(寅日), 묘일(卯日)이면 흉한 살이 제거 되어 무관하다. 또한 이 날이 본인 육합일(六合日)이면 무관하여 만사평안하다. 월기일은 음력으로 매월 초 5일, 14일, 23일이 된다. 월기일에는 절대 결혼이나 이사를 해서는 안된다.

월기일	
월기일	음력으로 매월 초 5일, 14일, 23일

10. 대살백호(大殺白虎)

대살백호는 택일법 뿐 아니라 명리학에서도 많이 사용한다. 대살백호(大殺白虎)는 달리 백호살(白虎殺)이라 한다. 파괴(破壞), 살상(殺傷), 혈광(血光) 등으로 작용하는 매우 흉악한 살이다. 명리학에서는 호상팔자(虎喪八字)라 하여 호랑이에게 물려 죽는 팔자를 일컫는 말이 된다.

이를 달리 해석하여 현대 사회에서는 교통사고(交通事故)나 원인을 알 수 없는 급사(急死), 또는 물과 불로 인한 각종 재앙(災殃)으로 피해를 입는 다양한 형태의 살이 된다.

사주를 풀거나 날짜를 살필 때 천간과 지지가 합쳐서 60갑자가 바탕이 된다. 이 60개의 갑자 중에 백호대살, 즉 대살백호는 7개가 있다.

이 살은 상원(上元), 중원(中元), 하원(下院)등 시대별로 세 종류가 있는데, 흔히 알려진 것은 상원갑자시대의 것이다. 천기대요의 대살백호도 역시 상원갑자의 것을 기록하고 있다. 그러나 상원시대의 것은 적용이 어렵다. 개선이 필요하다고 보여진다.

대살백호	
상원갑자시대 (1864~1923년)	戊辰, 丁丑, 丙戌, 乙未, 甲辰, 癸丑, 壬戌
중원갑자시대 (1924~1983년)	辛未, 庚辰, 己丑, 戊戌, 丁未, 丙辰
하원갑자시대 (1984~2043년)	乙丑, 甲戌, 癸未, 壬辰, 辛丑, 庚戌, 己未

11. 인봉살(刃鋒殺)

인봉살(刃鋒殺)은 칼날과 검 끝 같은 살기가 있는 날이다. 모든 상황에서 날카로운 물체는 흉기가 되는 법이다. 명리학에서 현침(懸針)이라 부르는 것과 유사하다. 이 날은 하늘의 신에 제사를 지내는 일, 묘를 쓰는 일, 먼 길 떠나는 일, 배를 타고 여행을 떠나는 일에 매우 흉하다. 옛날에는 길을 떠나 호환(虎患)을 당하거니 도적(盜賊)에게 당하는 것으로 보았다.

인봉살	
계절	인봉살
봄(1.2.3월)	酉日
여름(4.5.6월)	子日
가을(7.8.9월)	卯日
겨울(10.11.12월)	午日

12. 역마살(驛馬殺)

역마살(驛馬殺)은 돌아다니는 살이다. 역마살이라? 자주 쓰는 말이면서도 그 뜻은 잘 모른다. 역마살은 한자어에서 온 말이다. 즉 역마(驛馬)와 살(殺)이 결합된 단어다. 이 살(殺)은 달리 살(煞)로도 표기하는데 일반적으로 병기, 서로 통용되는 것으로 본다. 역마살은 달리 이동살(移動殺)이라 한다. 이동하고 돌아다니는 것이므로 원행(遠行), 출행(出行), 이사(移舍), 이동(移動), 해외여행(海外旅行), 해외이민(海外移民), 각종 물자의 이동운반(移動運搬), 무역업(貿易業), 운수사업(運輸事業), 차량사업(車輛事業), 수송사업(輸送事業), 관광여행(觀光旅行) 등에 작용한다. 아울러 외교관(外交官)등도 해당한다.

역마살은 특히 여자에게 극단적으로 불리하게 생각하였다. 물론 과거에는 좋지 않은 것으로 해석하였지만 현대 사회에서는 물류의 이동을 의미하므로 나쁘게만 풀지 않는다.

사실 역마(驛馬)와 살(殺)을 떼어놓아도 각 단어의 의미가 잘 들어오지 않는다. 그러나 역마(驛馬)라는 단어가 말을 의미하는 마(馬)를 포함하므로, 역마가 말과 관련있는 단어의 일종이라는 사실은 쉽게 수긍할 수 있다. 역마살은 "역마처럼 이곳저곳 떠돌아다니는 액운(厄運)"이라는 뜻을 지니고 있다. 떠난다, 돌아다닌다, 혹은 움직인다는 의미이다. 따라서 이 날은 이사와 출행에 길하다.

명리학에서는 사주풀이와도 적용된다. 납음오행을 주로 사용하거나 당사주에서 사주 생년을 적용하는 것으로 예를

들어 인오술생년(寅午戌生年)이면 생년월일시의 지지에 인
(寅)이 있으면 역마이다. 그러나 현재의 사주는 년으로 보
지 않고 일주로 본다. 일주(日柱)에 인오술(寅午戌)이 있으
면 나머지 사주의 지지(地支)에 인(寅)이 있으면 역마에 해
당한다. 이와 같은 경우가 각기 4번에 해당한다.

역마살				
일 구분	申	巳	寅	亥
생년	寅. 午. 戌	亥. 卯. 未	申. 子. 辰	巳. 酉. 丑
월	1. 5. 9	2. 6. 10	3. 7. 11	4. 8. 12

13. 상문, 조객살(喪門, 弔客殺)

장례(葬禮)와 관계가 있다. 상문살(喪門殺)은 당사자가
상복(喪服)을 입으니 부모가 죽거나 조부모가 죽어 상주(喪
主)가 된다는 살이고, 조객살(弔客殺)은 손님의 입장이다.
상갓집에 다녀오고 난 다음 몸이 아프거나 액이 따른다는
살이다.

조객살은 달리 주당(周堂)이라고 하는데 결혼에서 매우
꺼리는 살이고 혼인을 마치고 행하는 신행(新行), 이사하거
나 장례(葬禮)시 조묘(造墓)할 때도 매우 꺼린다. 평소에도
상문이나 조객살이 닿는 방위에는 집을 짓고 수리하거나
흙 다루는 일을 하지 않는다. 사주에 이 살이 있으면 평생
동안 질병(疾病)과 질액(疾厄)이 많다.

상문,조객살											
연지 구분	子	丑	寅	卯	辰	巳	午	未	申	酉	戌	亥
상문	寅	卯	辰	巳	午	未	申	酉	戌	亥	子	丑
조객	戌	亥	子	丑	寅	卯	辰	巳	午	未	申	酉

상문과 조객은 년을 중심으로 따진다. 자(子)가 들어있는 해를 따져보자. 갑자(甲子), 병자(丙子), 무자(戊子), 경자(庚子), 임자년(壬子年)이 되면 인방(寅方)이 상문방이 되고 사주도 이와 같아 자년생(子年生)의 사주에 인(寅)이 있으면 상문살이다. 또 자년생(子年生)의 사주에 술(戌)이 있으면 조객방이고 조객살이다. 당연히 그 해의 지지가 자(子)이면 동쪽인 인방(寅方)이 상문방이고, 서북쪽인 술방(戌方)은 조객방이다. 2014년의 예를 들면 갑오년(甲午年)이다. 오(午)의 상문방은 신(申)의 방향이니 서쪽방향이 되고, 동쪽을 의미하는 묘(卯)의 방향은 조객방이다.

8장.

길흉신 (吉凶神)
용어해설

대한민력(大韓民曆)이나 택일력(擇日曆)을 살펴 '행사길일(行事吉日)과 불길일(不吉日)'에는 여러 길신(吉神)과 흉신(凶神)이 적지 않게 적혀 있다.

　　이 내용들은 한결같이 ≪천기대요(天機大要)≫에 의해서 택일(擇日)된 것을 일자(日字) 별로 낱낱이 기록해 놓은 것이다. 이처럼 ≪천기대요≫를 살펴보고 일일이 택일을 하지 않더라도 민력(民曆)이나 택일력(擇日曆)만 보면 그 날이 행사에 유리한 날인지 불리한 날인지를 쉽고 간편하게 구분할 수 있도록 해놓았다. 그러나 조금 더 세밀하게 적용하려 한다면 ≪천기대요≫의 내용을 살펴 적용하여야 한다.

　　여기서는 각종 길흉신의 용어에 대해서 간추려 간단히 소개하고자 한다. 왜 그 날에 그러한 길흉신(吉凶神)이 존재하는지를 자세히 알고 싶으면 ≪천기대요≫ 내용속의 '길흉신정국편(吉凶神定局篇)' 등을 참고하여야 한다.

길흉신 용어해설	
용어	의미
의(宜)	마땅히 - 하여야 한다. 행사에 이롭다는 뜻이다.
불의(不宜)	마땅히 - 하지 말아야 한다. 행사에 불리하다는 뜻이다.
제사불의 (諸事不宜)	모든 일에 불리하다.
기(忌)	꺼리다. 하지 말아라. 불리하므로 금(禁)하라는 뜻이다.
복단일 (伏斷日)	엎어지고 끊긴다는 뜻으로 모든 일에 불리한 날이다. 다만 화장실을 짓거나 아이 젖떼는 일, 파혼, 계약파기 등과 같이 인연을 끊는 날로는 좋다. 12지지의 일진(日辰)과 요일(曜日)과 관계가 있다.
월기일 (月忌日)	매사에 방해를 놓는 흉신이 작용하는 날이다. 음력으로 매월 5일, 14일, 23일에 해당된다. 그러나 다른 길신(吉神)이 많으면 살(殺)이 해소된다.

양공기일 (楊公忌日)	중국 당나라 국사(國師) 구빈(救貧) 양균송(楊筠松) 선생을 양공(楊公)이라 하는데 천기대요에 '양구빈최시년정국(楊救貧?屍年定局)'법이 있다. 이 날은 최시살(繰屍殺)이 작용하기 때문에 모든 일에 이롭지 못하다. 음택(陰宅)이든 양택(陽宅)이든 출행(出行)이든 기(忌)하는 것이 좋다.
대공망 (大空亡)	길신(吉神)이든 흉신(凶神)이든 지상에 존재하는 모든 신이 공망(空亡)이라, 염라대왕이 있는 하늘로 올라갔기 때문에 귀신이 전혀 없는 날이라고 한다. 이 날에 동토(動土), 파토(破土), 파옥(破屋), 안장(安葬) 등을 하면 해(害)가 없다. 그러나 제사(祭祀), 소원성취기도, 개업(開業)고사, 매매(賣買), 재물에 관계되는 행사 등을 하면 아무런 효험이 없다.
황도(黃道)	매사 길한 신으로 제살(制殺)하는 능력이 뛰어나다. 어지간한 흉살이 있더라도 황도일(黃道日)과 겹치면 면살(免殺)된다. 일에 흉신이 있더라도 황도시(黃道時)를 쓰면 제살된다. 고사, 결혼식, 상량식, 하관(下棺) 등에 좋다.
세덕(歲德)	음양이 서로 교회(交會)하므로 만사에 대길하다.
천덕(天德) 월덕(月德) 천덕합 (天德合) 월덕합 (月德合)	백사(百事)에 대길
천은(天恩) 대명(大明) 천사(天赦) 모창(母倉)	4대 길일이라 하며, 모든 일에 유리하다.
천롱(天聾) 지아(地啞)	흙 다루고 집 짓고 수리하는 데 유리한 날이다.
천의(天宜)	질병 치료에 대길한 날이다
천적(天賊)	날치기, 도난, 사기 등을 유도하는 흉신이 작용하므로 매사에 불길하다.
수사(受死)	죽음을 맡은 흉신이 작용하는 날로 위험성이 내포된 행사는 불길하다. 그러나 사냥, 상충, 낚시, 도살 등에는

	유리하다.
월파(月破)	깨지고 파괴된다는 뜻으로 매사 불길하다. 그러나 건물이나 담장 헐기와 수술, 파혼, 이혼 등에는 효과적인 날이다.
중일(重日) 복일(復日)	좋은 일이든 나쁜 일이든 겹치는 날이다. 장례식이나 이장 등에는 흉한 이이 겹치므로 피해야 하는 날이다.
천강(天罡) 천라(天羅) 하괴(河魁)	모든 일에 불이익을 유도하는 흉신이 작용하는 날이다. 그러나 황도일(黃道日)이 같이 들면 제살(制殺)된다.
월살(月殺) 월염(月厭) 염대(厭對)	매사에 방해 작용을 하는 흉신이 작용하는 날이다. 특히 결혼식에 좋지 않다. 그러나 다른 길신이 많으면 면살(免殺)된다.
수격(水隔) 수명(水鳴)	물 길이 막히고 물귀신이 장난치는 날로 물에 들어가는 일, 배타는 것, 강 건너가는 일 등을 피한다. 용왕제, 배의 진수식 등을 금한다.
산격(山隔) 산명(山鳴)	산 길이 막히고 산귀신이 장난치는 날이다. 등산, 입산, 사냥, 약초채집, 벌목 등에 해롭다.
지명(地鳴)	땅 귀신이 장난하므로 흙 다루는 일, 특히 땅을 파는 일을 꺼린다.
천화(天火) 독화(獨火)	불귀신이 장난치는 날이므로 화재의 위험성이 있는 일을 피해야 한다.
홍사(紅紗) 피마(披麻)	신혼부부의 행복을 시기하는 흉신이 작용하는 날로 결혼식에 불리하다.
온역(瘟疫)	전염병을 옮기는 흉신이 작용한다. 환자 문병을 삼간다.
토온(土瘟) 토금(土禁) 토기(土忌) 지낭(地囊) 지격(地隔)	흙을 다루는 일을 꺼리는 날이다. 집터 고르기, 집수리 등에 안 좋다.
백호(白虎) 백호대살 (白虎大殺)	제살(制殺)이 불가능한 흉신이 작용하므로, 만사에 피하는 것이 상책이다. 특히 위험성이 내포된 일은 반드시 피한다.
사폐(四廢) 사리(四離) 사절(四絶)	입춘, 입하, 입추, 입동과 관련된 날로 매사에 유리함이 없는 날이다.

4부.

결혼(結婚)

9장.

약혼
(約婚)

약혼(約婚)이란 장차 혼인(婚姻)을 약정하는 가문 혹은 당사자 사이의 신분상 계약(契約), 혼약(婚約) 또는 정혼(定婚), 혼인예약(婚姻豫約)이라고도 한다. 즉 혼인을 할 것이라는 약속이다. 약혼은 혼인을 위한 여러 가지 절차 중의 하나로서 혼인제도(婚姻制度)에 포함된다.

약혼에 대한 문헌상의 근거는 전통적으로 이상적인 혼례규범(婚禮規範)으로 삼았던 많은 종류의 예서(禮書)에 규정되어 있으며, 현대에서는 <민법>제800조~제806조에 약혼의 개념과 약혼의 성립, 약혼의 효과, 약혼의 해제 등에 관하여 구체적으로 법제화하고 있다. 그럼에도 과거와 달리 구속력이 현저하게 약해진 것도 사실이며 최근에 와서는 생략하는 경우도 많아지고 있다.

세월이 흐르며 혼례의 풍습이나 격식이 달라지듯 그 의미도 달라지고 있다. 약혼의 의미도 과거와는 많은 변화를 가져오고 있다.

전통사회(傳統社會)에서는 약혼의 개념이 혼인을 전제로 한 연속적인 한 절차로 여겨졌지만 현대에는 혼인을 하기에 앞서 배우자로서의 적합성을 탐색하는 과정으로 규정되고 있다. 따라서 연애가 일반화된 지금으로서는 약혼의 의미가 그다지 중요한 것이 아니다.

약혼식 이전에 양가의 합의가 이루어진다. 이 경우 남자의 집에서 여자의 집으로 사주단자(四柱單子)라는 것을 보내기도 한다.

약혼식이나 사주(四柱)를 보내는 행위도 약혼의 관습에

해당한다. 채단(采緞)이나 혼서지(婚書紙)를 넣어 함을 꾸린 후에 신부 집으로 보내는데 이를 납채(納采)라고 한다. 이 납채에도 특별하게 가리는 날이 있다. 이때 택일하는 좋은 날을 의일(宜日)이라 하고 불길해서 꺼리는 날을 기일(忌日)이라 한다.

1. 의일(宜日)

좋은 날임을 의미하는 의일(宜日)에도 여러 가지의 의미를 가지는 날들이 있다. 각기 생기복덕일(生氣福德日), 황도일(黃道日), 천덕(天德), 오합일(五合日), 송례천복길일(送禮天福吉日) 등이 이에 해당한다.

1) 생기복덕일(生氣福德日)

생기복덕일(生氣福德日)은 앞서 택일법에서 적시했듯 생기법에서 찾아야 한다. 택일에 있어 가장 중요한 것이 생기복덕일이다. 아무리 좋은 날을 골랐다고 해도 이 생기복덕일에 맞지 않으면 다시 생각해 볼 일이다.

모든 날을 택일함에 있어 우선적으로 생기복덕일을 참고하지 않을 수 없다. 생기(生氣), 천의(天意), 복덕(福德)의 길일이 이에 해당한다.

● 남자의 생기 복덕일(만 나이로 보지 않고 우리나라 보통 나이로 본다).

남자나이 (일반나이)	생기일 生氣 좋음	천의일 天宜 좋음	절체일 絶體 보통	유혼일 遊魂 보통	화해일 禍害 나쁨	복덕일 福德 좋음	절명일 絶命 나쁨	귀혼일 歸魂 나쁨
2.10.18.26.34.42. 50.58.66.74.82	戊亥	午	丑寅	辰巳	子	未申	卯	酉
3.11.19.27.35 43.51.59.67.75	酉	卯	未申	子	辰巳	丑寅	午	戊亥
4.12.20.28.36 44.52.60.68.76	辰巳	丑寅	午	戊亥	酉	卯	未申	子
5.13.21.29.37 45.53.61.69.77	未申	子	酉	卯	午	戊亥	辰巳	丑寅
6.14.22.30.38 46.54.62.70.78	午	戊亥	辰巳	丑寅	未申	子	酉	卯
7.15.23.31.39. 47.55.63.71.79	子	未申	卯	酉	戊亥	午	丑寅	辰巳
1.8.16.24.32 40.48.56.64.72	卯	酉	子	未申	丑寅	辰巳	戊亥	午
9.17.25.33.41 49.57.65.73	丑寅	辰巳	戊亥	午	卯	酉	子	未申

● 여자의 생기 복덕일(만 나이로 보지 않고 우리나라 보통 나이로 본다).

여자 나이 (일반나이)	생기일 生氣 좋음	천의일 天宜 좋음	절체일 絶體 보통	유혼일 遊魂 보통	화해일 禍害 나쁨	복덕일 福德 좋음	절명일 絶命 나쁨	귀혼일 歸魂 나쁨
3.10.18.26.34 42.50.58.66.74.82	戊亥	午	丑寅	辰巳	子	未申	卯	酉

2.9.17.25.33 41.49.57.65.73	酉	卯	未申	子	辰巳	丑寅	午	戌亥
1.8.16.24.32 40.48.56.64.72	辰巳	丑寅	午	戌亥	酉	卯	未申	子
15.23.31.39. 47.55.63.71.79	未申	子	酉	卯	午	戌亥	辰巳	丑寅
7.14.22.30.38 46.54.62.70.78	午	戌亥	辰巳	丑寅	未申	子	酉	卯
6.13.21.29.37 45.53.61.69.77	子	未申	卯	酉	戌亥	午	丑寅	辰巳
5.12.20.28.36 44.52.60.68.76	卯	酉	子	未申	丑寅	辰巳	戌亥	午
4.11.19.27.35 43.51.59.67.75	丑寅	辰巳	戌亥	午	卯	酉	子	未申

● 찾는 방법 : 먼저 택일하고자 하는 사람의 남, 여 별 나이를 보고 택일하고자 하는 날의 일진(日辰)을 보아 좋고 나쁨을 가린다. 예를 들어 42세 남자가 택일을 할 때 술(戌), 해亥), 오(午), 미(未), 신(申)일은 길(吉)하고, 축(丑), 인(寅), 진(辰), 사(巳)일은 평(平)하고, 자(子), 묘(卯), 유(酉)일은 흉(凶)하다.

2) 구궁궁합법(九宮宮合法)

한나라 왕실에서 오랑케의 청혼을 물리치기 위해서 만들었다고 전해지는 궁합법으로 지금도 참고하는 경우가 있음. 남자의 사주(년주)와 여자의 사주(년주)에 해당하는 칸을 찾아서 그것의 내용을 보면 된다. 이 궁합법에서 생기법이 나왔다고 주장된다. 사실 생기법과 다르지 않다.

구궁 궁합법 해석	
생기, 복덕, 천의	길한 궁합
절체, 유혼, 귀혼	보통
화해, 절명	흉한 궁합

3) 황도일(黃道日)

황도일과 황도시는 우선적으로 좋은 영향을 준다. 황도일(黃道日)은 모든 재액(災厄)을 물리치고 흉신(凶神)을 제화(除禍)하는 대길신(大吉神)이다. 여러 가지 방법으로 택일을 하겠지만 다른 방법이 없다면 황도일을 골라 사용한다. 물론 생기법을 적용했다는 가정이다. 황흑도길흉영정국(黃黑道吉凶永定局)은 월(月)에서 길한 날짜를 택일(擇日)하고, 일(日)에서 길한 시간(時間)을 보는 법이다. 모든 행사에 길한 날짜로 시간을 잡으려면 흑도일시(黑道日時)를 피하고 황도일시(黃道日時)만을 쓰는 것이 좋다.

황도일을 적용 할 경우에 기준이 달(月)이라면 황도일, 흑도일이 적용되고, 적용하는 기준이 날(日)일 경우에는 황도시, 흑도시가 된다. 흑도는 나쁜 날이므로 피하는 것이 좋다. 택일 할 경우 여유가 없다면 황도일만 사용하는 것도 하나의 방법이 된다.

황도일											
月,日 구분	11 월 子 日	12 월 丑 日	1 월 寅 日	2 월 卯 日	3 월 辰 日	4 월 巳 日	5 월 五 日	6 월 未 日	7 월 申 日	8 월 酉 日	9 월 戌 日	10 월 亥 日

청룡황도 (靑龍黃道)	申	戌	子	寅	辰	午	申	戌	子	寅	辰	午
명당황도 (明堂黃道)	酉	亥	丑	卯	巳	未	酉	亥	丑	卯	巳	未
옥당황도 (玉堂黃道)	卯	巳	未	酉	亥	丑	卯	巳	未	酉	亥	丑
금궤황도 (金櫃黃道)	子	寅	辰	午	申	戌	子	寅	辰	午	申	戌
사명황도 (司命黃道)	午	申	戌	子	寅	辰	午	申	戌	子	寅	辰
천덕황도 (天德黃道)	丑	卯	巳	未	酉	亥	丑	卯	巳	未	酉	亥
백호흑도 (白虎黑道)	寅	辰	午	申	戌	子	寅	辰	午	申	戌	子
천형흑도 (天刑黑道)	戌	子	寅	辰	午	申	戌	子	寅	辰	午	申
천뇌흑도 (天牢黑道)	辰	午	申	戌	子	寅	辰	午	申	戌	子	寅
주작흑도 (朱雀黑道)	亥	丑	卯	巳	未	酉	亥	丑	卯	巳	未	酉
현무흑도 (玄武黑道)	巳	未	酉	亥	丑	卯	巳	未	酉	亥	丑	卯
구진흑도 (句陳黑道)	未	酉	亥	丑	卯	巳	未	酉	亥	丑	卯	巳

4) 천덕(天德)

천덕(天德)은 여러 가지 복일(福日)의 복합이다. 월덕(月德), 천덕합(天德合), 월덕합(月德合)등 월가길신에 해당하는 날이 모두 포함된다. 월가길신이야말로 천덕이라고 부르는 것이다.

천덕												
월 월가길신	1	2	3	4	5	6	7	8	9	10	11	12

천덕	丁	申	壬	辛	亥	甲	癸	寅	丙	乙	巳	庚
월덕	丙	甲	壬	庚	丙	甲	壬	庚	丙	甲	壬	庚
천덕합	壬	巳	丁	丙	寅	己	戊	亥	辛	庚	申	乙
월덕합	辛	己	丁	乙	辛	己	丁	乙	申	己	丁	乙
월공	壬	庚	丙	甲	壬	庚	丙	甲	壬	庚	丙	甲
월은	丙	丁	庚	己	戊	辛	壬	癸	庚	乙	甲	辛
월재	九	三	四	二	七	六	九	三	四	二	七	六
생기	戊	亥	子	丑	寅	卯	辰	巳	午	未	申	酉
천의	丑	寅	卯	辰	巳	午	未	申	酉	戌	亥	子
왕일	寅	寅	寅	巳	巳	巳	申	申	申	亥	亥	亥
상일	巳	巳	巳	申	申	申	亥	亥	亥	寅	寅	寅
해신	申	申	戌	戌	子	子	寅	寅	辰	辰	午	午
오부	亥	寅	巳	申	亥	寅	巳	申	亥	寅	巳	申
옥제 사일	丁巳	甲子	乙丑	丙寅	辛卯	壬辰	丁亥	甲午	乙未	丙申	辛酉	壬戌
황은 대사	戊	丑	寅	巳	酉	卯	子	午	亥	辰	辛	未
천사신	戊	丑	辰	未	戊	丑	辰	未	戊	丑	辰	未
요안일	寅	申	卯	酉	辰	戌	巳	亥	午	子	未	丑
만통 사길	午	亥	申	丑	戌	卯	子	巳	寅	未	辰	酉
회가 재성	午	子	寅	戌	子	寅	辰	子	寅	子	寅	辰

5) 오합일(午合日)

오합일(午合日)은 일진에 갑(甲), 인(寅), 을(乙), 묘(卯)가

들어있는 날로 이날 결혼하면 오복을 누린다고 한다. 오합 (五合)이란 해와 달이 합하는 날(日月合), 음양이 합하는 날 (陰陽合), 백성이 합하는 날(人民合), 쇠와 돌이 합하는 날 (金石合), 강과 하천이 합하는 날(江河合)이 각기 따로 있다. 따라서 60갑자에 해당하는 60일 중에서 인일(寅日)과 묘일 (卯日)이 들어가는 날은 모두 오합일(五合日)에 해당된다. 예부터 오합일은 월기(月忌), 월살(月殺), 십악(十惡), 사갑 (死甲)의 흉살을 제화한다.

오합일	
일월합(日月合)	갑인일(甲寅日), 을묘일(乙卯日)
음양합(陰陽合)	병인일(丙寅日), 정묘일(丁卯日)
인민합(人民合)	무인일(戊寅日), 기묘일(己卯日)
금석합(金石合)	경인일(庚寅日), 신묘일(辛卯日)
강하합(江河合)	임인일(壬寅日), 계묘일(癸卯日)

6) 송례천복길일(送禮天福吉日)

송례천복길일(送禮天福吉日)은 결혼에 사용하기 좋은 길일이다. 이름에서 보여지듯 예를 보낸다는 길일이다. 채단 및 예물을 보낼 때도 이날을 사용하면 매우 좋고 의일(宜日)을 겸하면 더욱 좋다. 예부터 폐백, 약혼, 예물, 사주 보내는 날에 택일하였다.

송례천복길일	
송례천복길일	기묘, 경인, 신묘, 임진, 계사, 기해, 경자, 신축, 을사, 정사, 경신

7) 납징정친일(納徵定親日)

납징정친일(納徵定親日)은 신랑의 집에서 신부가 될 집으로 사주(四柱)나 채단(采緞)을 보내는 날이다. 이 날에 보내면 원만한 혼약이 이루어진다는 날이다.

납징정친일
乙丑, 丙寅, 丁卯, 辛未, 戊寅, 己卯, 丙戌, 戊子, 己丑, 壬辰, 癸巳, 乙未, 戊戌, 辛巳, 壬寅, 癸卯, 甲辰, 丙午, 丁未, 壬子, 癸丑, 甲寅, 乙卯, 丙辰, 丁巳. 戊午, 己未, 黃道, 三合, 五合, 六合, 月恩, 天喜, 定, 成, 開日

2. 기일(忌日)

외출이나 달리 일을 하지 않고 금기를 지키면서 지내야 하는 특별한 날이다. 기(忌)라는 말은 금기(禁忌)를 의미하는 것이다. 현대사회가 되며 금기 의식이 희박해짐에 따라서 단순한 휴일이 되기도 하였지만, 원래는 신제(神祭)나 연중행사시에 엄격한 제계(齊戒)에 따라서 정진결제(精進潔齊)하는 날을 의미했다.

기일에는 많은 것들이 제한을 당한다. 여행이나 일을 하지 않는 것은 물론, 심지어 푸성귀를 자르거나 들불을 놓지 않고, 소리를 내거나 소동을 일으키지 않고 조용하게 근신하는 생활을 보내는 것이 보통이다.

1) 남녀본명일(男女本命日)

사람이 살아가다 보면 반드시 택일을 하고자 하는 사람이 있을 것이다. 택일하는 사람의 생년간지(生年干支)와 그 해의 간지(干支)가 같은 날을 남녀본명일(男女本命日)이라 한다.

예를 들자면 갑자년생(甲子年生)은 갑자일(甲子日)이 남녀본명일이다. 을축년생(乙丑年生)이라면 을축일(乙丑日)이 본명궁이다. 병인년생(丙寅年生)이라면 병인일(丙寅日)이 남녀본명일이다.

따라서 본명일은 모두 60갑자에 따라 60개가 된다. 자신에 관련된 택일이라면 반드시 자신이 출생한 년의 간지를 알아야 한다. 어떠한 경우에도 남녀본명일에는 택일하지 않는다.

이는 같은 이치는 공간에 동일한 힘을 지닌 두 개의 물체, 혹은 동일한 기운을 지닌 두 사람이 있는 것과 같다는 의미와 상통한다. 즉 같은 기운이 같은 시간에 공존함으로서 힘의 겨룸이 이어지고 결국 상쟁(相爭), 혹은 기운을 나눈다는 의미가 된다.

2) 화해절명일(禍害絶命日)

화해(禍害)와 절명일(絶命日)은 생기법에서 찾아야 한다. 생기법은 모든 택일에서 우선하는 법칙이다. 화해와 절명일은 생기법에서 대흉(大凶)에 해당하는 날이다. 절대로 택일해서는 안되는 날이다.

만사가 깨어지고 해를 입으며 심하면 목숨을 잃을 수 있는 날이 화해일과 절명일이다. 좋은 일을 하기 위해 택일할 때는 생기법을 따져 화해일과 절명일은 어떤 경우에도 선택하지 않는다.

3) 충일(衝日)

충일은 다양한 의미로 사용한다. 충일(衝日), 충일(沖日), 충일(冲日)은 모두 같은 의미를 지닌다. 찌르고 충돌하고 텅텅 비어버린다는 의미를 지니는 날이다. 따라서 어떤 경우에도 사용하지 않는 것이 좋다.

택일하는 사람의 생년간지의 지지와 여러 가지 행사에 해당하는 날의 지지는 같으나 천간이 충(衝, 沖, 冲)하는 날이다. 또는 천간은 같으나 지지끼리 충하는 날이다. 이 충은 모든 충이 아니고 정충(正衝)이다. 또는 모든 천간지지가 정충이 되는 날이다.

따라서 이 날짜를 택일에서 사용하려면 천간 지지의 충을 모두 알아야 한다. 충은 찌른다는 뜻이니 좋지 않은 날이다. 60갑자의 개념에서 접근한다.

생년에 따른 충일									
생년	충일	생년	충일	생년	충일	생년	충일	생년	충일
甲子	庚子 甲午 庚午	丙子	壬子 丙午 壬午	戊子	戊午	庚子	甲子 庚午 甲午	壬子	丙子 壬午 丙午
乙丑	辛丑 乙未 辛未	丁丑	癸丑 丁未 癸未	己丑	己未	辛丑	乙丑 辛未 乙未	癸丑	丁丑 癸未 丁未
丙寅	壬寅 丙申 壬申	戊寅	戊申	庚寅	甲寅 庚申 甲申	壬寅	丙寅 壬申 丙申	甲寅	庚寅 甲申 庚申

丁卯	癸卯 丁酉 癸酉	己卯	己酉	辛卯	乙卯 辛酉 乙酉	癸卯	丁卯 癸酉 丁酉	乙卯	辛卯 乙酉 辛酉
戊辰	戊戌	庚辰	甲辰 庚戌 甲戌	壬辰	丙辰 壬戌 丙戌	甲辰	庚辰 甲戌 庚戌	丙辰	壬辰 丙戌 壬戌
己巳	己亥	辛巳	乙巳 辛亥 乙亥	癸巳	丁巳 癸亥 丁亥	乙巳	辛巳 乙亥 辛亥	丁巳	癸巳 丁亥 癸亥
庚午	甲午 庚子 甲子	壬午	丙午 壬子 丙子	甲午	庚午 甲子 庚子	丙午	壬午 丙子 壬子	戊午	戊子
辛未	乙未 辛丑 乙丑	癸未	丁未 癸丑 丁丑	乙未	辛未 乙丑 辛丑	丁未	癸未 丁丑 癸丑	己未	己丑
壬申	丙申 壬寅 丙寅	甲申	庚申 甲寅 庚寅	丙申	壬申 丙寅 壬寅	戊申	戊寅	庚申	甲申 庚寅 甲寅
癸酉	丁酉 癸卯 丁卯	乙酉	辛酉 乙卯 辛卯	丁酉	癸酉 丁卯 癸卯	己亥	己卯	辛酉	乙酉 辛卯 乙卯
申戌	庚戌 甲辰 庚辰	丙戌	壬戌 丙辰 壬辰	戊戌	戊辰	庚戌	甲戌 庚辰 甲辰	壬戌	丙戌 壬辰 丙辰
乙亥	辛亥 乙巳 辛巳	丁亥	癸亥 丁巳 癸巳	己亥	己巳	辛亥	乙亥 辛巳 乙巳	癸亥	丁亥 癸巳 丁巳

4) 해일(亥日)

해일(亥日)이라 해서 달리 의미가 있는 대단한 것은 아니고 일지(日支)가 해일(亥日)인 날을 말한다. 즉 지지에 해(亥)자가 들어가는 날이다.

즉 행사 당일의 날을 따져 그 날의 지지에 해(亥)가 들어있는 날은 택일하지 않는다는 것이다. 간지에서 상부는 천간이고 하부는 지지이다. 일지는 그 날의 지지를 말한다.

60갑자에서 지지에 해(亥)라는 글자가 들어가는 날은 모두 5개이다. 을해(乙亥), 정해(丁亥), 기해(己亥), 신해(辛亥), 계해(癸亥)의 5일이 해당한다.

세월의 흐름은 하루하루에 간지가 부여되므로 나날이 그날에 해당하는 간지를 살필 수 있다. 즉 세월의 흐름은 60개의 간지로 흘러간다. 즉 2달에 걸쳐 60갑자가 흘러감을 알 수 있다. 따라서 2달에 걸쳐 5개의 해일(亥日)이 지나가고 그 간격은 지지의 숫자처럼 12일에 한번 다가옴을 알 수 있다.

해일	
해(亥)일	乙亥, 丁亥, 己亥, 辛亥, 癸亥

5) 복단일(伏斷日)

복단일(伏斷日)은 엎어지고 끊어진다는 뜻으로 안 좋은 작용을 하는 날이다. 백사불리(百事不利)한 날이란 뜻으로 모든 일이 이롭지 못하다.

이 날은 평소에 안 하던 일을 하지 말아야 한다. 매장(埋葬), 혼인(婚姻), 공사착공(工事着工), 흙 다루는 일, 입택(入宅), 이사하는 날, 윗사람 만나는 일, 여행(旅行), 입시원서 내는 날, 입사원서 내는 날 등은 이날을 피한다. 좋은 일에는 모두 불리하다.

그러나 화장실 수리, 구멍을 막고, 둑을 만드는 일, 젖먹이 젖 떼는 일, 인연을 끊는 일 등은 좋지 않은 일에 해당하므로 복단일에 하는 것이 좋다. 현대적 의미에서 복단일은 요일(曜日)에도 적용이 가능하다.

복단일												
일	子	丑	寅	卯	辰	巳	午	未	申	酉	戌	亥
이십팔수	허(虛)	두(斗)	실(室)	여(女)	기(箕)	방(房)	각(角)	장(張)	귀(鬼)	자(觜)	위(胃)	벽(壁)
요일	일	목	화	토	수	일	목	월	금	일	토	수

6) 월파월염일(月破月厭日)

천적, 홍사, 월파(月破), 월염(月厭), 수사는 월가흉신에 해당하는 대단히 나쁜 날이다. 그럼에도 일반론에서는 월파와 월염을 배제하는 경우가 적지 않다. 이중 월파와 월염도 월가흉신에 포함하고 있다.

월 월가흉신	1	2	3	4	5	6	7	8	9	10	11	12
천라	巳	子	未	寅	酉	辰	亥	午	丑	申	卯	戌
하괴	亥	午	丑	申	卯	戌	巳	子	未	寅	酉	辰
지파	亥	子	丑	寅	辰	卯	巳	午	未	申	酉	戌
나망	子	申	巳	辰	戌	亥	丑	申	未	子	巳	申
멸몰	丑	子	亥	戌	酉	申	未	午	巳	辰	卯	寅
천구	子	丑	寅	卯	辰	巳	午	未	申	酉	戌	亥
왕망	寅	巳	申	亥	卯	午	酉	子	辰	未	戌	丑
천적	辰	酉	寅	未	子	巳	戌	卯	申	丑	午	亥
피마	子	酉	午	卯	子	酉	午	卯	子	酉	午	卯
홍사살	酉	巳	丑	酉	巳	丑	酉	巳	丑	酉	巳	丑
온황살	未	戌	辰	寅	午	子	酉	申	亥	丑	卯	
토온	辰	酉	巳	午	未	申	戌	亥	子	丑	寅	卯
토기	寅	巳	申	亥	卯	午	酉	子	辰	未	戌	丑
토금	亥	亥	亥	寅	寅	寅	巳	巳	巳	申	申	申

천격	寅	子	戌	申	午	辰	寅	子	戌	申	午	辰
지격	辰	寅	子	戌	申	午	辰	寅	子	戌	申	午
산격	未	巳	卯	丑	亥	酉	未	巳	卯	丑	亥	酉
수격	戌	申	午	辰	寅	子	戌	申	午	辰	寅	子
음차	庚戌	辛酉	庚申	丁未	丙午	丁巳	甲辰	乙卯	甲寅	癸丑	壬子	癸亥
양착	甲寅	乙卯	甲辰	丁巳	丙午	丁未	庚申	辛酉	庚戌	癸亥	壬子	癸丑
유화	巳	寅	亥	申	巳	寅	亥	申	巳	寅	亥	申
천화	子	卯	午	酉	子	卯	午	酉	子	卯	午	酉
빙소와해	巳	子	丑	申	卯	戌	亥	午	未	寅	酉	辰
수사	戌	辰	亥	巳	子	午	丑	未	寅	申	卯	酉
귀기	丑	寅	子	丑	寅	子	丑	寅	子	丑	寅	子
비염살	戌	巳	午	未	寅	卯	辰	亥	子	丑	申	酉
혈기	丑	未	寅	申	卯	酉	辰	戌	巳	亥	午	子
혈지	丑	寅	卯	辰	巳	午	未	申	酉	戌	亥	子
독화	巳	辰	卯	寅	丑	子	亥	戌	酉	申	未	午
지낭일	庚子 庚午	癸丑 癸未	甲子 甲寅	己卯 己丑	戊辰 戊午	癸未 癸巳	丙寅 丙申	丁卯 丁巳	戊辰 戊子	庚子 庚戌	辛酉 辛未	乙未 乙酉

상기는 일반적인 월가흉신이다. 월가흉신은 매우 흉한 날이므로 택일에서 제외하는 것이 좋다. 상기의 월가흉신 외에도 월파와 월염이 추가된다.

월파,월염												
월 월가 흉신	1월	2월	3월	4월	5월	6월	7월	8월	9월	10월	11월	12월
월파	申	酉	戌	亥	子	丑	寅	卯	辰	巳	午	未
월염	戌	酉	申	未	午	巳	辰	卯	寅	丑	子	亥

10장.

결혼
(結婚)

1. 결혼에 좋은 해와 나쁜 해

혼인(婚姻)에 택일하는 방법은 여러 가지가 있다. 어느 방법을 쓰느냐에 따라, 몇 가지 방법을 적용하느냐에 따라 때로는 잘못 해석함에 따라 결과가 달라지기도 한다. 근거가 약하거나 명확하지 않은 이론으로 택일을 그르칠 때도 있다. 예를 들어 아홉수에 대한 개념을 잘 못 이해하여 급하게 날을 잡거나, 해를 넘겨서 날을 잡아주는 곳도 의외로 많다. 아홉수가 반드시 나쁜 것임이 아니지만 무작정 근거 없이 적용하기도 한다. 특히 남자 나이에 이 수가 들면 결혼이나 이사와 같은 일을 꺼린다. 아홉수는 단순히 29세, 39세가 아니라, 사람마다 다르며 사주팔자를 풀어보면 알 수 있다.

사주에는 대운수(大運數)라는 것이 있다. 이는 사주를 풀 때 반드시 집고 넘어가는 것이다. 대운수는 사람마다 달라서 각각 1부터~10까지의 숫자가 대운(大運:10년씩 드는 운)에서 적용 된다. 이를 대운수라 하는데 이는 살아가면서 각자 나이별로 접하게 되는 운(運)이라고 본다. 혹자는 대운수가 1이고 혹자는 대운수가 2이며 혹자는 3이나 4가 될 수도 있다. 여기서 아홉수라는 것은 단순히 나이가 9에 해당하는 나이를 의미하는 것이 아니다. 흔히 적용당하는 1부터~10까지의 대운숫자 중에서 9에 해당 되는 것을 말한다. 대운수로 적용되는 경우 10명 중에, 1명 정도가 9수(아홉수)가 되는 것이다. 1부터~10까지의 대운수에서 대운(大運)이 9를 지나 10년째로 넘어갈 때, 기이하게도 건강상 탈이 나거나 일이 막힌다거나 신변에 문제 등으로 인생의 흐름이 아주 잠시 좋지 않는 경우를 말한다. 따라서 누구나 다 9에 해당하는 아홉수가 9살, 19살, 29살이 될 수가 없으며 각각의 사주에 따라 대운수가 다르므로 아홉수 적용이 달리 된다. 곧 대운은 10년 주기로 바뀌는데 9년째 되는 해가 전환기에 해당되므로 이 해를 아홉수로 보는 것이다. 여기서는 일반적으로 적용하는 숫자 9와는 관계가 없다. 가령 대운주기가 5~14, 15~24, 25~34으로 전개되는 사람이라면 13, 23, 33세가 아홉수에 해당한다는 논리이다. 이러한 법칙은 일부 명리학자들이 적용하지만 적용이 점차 늘어나는 추세이다. 이는 단순하게 대운만 적용한 것이 아니라 아홉수를 흉하다고 보는 오래전부터 전해오는 민속신앙의 믿음과 대운이 바뀌는 시기에는 변화가 있다는 명리학의 논리를 접목한 것으로서 일리가 있다는 것이 최근의 중론이다.

일부 역술인은 사주에 원숭이(申)가 든 사람만 아홉수를 탄다고 주장한다. 즉 원숭이띠만 해당한다는 주장과 사주의 지지에 신(申)이 있으면 이 사람들 모두 해당한다는 주장이 제기되었다. 원숭이(申)는 12지지 동물 중 아홉 번 째에 해당하는 동물이므로 갑신(甲申), 병신(丙申), 무신(戊申), 경신(庚申), 임신(壬申) 간지 중 하나가 있으면 아홉수를 탄다고 한다. 이는 민속신앙의 아홉수와 아홉 번째 간지를 적용한 것으로 주장이 있을 수 있으나 아직도 견강부회(牽强附會)한 정도로 여겨지고 있으며 아직 논리적으로 타당성을 검증하지 못했으며 인정받는 이론도 아니다.

사실 예부터 선인(先人)들은 행사에 적합한 날을 고를 때

일괄하여 ≪천기대요≫에 의하여 택일하지만 피해야할 흉일(凶日)이 너무 많다. 합혼개폐법(合婚開閉法), 남녀혼인흉년법(男女婚姻凶年法), 살부대기월(殺夫大忌月), 방부주(妨夫主), 방여신(妨女身), 방옹고(妨翁姑), 방녀부모(妨女父母), 상부상처살(喪夫喪妻殺), 십악대패일(十惡大敗日), 십악일(十惡日), 십삼신날(十三神日 - 천살, 피마살, 수사살, 망라살, 천적살, 고초살, 귀기살, 왕망살, 월압살, 월살, 황사살 등), 혼인기일(婚姻忌日 - 해일, 월기일, 인동일, 가취대흉일, 24절기 후일, 천공, 지공, 월염, 월대 등), 혼인주당(婚姻周堂), 고과살(孤寡殺), 본명일(本命日), 복단일(伏斷日), 사갑순(死甲旬), 병갑순(病甲旬), 화해일(禍害日), 절명일(絶命日), 흑도일(黑道日), 아홉수, 윤달, 삼재(三災) 등등이 그것이다.

현대인은 대부분 주말이나 휴일을 이용해 혼인을 거행하고자 한다. 이렇게 따지다보면 한 해에 결혼할 수 있는 날이 거의 없으며, 주말과 겹치는 날짜를 찾기란 더욱 어렵다. 이처럼 바쁜 현대 생활에 날짜를 맞추기는 정말 어려운 일이므로 택일은 "기왕이면 다홍치마" 라는 개념으로 살피는 것이 중요하다.

무리해서 좋은 날짜에 맞추는 것 보다는 양가(兩家)의 상황에 맞는 날짜나 기간을 정한 후, 그 기간 중에서, 상황이 맞는다면, 기왕이면 좋은 날, 좋은 시간에(吉日, 吉時) 맞추는 것이다.

일일시호일(日日是好日) 이란 말이 있다. 마음먹기에 따라서 모든 날이 좋은 날이 될 수 있다는 의미로, 어떤 날이든 마음먹기에 달렸으므로, 내 상황에 맞는 날로 정하는 것으로 하고 여러 상황에 따져 좋은 날을 맞추어 가는 것이다.

일반적으로 결혼택일, 결혼 날짜를 잡는 방법에는 다양한 방법이 있다. 이중 정통택일법으로 알려진 방법이 주로 사용된다. 이는 주로 ≪천기대요≫에 따른다. 나머지도 활용해 볼만하다.

◗ 정통택일법으로 생기와 복덕 택일법

◗ 사주에 좋은 기운을 의미하는 희신, 용신 날짜로 택일하는 방법

◗ 남자는 재성이나 식상일, 여자는 관성운이나 식상일로 택일하는 방법

◗ 점으로 좋은 날짜를 택일하는 방법 등이 있다.

1) 합혼개폐법(合婚開閉法)

합혼개폐법(合婚開閉法)은 여자를 기준으로 택일하는 방법이다. 혼기에 이른 여자의 결혼하기에 적당한 나이를 고르는 방법이다. 대개운(大開運)일 때 결혼하면 부부가 화목하고 반개운(半開運)일 때 결혼하면 부부가 불화하며 폐개운(閉開運)일 때 결혼하면 부부가 이별한다고 한다. 애초 합혼개폐법은 옛날 중국의 풍습이다. 옛날 중국에서 변방 이민족의 청혼을 거절하기 위해 만들어졌다고 한다. 달리 혼사의 청탁을 거절할 만한 이유가 적당하지 않아서 합혼개폐일이 만들어졌던 것이다.

대개운만이 혼인에 좋은 날이다. 여자의 생년이 자오묘유(子午卯酉)이면 대개운에 해당하는 14세, 17세, 20세, 23세, 26세, 29세, 32세가 결혼하기에 가장 좋은 나이가 된다. 다른 택일이 날이나 간지를 따지는 것과 달리 합혼개폐일은 나이를 따진다.

합혼개폐법																					
구분 여자 생년	대개운							반개운							폐개운						
子午 卯酉 年	14	17	20	23	26	29	32	15	18	21	24	27	30	33	16	19	22	25	28	31	34
寅申 巳亥 年	15	18	21	24	27	30	33	16	19	22	25	28	31	34	17	20	23	26	29	32	35
辰戌 丑未 年	16	19	22	25	28	31	34	17	20	23	26	29	32	35	18	21	24	27	30	33	36

2) 남녀혼인흉년법(男女婚姻凶年法)

택일이나 결혼할 나이를 맞추는 이유는 우선적으로 자신이나 가족의 안전과 안위를 지키고 부차적으로 행복하고 편안하며 안정적인 생활을 하기 위해서이다. 이러한 택일법을 지키지 않으면 본인은 물론이고 가족에게도 해가 미친다고 여기는 이유는 우리의 생활과 밀접한 관계가 있으며 풍습이 녹아있다고 볼 수 있다.

남녀혼인흉년법은 결혼식을 올리기에 불길한 해를 찾는 방법이다. 남녀에 해당하는 해가 각각 다르다. 남녀혼인흉년법은 혼인해서는 매우 불리한 해이고 남녀에 따라 다르다. 표를 참조하면 남자가 용띠라면 생년은 진년(辰年)이기 때문에 해년(亥年)에는 불길하다. 여자의 경우 생년이 쥐띠로 자년(子年)이면 묘년(卯年)에는 불길하다.

남녀혼인흉년법																								
생년	子年		丑年		寅年		卯年		辰年		巳年		午年		未年		申年		酉年		戌年		亥年	
	남	녀	남	녀	남	녀	남	녀	남	녀	남	녀	남	녀	남	녀	남	녀	남	녀	남	녀	남	녀
흉년	未	卯	申	寅	酉	丑	戌	子	亥	亥	子	戌	丑	酉	寅	申	卯	未	辰	午	巳	巳	午	辰

3) 고과살(孤寡殺)

고과살(孤寡殺)은 고진(孤辰)과 과숙(寡宿)을 합친 말이다. 고과살은 명리학에서 매우 중요하게 사용하는 것으로 결혼운을 따질 때는 백년해로(百年偕老)를 할 수 없음과 이별수(離別數)에서 적용하기도 한다. 고진은 남자에게 해당되고 과숙은 여자에게 해당된다. 즉 홀아비살과 과부살이라고 하는 것이 바로 이 고진과 과숙이다. 모두 상대방을 잃어버리거나 헤어지거나, 죽음에 이르게 하거나 상대가 바람을 피우는 것과 같이 고독을 의미하는 흉성(凶星)이다.

생년연지 구분	子	丑	寅	卯	辰	巳	午	未	申	酉	戌	亥
고진	寅	寅	巳	巳	巳	申	申	申	亥	亥	亥	寅
과숙	戌	戌	丑	丑	丑	辰	辰	辰	未	未	未	戌

흔히 사주에 이 살이 있으면 육친(六親)의 덕이 없다고 하지만 사실은 홀아비살, 과부살이라고 하는 것으로 보아 결혼운에도 좋지 않을 것임은 미루어 짐작이 가능하다. 즉 사주에 이 살이 있으면 빈 방을 홀로 지키는 것이니 어찌 행복을 보장할 수 있으랴! 결혼을 위한 택일에서는 여자의

생년을 따져 년지를 기준으로 판단한다.

사주와의 연관성

사주를 무시하고 궁합을 보는 것은 있을 수 없는 일이다. 사주를 본다고 하여도 당사주로 보는 것은 좋지 않다. 지금의 명리는 자평명리를 사용하여 일주를 그 근간으로 하는데 당사주는 년주를 근간으로 하여 적중률도 떨어질 뿐 아니라 신뢰성도 의문이 있기 때문이다. 현혹이라는 말이 어울리지 않을 수 있지만 당사주를 이용한 사주 감명은 주변에 교수를 두고도 겨우 유치원생에게 물어보는 것과 같음을 알아야 한다. 올바른 사주 풀이를 할 수 있다면 그것만으로 궁합의 좋고 나쁨을 가릴 수 있다.

상대방의 사주가 좋으면 궁합이 다소간 나빠도 무난한 인연이다

상대방의 사주가 좋고 궁합도 좋으면 천생배필의 좋은 인연이다

상대방의 사주가 나쁘면 궁합이 좋더라도 약간의 불만이 있는 궁합이다

상대방의 사주도 나쁘고 궁합마저 나쁘면 대단히 좋지 못한 궁합이다

남녀의 교제기간이 길어서 2년-5년의 시간이 흘렀다면 궁합이 다소 나빠도 무난하다

중매로 만나거나 교제기간이 짧으면 궁합의 비중이 매우 높다

2. 결혼에 좋은 달과 나쁜 달

택일을 하려 하면 어느 해(年)는 안 좋다, 어느 달(月)은 안 좋다 라는 애기, 내지는 주장이 있다. 그에 해당하는 문헌적 자료로는 혼인흉년(結婚凶年), 가취월(嫁娶月), 방부주(妨夫主), 방여신(妨女身), 방옹고(妨翁姑), 방녀부모(妨女父母), 살부대기월(殺夫大忌月) 등이 있다. 하지만 택일

은 본래 해(年)보다는 달(月), 달(月)보다는 날(日)을 더 우선시 하며 해(年)와 달(月)에는 크게 비중을 두지 않는다. 명리학에서 대운(大運)보다 년운(年運)을 중요하게 다루는 것과 같은 이치다. 왜냐하면 어떤 해(年)가 좋지 않다고 해서 1년 12달 모두 안 좋은 것이 아니며 어떤 달(月)이 좋지 않다고 해서 1달 30일 내내 모두 안 좋은 것이 아니기 때문이다.

년운(年運)이 안 좋으면 좋은 달(月)을, 월운(月運)이 안 좋으면 좋은 날(日)을, 일운(日運 ,日辰)이 안 좋으면 좋은 시(時)를 택하는 지혜가 필요하다. 따라서 달을 택하는 것은 가장 기본적인 참고자료로 사용하는 것으로 족하다.

1) 가취월(嫁娶月)

합혼계폐법과 혼인흉년법, 고과살이 결혼을 하는 년에 관련되어 길흉을 판단하는 방법이라면 가취월(嫁娶月)은 혼인의 달에 해당된다. 즉 여자의 나이를 기준으로 결혼에 나쁜 달이 있다는 이론이다. 나쁜 달이 아니면 다른 달은 당연히 결혼운이 있는 달이다. 결혼을 함에 여자의 나이를 중요시 하는 것이다. 때로는 남자의 나이를 중요하게 여기는 경우도 있지만 가취월(嫁娶月)의 구별과 판단에는 오로지 여자의 나이를 파악하고 그 띠를 파악한다.

여자의 띠를 기준으로 결혼하기에 좋은 달을 고르는 방법으로 각가 대리월(大利月)은 대길하고, 방부주(防夫主), 방녀신(防女身), 방옹고(防翁姑), 방녀부모(防女父母)는 경우에 따라 가려야 하며, 방매씨(防媒氏)는 무난하여 가려 사용하는 달이다.

가취월							
여자 생년 구분	子午 年	丑未 年	寅申 年	卯酉 年	辰戌 年	巳亥 年	길흉
대리월	6.12	5.11	2.8	1.7	4.10	3.9	가장 좋음
방매씨	1.7	4.10	3.9	6.12	5.11	2.8	무난함
방옹고	2.8	3.9	4.10	5.11	6.12	1.7	시부모가 있음 흉
방녀 부모	3.9	2.8	5.11	4.10	1.7	6.12	친정부모 있음 흉
방부주	4.10	1.7	6.12	3.9	2.8	5.11	신랑에게 흉
방녀신	5.11	6.12	1.7	2.8	3.9	4.10	신부에게 흉

2) 살부대기월(殺夫大忌月)

살부대기월(殺夫大忌月)은 결혼하면 남편이 죽으니 피한다는 달이다. 그런데 이 이론의 근거는《천기대요》어느 곳에도 나오지 않는다. 그럼에도 매우 중요하다고 하여 이 기준에 맞추어 살부대기월에는 결혼을 꺼렸다. 흔히 반드시 남편을 사별(死別)한다고 하여 살부대기월은 결혼에서 택일에 제외하는 것으로 예전부터 참고하였다.

일부 적용범위에서는 여자의 생년을 기준으로 하고 있고 일부 적용에서는 남자의 생년을 적용하고 있어 정리가 필요하다. 적용에 따라 대단히 달라지기 때문이다. 분명한 것은 과거를 살펴보면 살부대기월은 여자에게 적용되었다는 것이다.

택일을 함에 있어 좋은 달을 가리는 방법으로서 가장 먼저 사용하는 것이 가취월(嫁娶月)법과 살부대기월(殺夫大忌月)법이 있으며 주로 이 두 가지 법이 적용되고 있다. 이 두 가지의 법은 전적으로 여자에게만 해당된다. 따라서 남자는 결혼에서 달을 보지 않는다는 뜻이지만 아직도 남자의 기준으로 달을 보는 경우도 있으니 정리가 필요하다.

가취월법은 분명 ≪천기대요≫에 그 기준을 두고 있음이 분명하다. 그러나 살부대기월법은 정확한 출처는 없으나 이 또한 가취월법 이상으로 많이 사용하는 택일법이다. ≪천기대요≫에 논의되지 않았다 하여 무시하거나 버릴 것은 아니다.

문제는 이 둘을 적용하기 위해 비교하다 보면 서로 틀리는 경우가 있기 때문이다. 예를 들어 나이에 따라 살펴 적용하다 보면 가취월법에서는 좋은 달에 속하는 경우이지만 살부대기월법으로 적용하면 흉한 달에 속하는 경우가 나타난다. 또는 이와 반대가 되는 현상이 나타나는 단점이 있다. 문제는 어느 법을 취하기 어렵다는 것이다. 지금으로서는 그 뿌리를 알 수 없지만 이유가 있어 이를 적용했을 것이니 참으로 어려운 일이다. 그러므로 어느 법이 맞다하고 시시비비를 가리는 것 보다는 현명한 판단과 적용이 요구된다. 즉 이처럼 두 가지 경우 중 어느 하나라도 해당되는 경우의 달에서는 피해 버리고, 두 가지 경우에도 해당되지 않는 다른 달을 택하는 것이 택일의 올바른 방법이다.

두 가지의 적용사례가 있다. 일부 지역과 적용을 따라하면 자년생(子年生) 여자는 1, 2월에 결혼을 피한다는 것이

살부대기월												
여자생년	子	丑	寅	卯	辰	巳	午	未	申	酉	戌	亥
살부대기월	1.2	4	7	12	4	5	8.12	6.7	6.7	8	12	7.8

다. 또 다른 적용과 사례는 쥐띠 남자가 1,2,월생 여자를 만나면 죽거나 이별하기 때문에 꺼린다는 것이다. 그러나 남자의 경우는 적용하지 않는다는 주장도 있다.

3) 가취멸문법(嫁娶滅門法)

가취멸문법은 월(月)로 풀어보는 궁합수로 이를 가취(嫁娶)라 하는데 여자를 들인다는 의미이다. 이는 가정의 화목을 해하고 양가 서로간의 흐름을 파악하는 것이다. 이러한 달로 결혼하면 대단히 나쁘다. 결혼한 후 3년 이내에 가문에 풍파가 생긴다는 궁합을 말한다.

1월생 여자와 9월생 남자
2월생 여자와 8월생 남자
3월생 여자와 5월생 남자
4월생 여자와 6월생 남자
5월생 여자와 1월생 남자
6월생 여자와 12월생 남자
7월생 여자와 3월생 남자
8월생 여자와 10월생 남자
9월생 여자와 4월생 남자
10월생 여자와 11월생 남자

보통 여자의 입장에서 예를 들면 여자 2월생과 남자 8월생은 가취에 해당되고 여자 5월생은 남자 1월생과 가취에 해당한다. 이러한 가취는 크게 보아 가정에 멸문을 가져와 가장파탄이라고 일컫는 지경에 이른다고 한다.

가취멸문법									
여	1월	2월	3월	4월	5월	6월	7월	8월	9월	10월
남	9월	8월	5월	6월	1월	12월	3월	10월	4월	11월

가취멸문법 현상		
여자	남자	현 상
1월	9월	남자가 여자 노릇을 한다.
2월	8월	다툼이 끊이지 않는다.
3월	5월	몸수가 좋지 못하다.
4월	6월	서로 몸을 돌린다.
5월	1월	밖에서 놀아난다.
6월	12월	서로 원망한다.
7월	3월	남편을 겁낸다.
8월	10월	서로 자기의 이익을 챙긴다.
9월	4	서로 미워한다.
10월	11월	남자를 의심한다.

4) 불혼법(不婚法, 不婚宮合)

드디어 궁합이다. 궁합을 따지는 법은 아주 다양하고 일반적으로는 명리학에 근거를 둔다. 그렇지만 월에도 그 근거가 있다. 결혼하기에 좋지 않은 궁합을 말한다. 특이한 것은 월을 기준으로 한다는 것이다. 이는 명리학에서 월지를 중요하게 적용하는 것과 다름이 없다.

1월생 남자와 6월생 여자

2월생 남자와 3월생 여자

3월생 남자와 9월생 여자

4월생 남자와 5월생 여자

5월생 남자와 8월생 여자

6월생 남자와 5,7월생 여자

7월생 남자와 11월생 여자

8월생 남자와 12월생 여자

9월생 남자와 10월생 여자

10월생 남자와 5,7월생여자

11월생 남자와 2월생 여자

12월생 남자와 5월생 여자

불혼법											
남	1월	2월	3월	4월	5월	6월	7월	8월	9월	10월	11월	12월
여	6월	3월	9월	5월	8월	5.7월	11월	12월	10월	5.7월	2월	5월

3. 결혼에 좋은 날과 나쁜 날

흔히 손 없는 날이라고 불리는 날이 있다. 손이란 무엇인가? 손님이다. 일을 그르치는 참견자다. 감독자다. 감시자다. 손이 있다는 것은 함부로 할 수 없다는 말이다. 따라서 손 없는 날은 감시자가 없으니 마음대로 해도 된다는 말이 된다.

손 없는 날이라는 개념은 최근 언제부터인가 이사 택일법에 흔히 쓰이는데 일반적으로 음력으로 9,0으로 끝나는 날짜라고 한다. 달력에 보면 이사날 이라고 표시가 되어 있기도 하다. 그런데 이 날짜 개념이 정확한지는 생각해 볼 필요가 있다. 흔히 달력에 표시된 날짜 9.0이 모두 손 없는 날이며 이사 택일법 중에서도 가장 간단한 방법으로 알고 있는 경우가 많다. 막연하게 "좋은 날" 라는 것만 강조되어, 손 없는 날을 결혼 길일로 잘못 아는 경우도 많다. 심지어 주말과 겹치는 손 없는 날은 식장 예약부터 시작하여 결혼과 관련된 모든 품목의 예약이 쉽지 않다. 다른 날에 비해 예식장도 혼잡하고, 예식장 역시 이 날은 예약이 많을 것으로 보고 더욱 비싼 값을 부른다. 더구나 어느 경우는 음력인지 양력인지 구분조차 하지 않고 마구잡이로 적용을 하기도 한다. 기가 찰 일이다. 그러나 손 없는 날이라고 무조건 좋은 날은 아니다.

손이 없다는 말이 반드시 복이 있다는 말이 아니다. 손 없는 날이 어이없게도 복단일과 같은 날에 맞아 떨어지면 매우 흉한 날이 된다. 예부터 '손 없는 날'이란 악귀(惡鬼)가 없는 날이란 뜻으로, 귀신이나 악귀가 돌아다니지 않는 날을 의미한다. 그러나 이사, 혼인하기 좋은 날은 따로 있는 것이며 무턱대고 손 없는 날이라고 좋은 날이 되는 것이 아니다. 비록, 손 없는 날들이라 할지라도 혼인에 좋지 못한 흉일(凶日)이거나 흉(凶)한 일진들로 구성되어 있다면 가급적이면 피해야 하는 날들이다.

1) 가취길일(嫁娶吉日)

결혼이란 인륜지대사(人倫之大事)이다. 이에 혼인시에는 해당하는 년과 월을 찾고 난 다음에는 날을 찾기 마련이다. 이 중에 날이 가장 중요하다. 택일은 본래 해(年)보다는 달(月), 달(月)보다는 날(日)을 더 우선시 하며, 극단적으로는 해(年)와 달(月)에는 크게 비중을 두지 않는다. 왜냐하면 어떤 해(年)가 좋지 않다고 해서 1년 12달 모두 안 좋은 것이 아니며 어떤 달(月)이 좋지 않다고 해서 1달 30일 내내 모두 좋지 않은 것은 것이 아니기 때문이다. 년운(年運)이 좋지 않으면 좋은 달(月)을, 월운(月運)이 좋지 않으면 좋은 날(日)을, 일운(日運 or 日辰) 이 좋지 않으면 좋은 시(時)를 택하시면 된다. 이때 가장 좋은 날을 고르게 되는데 결혼하기 좋은 날을 가취길일(嫁娶吉日)이라 부른다.

(1) 생기(生氣), 복덕(福德), 천의일(天宜日)

앞의 생기법에서 이미 다루었던 바, 생기법의 생기, 복덕, 천의일은 대길일에 해당하므로 이 날은 혼인의 날짜로 사용할 수 있다. 신랑과 신부의 나이를 따져 생기, 복덕, 천의가 있는지 살피고 공통되는 날을 선택하여 택일한다.

(2) 황도일(黃道日)

황도는 모든 흉신을 제화하는 대길신이다. 다른 방법이 없다면 황도일을 골라 사용한다. 황흑도길흉영정국(黃黑道吉凶永定局)은 월(月)에서 길한 날짜를 택일(擇日)하고, 일(日)에서 길한 시간(時間)을 보는 법이다. 모든 행사에 길한 날짜로 시간을 잡으려면 흑도일시(黑道日時)를 피하고 황도일시(黃道日時)만을 쓰는 것이 좋다. 황도일 중에 생기복덕일의 생기, 복덕, 천의일과 겹치는 날을 찾아 사용하면 더욱 좋다. 항도일은 결혼과 약혼뿐 아니라 모든 택일에 사용한다.

(3) 오합일(五合日)

오합일은 일진에 갑(甲), 인(寅), 을(乙), 묘(卯)가 들어있는 날로 이날 결혼하면 오복을 누린다고 한다. 오합(五合)이란 해와 달이 합하는 날(日月合), 음양이 합하는 날(陰陽合), 백성이 합하는 날(人民合), 쇠와 돌이 합하는 날(金石合), 강과 하천이 합하는 날(江河合)이 각기 따로 있다. 따라서 60갑자일 중에서 인일(寅日)과 묘일(卯日)이 들어가는 날은 모두 오합일(五合日)에 해당된다.

오합일	
일월합(日月合)	갑인일(甲寅日), 을묘일(乙卯日)
음양합(陰陽合)	병인일(丙寅日), 정묘일(丁卯日)
인민합(人民合)	무인일(戊寅日), 기묘일(己卯日)
금석합(金石合)	경인일(庚寅日), 신묘일(辛卯日)
강하합(江河合)	임인일(壬寅日), 계묘일(癸卯日)

⑷ 생갑순(生甲旬)

결혼을 하면 살림집을 내야 한다. 이때는 삼갑순의 생갑순을 사용한다. 생갑(生甲), 사갑(死甲), 병갑(病甲)을 삼갑순이라고 한다. 삼갑순은 건축, 이사, 입택, 매장, 결혼 등의 기준으로 삼는다. 결혼택일이나 이사택일에는 생갑순이 가장 길하고, 병갑순은 불리하며, 사갑순은 질병이나 사망 등의 액이 있어 쓰지 않는다.

일반적인 양택 행사에는 생갑순이 가장 길하고 병갑순은 불리하고 사갑순은 사망이나 질병의 액이 있어 쓰지 않는다. 반대로 음택에서는 사갑순이 가장 길하고 병갑순은 보통이며 생갑순은 쓰지 않는다.

생갑순			
년 / 구분	삼갑	갑 순	순중일
子午卯酉	生甲	甲子旬	甲子.乙丑.丙寅.丁卯.戊辰.己巳.庚午.辛未.壬申.癸酉
		甲午旬	甲午.乙未.丙申.丁酉.戊戌.己亥.庚子.辛丑.壬寅.癸卯
	死甲	甲戌旬	甲戌.乙亥.丙子.丁丑.戊寅.己卯.庚辰.辛巳.壬午.癸未
		甲辰旬	甲辰.乙巳.丙午.丁未.戊申.己酉.庚戌.辛亥.壬子.癸丑
	病甲	甲申旬	甲申.乙酉.丙戌.丁亥.戊子.己丑.庚寅.辛卯.壬辰.癸巳
		甲寅旬	甲寅.乙卯.丙辰.丁巳.戊午.己未.庚申.辛酉.壬戌.癸亥
辰戌丑未	生甲	甲戌旬	甲戌.乙亥.丙子.丁丑.戊寅.己卯.庚辰.辛巳.壬午.癸未
		甲辰旬	甲辰.乙巳.丙午.丁未.戊申.己酉.庚戌.辛亥.壬子.癸丑

	死甲	甲申旬	甲申.乙酉.丙戌.丁亥.戊子.己丑.庚寅.辛卯.壬辰.癸巳
		甲寅旬	甲寅.乙卯.丙辰.丁巳.戊午.己未.庚申.辛酉.壬戌.癸亥
	病甲	甲子旬	甲子.乙丑.丙寅.丁卯.戊辰.己巳.庚午.辛未.寅申.癸酉
		甲午旬	甲午.乙未.丙申.丁酉.戊戌.己亥.庚子.辛丑.壬寅.癸卯
寅申巳亥	生甲	甲申旬	甲申.乙酉.丙戌.丁亥.戊子.己丑.庚寅.辛卯.壬辰.癸巳
		甲寅旬	甲寅.乙卯.丙辰.丁巳.戊午.己未.庚申.辛酉.壬戌.癸亥
	死甲	甲子旬	甲子.乙丑.丙寅.丁卯.戊辰.己巳.庚午.辛未.寅申.癸酉
		甲午旬	甲午.乙未.丙申.丁酉.戊戌.己亥.庚子.辛丑.壬寅.癸卯
	病甲	甲戌旬	甲戌.乙亥.丙子.丁丑.戊寅.己卯.庚辰.辛巳.壬午.癸未
		甲辰旬	甲辰.乙巳.丙午.丁未.戊申.己酉.庚戌.辛亥.壬子.癸丑

(5) 음양부장길일(陰陽不將吉日)

동양의 학문에서 음양설과 오행설은 뗄 수 없는 관계이다. 모든 동양학은 음양오행을 벗어나서는 논할 수 없다.

택일하는 방법이나 길일에도 음양의 상관관계는 반드시 필요하다.

음양부장길일(陰陽不將吉日)은 오래도록 우리의 명리학에서 사용했던 혼인일이다. 이는 주역(周易)과 구궁궁합법(九宮宮合法)에서 만들어 놓은 법이다. 음양부장길일이 황도일과 천덕, 월덕을 겸하면 더욱 좋다.

음양부장길일	
출생월	음양부장길일
1월생	丙寅, 丁卯, 戊寅, 庚寅, 辛卯
2월생	乙丑, 丙寅, 丙子, 丁丑, 戊寅, 戊子, 己丑, 庚寅, 庚子
3월생	甲子, 丙子, 乙丑, 丙戌, 丁酉, 己酉
4월생	甲子, 甲戌, 丙子, 丙戌, 戊子, 戊戌
5월생	癸酉, 甲戌, 癸未, 甲申, 乙酉, 丙戌, 乙未, 丙申, 戊戌, 戊申
6월생	壬申, 壬午, 癸未, 甲申
7월생	壬申, 甲申, 癸巳, 乙巳
8월생	壬申, 壬午, 甲申, 癸巳, 甲午
9월생	庚午, 辛巳, 壬午, 辛卯, 癸巳, 癸卯
10월생	庚午, 庚辰, 壬午, 辛卯, 壬辰, 癸卯
11월생	己巳, 丁丑, 庚辰, 辛巳, 庚寅, 己丑, 壬辰, 辛丑, 壬寅, 丁巳
12월생	丙寅, 丁卯, 戊辰, 丙子, 戊寅, 己卯, 庚辰, 戊子, 己丑, 庚寅, 辛卯, 庚子, 辛丑, 丙辰, 丁巳, 己巳, 辛巳

⑹ 십전대길일(十全大吉日)

음양부장길일을 선택하기 어려울 때는 십전대길일을 선택한다. 십전대길일은 어떤 일을 하더라도 좋은 날이다. 십전은 모두 채워졌다는 의미도 있지만 완벽하다는 의미를 가진다는 것으로 가장 좋은 날이라는 것을 의미한다.

십전대길일 외에 추가적으로 선택할 수 있는 길일이 있으나 이름이 따로 지어져 있지 않으므로 이곳에서는 차길일(次吉日)이라 정한다.

십전대길일	
십전대길	乙丑, 丁卯, 丙子, 丁丑, 辛卯, 癸卯, 乙巳, 壬子, 癸丑, 己丑
차길일	癸巳, 壬午, 乙未, 丙辰, 辛酉, 庚寅

(7) 사대길일(四大吉日)

사대길일은 혼인을 위한 택일에서 가장 중시하는 길일중 하나이다. 음양과 길흉이 겹쳐 다른 날을 선택하기 어려울 때는 생기법에 어긋나지 않는 경우에 한해 사대길일만으로 적용하기도 한다.

가장 좋은 것은 각종 길일을 찾아 많이 겹치는 것이 좋지만 사대길일도 우선하는 택일법이다. 천은, 대명, 천사, 모창일을 사대길일이라 한다. 이 다섯 가지에 해당하는 길일은 모든 일에 적용하며 대길하다.

① 천은상길일(天恩上吉日) : 모든 재앙과 죄가 소멸되는 날이다.

매사에 복이 넘쳐난다는 길일인데 이사, 결혼, 건축, 가옥, 각종 가옥이나 기구 수리 등에 길하다.

천은상길일	
천은상길일	甲子, 乙丑, 丙寅, 丁卯, 戊辰, 己卯, 庚辰, 辛巳, 壬午, 癸未, 己酉, 庚戌, 辛亥, 壬子, 癸丑

② 대명상길일 : 매사가 대통하는 날이다

대명상길일	
대명상길일	辛未, 壬申, 癸酉, 丁丑, 己卯, 壬午, 甲申, 丁亥, 壬辰, 乙未, 壬人, 甲辰, 乙巳, 丙午, 己酉, 庚戌, 辛亥

③ 천사상길일 : 재앙과 죄가 소멸되는 날이다.

하늘이 모든 잘못을 사면해주는 날이라서 무슨 일이든 치러도 좋은 날이다.

천사상길일	
계절	천사상길일
봄(1.2.3월)	戊寅日
여름(4.5.6월)	甲午日
가을(7.8.9월)	戊申日
겨울(10.11.12월)	甲子日

④ 모창상길일 : 신축이나 이사 등에 좋은 날이다.

결혼식, 건축, 가옥, 수리, 개업 등에 길한 날이므로 택일하면 좋다.

모창상길일	
계절	모창상길일
봄(1.2.3월)	亥 子日
여름(4.5.6월)	寅 卯日
가을(7.8.9월)	辰 戌 丑 未日
겨울(10.11.12월)	申 酉日
토왕용사(土旺用事) 후 巳 午日	

(8) 사계길일(四季吉日)

계절의 기운을 다루는 택일이다. 각각의 계절에는 나날이

간지가 배정되니 길한 날이 있다.

사계길일	
봄, 가을	丙子, 丁丑, 壬午, 壬子, 癸丑
여름, 가을, 겨울	癸巳, 癸卯, 乙巳
봄, 여름, 가을	乙丑, 己丑, 乙未
가을, 겨울	辛卯, 乙巳
여름, 겨울	丁卯, 乙卯

(9) 천월덕합일(天月德合日)

천덕합일과 월덕합일은 월가길신이라 부르는데 혼인하기 좋은 날이다.

천월덕합일(월가길신)												
월 월가길신	1	2	3	4	5	6	7	8	9	10	11	12
천덕	丁	申	壬	辛	亥	甲	癸	寅	丙	乙	巳	庚
월덕	丙	甲	壬	庚	丙	甲	壬	庚	丙	甲	壬	庚
천덕합	壬	巳	丁	丙	寅	己	戊	亥	辛	庚	申	乙
월덕합	辛	己	丁	乙	辛	己	丁	乙	申	己	丁	乙
월공	壬	庚	丙	甲	壬	庚	丙	甲	壬	庚	丙	甲
월은	丙	丁	庚	甲	戊	辛	壬	癸	庚	乙	甲	辛
월재	九	三	四	二	七	六	九	三	四	二	七	六
생기	戊	亥	子	丑	寅	卯	辰	巳	午	未	申	酉
천의	丑	寅	卯	辰	巳	午	未	申	酉	戌	亥	子
왕일	寅	寅	寅	巳	巳	巳	申	申	申	亥	亥	亥
상일	巳	巳	巳	申	申	申	亥	亥	亥	寅	寅	寅
해신	申	申	戌	戌	子	子	寅	寅	辰	辰	午	午
오부	亥	寅	巳	申	亥	寅	巳	申	亥	寅	巳	申
옥제사일	丁巳	甲子	乙丑	丙寅	辛卯	壬辰	丁亥	甲午	乙未	丙申	辛酉	壬戌

황은대사	戌	丑	寅	巳	酉	卯	子	午	亥	辰	辛	未
천사신	戌	丑	辰	未	戌	丑	辰	未	戌	丑	辰	未
요안일	寅	申	卯	酉	辰	戌	巳	亥	午	子	未	丑
만통사길	午	亥	申	丑	戌	卯	子	巳	寅	未	辰	酉
회가재성	午	子	寅	戌	子	寅	辰	子	寅	子	寅	辰

2) 혼인총기일(婚姻總忌日)

결혼하기에 좋지 않은 날을 혼인총기일(婚姻總忌日)이라 하여 피한다. 혼인하기에 금기되는 날을 모두 모았다는 의미이다. 혼인총기일은 아주 다양하다. 다음에 해당하는 일자에 결혼을 하면 부부지간에 생사이별(生死離別)이 있고 또는 무자(無子)하거나 병고(病苦)하는 자가 많다.

입춘(入春), 춘분(春分), 십악(十惡), 피마(披麻), 복단(伏斷), 동지(冬至), 단오(端午), 4월 8일, 초사일, 초삼일, 십이일, 26일, 천공일(天空日), 24일, 지공일(地空日), 월염(月厭), 월대(月對), 남녀본명일(男女本命日=甲子生이면 甲子日).

(1) 남녀본명일(男女本命日)

남녀본명일(男女本命日)은 어느 상황에서도 택일하지 않는 것이 택일법이다. 좋지 않은 날이다. 택일하는 당사자의 생년과 간지가 같은 날이다. 따라서 갑자생(甲子生)은 갑자일(甲子日), 을축생(乙丑生)은 을축일(乙丑日), 병인생(丙寅生)은 병인일(丙寅日)이다. 본명궁은 60갑자를 바탕으로 이루므로 남녀본명일은 모두 60개가 된다. 본명일에는 혼인하지 않는다.

(2) 충일(衝日)

충일은 각각 충일(衝日), 충일(沖日), 충일(沖日)이라고 병기하는데 이는 각기 기가 충돌하여 파괴되는 날, 텅텅 빈 날, 서로 찌르는 날이라는 의미를 지닌다. 충일은 택일하는 사람의 생년 간지를 중심으로 파악한다. 충일은 생년의 지지와 여러 가지 행사에 해당하는 날의 지지는 같으나 천간이 충하는 날이다. 이를 천건충이라 한다. 또는 천간은 같으나 지지끼리 충하는 날이다. 이 충은 지지충이라 부른다.

이 충은 모든 충이 아니고 정충(正衝)이다. 또는 모든 천간 지지가 정충이 되는 날이다. 따라서 이 날짜를 택일에서 사용하려면 천간 지지의 충을 모두 알아야 한다. 충은 찌른다는 뜻이니 좋지 않은 날이다. 60갑자의 개념에서 접근한다.

충일									
생년	충일	생년	충일	생년	충일	생년	충일	생년	충일
甲子	庚子 甲午 庚午	丙子	壬子 丙午 壬午	戊子	戊午	庚子	甲子 庚午 甲午	壬子	丙子 壬午 丙午
乙丑	辛丑 乙未 辛未	丁丑	癸丑 丁未 癸未	己丑	己未	辛丑	乙丑 辛未 乙未	癸丑	丁丑 癸未 丁未
丙寅	壬寅 丙申 壬申	戊寅	戊申	庚寅	甲寅 庚申 甲申	壬寅	丙寅 壬申 丙申	甲寅	庚寅 甲申 庚申
丁卯	癸卯 丁酉 癸酉	己卯	己酉	辛卯	乙卯 辛酉 乙酉	癸卯	丁卯 癸酉 丁酉	乙卯	辛卯 乙酉 辛酉
戊辰	戊戌	庚辰	甲辰 庚戌 甲戌	壬辰	丙辰 壬戌 丙戌	甲辰	庚辰 甲戌 庚戌	丙辰	壬辰 丙戌 壬戌
己巳	己亥	辛巳	乙巳 辛亥 乙亥	癸巳	丁巳 癸亥 丁亥	乙巳	辛巳 乙亥 辛亥	丁巳	癸巳 丁亥 癸亥

庚午	甲午 庚子 甲子	壬午	丙午 壬子 丙子	甲午	庚午 甲子 庚子	丙午	壬午 丙子 壬子	戊午	戊子
辛未	乙未 辛丑 乙丑	癸未	丁未 癸丑 丁丑	乙未	辛未 乙丑 辛丑	丁未	癸未 丁丑 癸丑	己未	己丑
壬申	丙申 壬寅 丙寅	甲申	庚申 甲寅 庚寅	丙申	壬申 丙寅 壬寅	戊申	戊寅	庚申	甲申 庚寅 甲寅
癸酉	丁酉 癸卯 丁卯	乙酉	辛酉 乙卯 辛卯	丁酉	癸酉 丁卯 癸卯	己亥	己卯	辛酉	乙酉 辛卯 乙卯
申戌	庚戌 甲辰 庚辰	丙戌	壬戌 丙辰 壬辰	戊戌	戊辰	庚戌	甲戌 庚辰 甲辰	壬戌	丙戌 壬辰 丙辰
乙亥	辛亥 乙巳 辛巳	丁亥	癸亥 丁巳 癸巳	己亥	己巳	辛亥	乙亥 辛巳 乙巳	癸亥	丁亥 癸巳 丁巳

(3) 화해절명일(禍害絶命日)

화해(禍害), 절명일(絶命日)은 생기복덕일을 찾아내는 생기법에서 대흉(大凶)에 해당하는 날이니 택일하여 쓸 수 없다.

(4) 해일(亥日)

천간과 지지를 합쳐 60개의 간지를 만드니 이를 60갑자라 부른다. 즉 간지는 촉 60개인데 이중에서 일지가 해(亥)인 날을 해일이라 부른다. 즉 60갑자에서 을해(乙亥), 정해(丁亥), 기해(己亥), 신해(辛亥), 계해(癸亥)의 5일이 해당된다.

해일	
해(亥)일	乙亥, 丁亥, 己亥, 辛亥, 癸亥

⑸ 월기일(月忌日)

월기일은 음력으로 매달 5일, 14일, 23일을 말한다. ≪천지문(天地門)≫의 [월기(月忌)] 중에서 월기일에 대해 알 수 있다. 점술가(占術家)의 말에, "매달 기(忌)하는 날이 있으니 초 5일, 14일, 23일이 월기(月忌)가 되어서 이날 나들이를 하면 좋지 않다."고 한다. 혼례도 좋지 않다. 대개 낙서(洛書)의 구궁법(九宮法)에, "일천록(一天祿)에서 시작하여 오귀(五鬼)에 이르면 중궁(中宮)에 들어가게 되니, 이것은 초 5일이 되는 것이요, 여기서부터 다시 구궁을 돌려서 14에 이르면 또 중궁에 들어가게 된다. 23도 이런 법으로 돌리게 되므로 나들이하는 데 가장 꺼린다."는 것이다. 그렇다고 하면 외방에 나가서 머무르는 사람은 이 날이 되면 집에 돌아오는 데는 길일(吉日)이 될 것이다. 역시 밖에서 죽은 자가 있을 때는 시신이 집에 들어오는 날로 사용할 수 있다.

⑹ 월가흉신(月家凶神)

매달 특정한 날을 나쁘게 보는 것이다. 매달 흉한 기운이 미친다는 날이다. 이때도 달의 기준은 음력이나 양력이 아니라 절기(節氣)로 한다. 일절을 그 달의 시작으로 본다.

월가흉신(月家凶神)의 종류는 너무도 많은데 각각의 날이 다른 상황이나 일에 대하여 흉하게 적용되므로 사용이나 택일에 신중하게 적용하여야 한다. 월가흉신법은 달로써 보는데 그 달에 그 일진을 만나면 모든 일을 하는 데에 불길하니 가급적 이 날을 피하여 택하는 것이 좋다.

월 월가 흉신	1	2	3	4	5	6	7	8	9	10	11	12
천라	巳	子	未	寅	酉	辰	亥	午	丑	申	卯	戌
하괴	亥	午	丑	申	卯	戌	巳	子	未	寅	酉	辰
지파	亥	子	丑	寅	辰	卯	巳	午	未	申	酉	戌
나망	子	申	巳	辰	戌	亥	丑	申	未	子	巳	申
멸몰	丑	子	亥	戌	酉	申	未	午	巳	辰	卯	寅
천구	子	丑	寅	卯	辰	巳	午	未	申	酉	戌	亥
왕망	寅	巳	申	亥	卯	午	酉	子	辰	未	戌	丑
천적	辰	酉	寅	未	子	巳	戌	卯	申	丑	午	亥
피마	子	酉	午	卯	子	酉	午	卯	子	酉	午	卯
홍사살	酉	巳	丑	酉	巳	丑	酉	巳	丑	酉	巳	丑
온황살	未	戌	辰	寅	午	子	酉	申	巳	亥	丑	卯
토온	辰	酉	巳	午	未	申	戌	亥	子	丑	寅	卯
토기	寅	巳	申	亥	卯	午	酉	子	辰	未	戌	丑
토금	亥	亥	亥	寅	寅	寅	巳	巳	巳	申	申	申
천격	寅	子	戌	申	午	辰	寅	子	戌	申	午	辰
지격	辰	寅	子	戌	申	午	辰	寅	子	戌	申	午
산격	未	巳	卯	丑	亥	酉	未	巳	卯	丑	亥	酉
수격	戌	申	午	辰	寅	子	戌	申	午	辰	寅	子
음차	庚戌	辛酉	庚申	丁未	丙午	丁巳	甲辰	乙卯	甲寅	癸丑	壬子	癸亥
양착	甲寅	乙卯	甲辰	丁巳	丙午	丁未	庚申	辛酉	庚戌	癸亥	壬子	癸丑
유화	巳	寅	亥	申	巳	寅	亥	申	巳	寅	亥	申
천화	子	卯	午	酉	子	卯	午	酉	子	卯	午	酉
빙소 와해	巳	子	丑	申	卯	戌	亥	午	未	寅	酉	辰
수사	戌	辰	亥	巳	子	午	丑	未	寅	申	卯	酉
귀기	丑	寅	子	丑	寅	子	丑	寅	子	丑	寅	子
비염살	戌	巳	午	未	寅	卯	辰	亥	子	丑	申	酉
혈기	丑	未	寅	申	卯	酉	辰	戌	巳	亥	午	子
혈지	丑	寅	卯	辰	巳	午	未	申	酉	戌	亥	子
독화	巳	辰	卯	寅	丑	子	亥	戌	酉	申	未	午

지낭일	庚子庚午	癸丑癸未	甲子甲寅	己卯己丑	戊辰戊午	癸未癸巳	丙寅丙申	丁卯丁巳	戊辰戊子	庚子庚戌	辛酉辛未	乙未乙酉

(7) 십악대패일(十惡大敗日)

모든 흉한 날을 십악대패일이라 한다. 어떤 일을 하더라도 망가지고 얻을 것이 없다는 흉한 날이니 조심하지 않을 수 없다. 간혹 좋은 날과 나쁜 날이 겹치는 경우가 있기는 하지만 다른 좋은 일과 겹쳐도 이 날은 사용해서는 안된다.

십악대패일									
天干	甲	乙	丙	丁	戊	己	庚	辛	壬	癸
乾祿	寅	卯	巳	午	巳	午	申	酉	亥	子
甲子旬	甲子	乙丑	丙寅	丁卯	戊辰	己巳	庚午	辛未	壬辰	癸酉
甲戌旬	甲戌	乙亥	丙子	丁丑	戊寅	己卯	庚辰	辛巳	壬午	癸未
甲申旬	甲申	乙酉	丙戌	丁亥	戊子	己丑	庚寅	辛卯	壬辰	癸巳
甲午旬	甲午	乙未	丙申	丁酉	戊戌	己亥	庚子	辛丑	壬寅	癸卯
甲辰旬	甲辰	乙巳	丙午	丁未	戊申	己酉	庚戌	辛亥	壬子	癸丑
甲寅旬	甲寅	乙卯	丙辰	丁巳	戊午	己未	庚申	辛酉	壬戌	癸亥
十惡大敗日	甲辰	乙巳	丙申	丁亥	戊戌	己丑	庚辰	辛巳	壬申	癸亥

특별히 나쁜 날이므로 큰일을 삼간다. 십대패악일은 1년 중 특별히 나쁜 날로 행동을 조심해야 한다. 달리 십악일이라고도 한다. 십악대패일(十惡大敗日)이라 하는 것은 그 해의 그 달에 따라 그 날의 일진을 상대로 하여 보게 되는데 그해

그달 그날에 무슨 일든 하면 크게 실패한다는 것이다. 건록이 공망되는 날을 십악대패일이라 하는데 갑진, 을사, 병신, 정해, 무술, 기축, 경진, 신사, 임신, 계해의 10개가 된다.

(8) 복단일(伏斷日)

복단일은 엎어지고 끊어진다는 뜻으로 안 좋은 작용을 하는 날이다. 백사불리(百事不利)한 날이란 뜻으로 모든 일이 이롭지 못하다. 이 날은 평소에 안 하던 일을 하지 말라. 매장(埋葬), 혼인(婚姻), 공사착공(工事着工), 흙 다루는 일, 입택(入宅), 이사하는 날, 윗사람 만나는 일, 여행(旅行), 입시원서(入試願書), 입사원서(入社願書) 내는 날 등은 이날을 피한다. 그러나 화장실 수리, 구멍을 막고, 둑을 만드는 일, 젖먹이 젖 떼는 일, 인연을 끊는 일 등은 복단일에 하는 것이 좋다. 현대적 의미에서 복단일은 요일에도 적용이 가능하다.

복단일											
일	子	丑	寅	卯	辰	巳	午	未	申	酉	戌	亥
이십팔수	허(虛)	두(斗)	실(室)	여(女)	기(箕)	방(房)	각(角)	장(張)	귀(鬼)	자(觜)	위(胃)	벽(壁)
요일	일	목	화	토	수	일	목	월	금	일	토	수

(9) 사월팔일(四月八日)

사월 초파일, 부처의 탄신일을 가리킨다. 부처님 오신날,

석가탄신일(釋迦誕辰日), 석탄일(釋誕日) 등으로 불리는 날이다. 부처님오신날이라는 용어는 1960년대 대한불교 조계종(曹溪宗)이 지나치게 민속화 된 불탄일(佛誕日)에 대한 불교적 의미를 복원하고 한자어로 되어 있는 불탄일(佛誕日) 또는 석탄일(釋誕日)을 쉽게 풀이하여 사용하자는 취지로 만들었다. 불탄일 봉축위원회에서 여러 의견을 수렴한 결과 석가모니가 탄생하신 것은 곧 부처님이 이 세상에 오신 것이란 뜻을 지니며 부처님의 뜻이 강조되고, 자비광명이 도래한 날이란 함축적인 의미를 담게 되었다. 이에 봉축위원회의 의결을 거쳐 시행하게 되니 한국불교의 모든 종단이 이 용어를 사용하게 되어 오늘날은 석가탄일인 음력 4월 8일을 '부처님 오신 날'로 통칭하게 되었다.

(10) 동지(冬至)와 하지(夏至), 단오(端午)

동지(冬至)는 24절기 가운데 하나로, 대설(大雪)과 소한(小寒) 사이이다. 음력 11월 중기(中氣)이고 양력 12월 22일경이 절기의 시작일이다. 북반구에서 태양의 남중고도가 가장 낮아서 밤이 가장 긴 날이며, 같은 시간에 남반구에서는 이와 반대인 하지(夏至)가 된다. 동지를 기점으로 낮의 길이가 길어지므로 종교적으로 혹은 풍속적으로 축제로 삼았다. 하지(夏至)는 24절기 중 망종(芒種)과 소서(小暑) 사이에 있는 절기로 이 때 일 년 중 태양이 가장 높이 뜨고 낮의 길이가 가장 길다.

동지와 하지는 계절이 바뀌는 절기이고 단오는 음력 5월

5일로 단오의 단(端)은 첫 번째를 의미하고, 오(午)는 오 (五), 곧 다섯과 뜻이 통하므로 단오는 초닷새를 말한다. 원래 음양철학에서는 기수(奇數)를 양(陽)으로 치고 우수(偶數)를 음(陰)으로 치는데, 기수가 겹쳐 생기(生氣)가 배가 (倍加)되는 3월 3일이나 5월 5일, 7월 7일, 9월 9일을 중요하게 생각하였다. 그 중에서도 단오는 일 년 중 양기(陽氣)가 가장 왕성한 날이다.

(11) 혼인주당(婚姻周堂)

주당은 사람이 사망(死亡)하여 장사지낼 때 생기는 안장주당(安葬周堂)과 상문주당(喪門周堂)이 있고 결혼할 때 생기는 혼인주당(婚姻周堂)이 있다. 결혼식을 마치고 맨 처음 시집 댁으로 들어갈 때 생기는 신행주당(新行周堂)이 있는가 하면 새로운 주택을 건립하여 이사를 하거나 그냥 다른 집으로 이사를 할 때 생기는 이사주당(移徙周堂)이 있다.

이러한 주당살(周堂殺)이 생기는 이유는 죽은 혼신(魂神)들은 배가 고프고 원한도 많고 괴로운데 살아있는 인간들은 좋은 집과 좋은 음식, 또 젊은 부부는 결혼식을 올려서 행복하게 살려고 함으로 괴로운 귀신들이 복수를 하기위해 이때를 놓치지 않고 침투를 하기 때문에 발생하게 된다. 나쁜 귀신들의 살성(殺性)으로 인하여 주당을 맞으면 직접 침투하기 때문에 질병이 생기거나 환자가 발생하는 경우가 많은데 심하면 사망을 하는 수가 있으니 잘 풀어 주어야 하고 특히 상문주당은 궂은 주당이니 조심해야한다.

혼인주당에 해당하는 사람이 결혼식에 참여하면 좋지 않은 영향을 받는다. 타인의 결혼식을 망치는 셈이다. 주당은 혼인 때에 꺼리는 귀신이란 의미이다. 달리 잔치주당이라고도 한다. 즉 가마타고 시집 장가가던 시절 가마를 따라 들어온다는 살(煞)을 의미한다. 조선시대 여성들에게 있어 가장 중요했던 것 중의 하나는 자식을 낳아 대를 잇는 것이었다. 유교사회였던 조선시대는 우리 역사에서 어떤 시대보다 가계를 잇는 종통(宗統)의 의미가 부각되었던 시기였다. 따라서 혼인은 대를 잇기 위한 예비의식이었으므로 매우 중요한 의미를 가졌다.

주당은 혼인 때 꺼리는 귀신으로 초상집 등 부정한 곳에 가서 음식을 먹고 온 후 이유 없이 몸이 아프면 대개 주당이 들었다고 한다. 따라서 혼인 날짜를 잡으면 다른 행사에는 참가하지 않는 것을 몸가짐의 중요한 일로 보았다. 아울러 부정한 일을 한 사람은 타인의 혼례에 참가하지 않는 것이 좋다. 즉 상을 본 사람이 타인의 결혼식에 가지 않는 것은 주당살을 막기 위해 반드시 해야 하는 일이다.

보는 법은 음력이 대월(30일)일 때에는 夫(土中央)에서 初1일을 기준하여 순행으로 姑2, 堂3, 翁4, 弟5, 竈6, 婦7, 廚8일 다시 夫에 9일 순으로 짚어 나가서 혼인 날짜를 짚어내고 소월(29일)에는 좌중앙(婦)에서 初1일이 시작되어 역행으로 竈2, 弟3, 翁4, 堂5, 姑6, 夫7, 廚8일로 이어 다시 婦9일 순으로 짚어서 혼인 날짜를 짚는다. 남자기준으로 짚어서 夫, 婦에 닿는 날은 혼인해서는 안 되는 흉일이다. 옹고(翁

姑)일은 시부모가 안계시면 택일해도 무방하고 第, 堂, 廚, 竈日에 닿는 날이면 길하다. 즉 夫婦, 翁姑일은 흉하고 그 외의 다른 날은 길하다.

8 주(廚) 8	1 부(夫) 7	2 고(姑) 6
7 부(婦) 1		3 당(堂) 5
6 조(竈) 2	5 제(弟) 3	4 옹(翁) 4

(12) 가취대흉일

결혼 날짜를 정하는 일도 중요하다. 우리나라는 예부터 결혼날짜를 정할 때는 신부 측에서 정하는 것을 오랜 관례로 하고 있다. 신랑 측에서는 신부 측에서 올바른 혼인 날짜를 잡을 수 있도록 하기 위해 신랑이 태어난 일시를 정확하게 적어 보내는데 이를 "사주(四柱)" 또는 "사성(四星)"이라 하며 이 절차를 "납체"라 한다. 이는 혼인하기 전에 신랑의 사주를 파악하게 함도 있으나 날짜를 택함에 있어 적용하여 길일을 택하는데 도움이 되고자 함이다.

신부 측에서는 신랑의 사주를 받아 음양설과 오행설에

따라 결혼날짜를 택일하는데, 그 근거는 절기에 따른다. 과거에는 봉투에 편지를 보내는 연길(涓吉)이라는 절차가 있었으나, 지금은 대부분 사라지고 잘 관행되고 있지 않다.

우리조상들은 결혼택일을 사람과 성별, 나이에 따라 복이 있는 날과 일진에 따라 다르므로 혼사, 이사, 개업 등과 같이 중요한 날에는 사전적 의미로 좋은 날, 매 달 음력 초하룻날을 일컫는 길일을 선호한다. 택일에 있어 생기복덕은 가장 기본이 되는 것으로 다른 방법에 의하여 혼사 등과 같은 날을 골랐어도 생기 복덕일이 가장 좋으며, 복 많은 날에 해당되지 않으면 좋은 택일이라 볼 수 없다. 역술적으로는 ≪천기대요≫를 이용하여 좋은 날을 고르면 된다.

중요한 결혼식 날을 택일 할 때는 결혼에 나쁜 날(혼인총기일. 가취대흉일, 고과살(홀로 외롭게 살아가게 됨), 상부처살(서로 상처준다) 등을 제외한 좋은 날(생갑일, 음양부장길일, 십전대길일, 사대길일)에 해당되는 날을 고른다. 좋은 날을 골랐다면, 그 중에 피해야 하는 날이 있다.

◐ 신부의 생리예정일을 피해 날을 잡도록 한다.
◐ 부친, 모친상은 피하며, 양가부모님의 경사일(회갑연, 칠순, 결혼기념일)이 있는 달이 겹치면 새로이 시작되는 신랑과 신부의 복이 양분될 수 있으니 피한다.
◐ 명절이나 연휴가 겹치는 날은 하객들이 많이 참석하지 못할 수 있으니 피하는 것이 좋다.

여러 가지의 방법이 있으나 대부분 ≪천기대요≫의 법에 준하고 있다. 이중 가취대흉일은 각각의 계절에 적용된다. 각각의 계절이나 다달이 피해야 하는 날이 있다. 부부해로가 어렵다는 속설이 있는 날로 결혼을 삼갔던 날이다. 남녀에게 각각 해로운 날이 있다.

가취대흉일	
계절이나 달	나쁜 날
봄	甲子. 乙丑
여름	丙子. 丁丑
사을	庚子. 辛丑
겨울	壬子. 癸丑
1,5,9월	庚日
2,6,10월	乙日
3,7,11월	丙日
4,8,12월	癸日

(13) 상부상처살(喪夫喪妻殺)

상부상처살(喪夫喪妻殺)은 부부해로(夫婦偕老)가 어렵다는 날로 속설로 결혼을 삼갔던 날이다. 남녀에게 각각 해로운 날이 다르다. 상부상처살이란 남편이 아내를, 아내는 남편에게 서로 상처를 주어 상하게 한다는 살의 한 종류이다. 상부상처살은 주로 날짜에 따라 처가 죽는다는 날과 남편이 죽는다는 날이 있다.

春-(1月~6月) :丙午, 丁未日(喪妻)
冬-(7月~12月):壬子, 癸亥日(喪夫)

상부상처살			
여자에게 해로운 날	봄	1, 2, 3월	丙午, 丁未日
남자에게 해로운 날	가을	10, 11, 12월	壬子, 癸亥日

(14) 인동일(人動日)

사람을 들이는 것을 꺼리는 날이다. 모든 사람이 해당된다. 고용인, 가정부, 원예사, 요리사, 사원, 직원의 등을 채용하거나 남을 집에 들이는 셋방, 하숙, 의탁 등 거주를 목적으로 하는 것을 꺼린다. 당연히 이날 혼인의 택일에도 사용하지 않는다.

매월 음력 3일, 8일, 10일, 13일, 23일, 24일은 인동일이다.

4. 결혼에 좋은 시간

결혼 날짜가 정해지면, 이제 그 날의 천체(天體)의 별들이 지구에 미치는 영향을 따져 좋은 기운이 모이는 시간을 택하게 되는데, 이 시간을 길시(吉時), 양시(良時)라고 한다. 그 날의 천간(天干)과 지지(地支)가 상합(相合)하는 시간을 보고 판단하며 대부분의 철학관과 점집에서 알려주는 황도시(黃道時)는 길시(吉時)의 우선순위에서 3번째 정도에 해

당된다. 그럼에도 불구하고 가장 많이 시용하는 방법이기도
하다.

1) 황도시

날을 기준으로 황도시를 찾는다. 택일의 기초란에 황흑도
길흉정국에서 황도시를 확인할 수 있다.

2) 일록시(日祿時)

건록(建祿)은 사람이 임관(任官:벼슬에 오름)하여 관
(冠)을 쓰고 나라의 녹을 먹으며 왕성 하게 활동하는 시기
라는 의미이다. 흔히 청장년의 시기에 비유된다. 일록시(日
祿時)는 혼인택일에 많이 쓰이지만 양택이나 음택에도 사
용된다. 해(年)로는 방위를 보고 날(日)로는 시를 본다.

일록시									
일진	甲	乙	丙	丁	戊	己	庚	辛	壬	癸
일록	寅	卯	巳	午	巳	午	申	酉	亥	子

시를 적용할 때에 사용하는 예를 들어본다. 갑일(甲日),
즉 갑(甲)이 들어가는 60갑자중의 5가지, 갑자(甲子), 갑술
(甲戌), 갑신(甲申), 갑오(甲午), 갑인일(甲寅日)에는 일록에
나와 있는 것처럼 인(寅)이 들어가는 시(時)가 일록시가 된
다. 즉 새벽 3시 30분~5시30분이 일록시가 되는 것이다. 갑
이 들어가는 갑년에는 5가지가 있는데 갑자(甲子), 갑술(甲
戌), 갑신(甲申), 갑오(甲午), 갑인년(甲寅年)에는 인방(寅

方)이 일록방이다. 방향을 볼 때는 패철(佩鐵)을 사용하여
야 한다.

3) 천덕월덕시(天德月德時)

천덕, 월덕시는 천덕합, 월덕합에서 그 의미를 파악할 수
있다. 천간과 지지를 모두 적용한다는 것이 특별하다. 태양
과 달이 해당월에 지구의 좌표상 강력한 파장을 일으키게
되는데, 천덕월덕의 혜택을 논하는 것이다. 해당월의 유용
한 기운을 이용하는 것이다.

천덕,월덕시											
일진 구분	子 日	丑 日	寅 日	卯 日	辰 日	巳 日	午 日	未 日	申 日	酉 日	戌 日	亥 日
천덕시	巳	庚	丁	申	壬	辛	亥	甲	癸	寅	丙	乙
월덕시	壬	庚	丙	甲	壬	庚	丙	甲	壬	庚	丙	甲

자일(子日), 즉 지지가 자(子)인 날을 자일(子日)이라 한
다. 즉 자일은 갑자(甲子), 병자(丙子), 무자(戊子), 경자(庚
子), 임자일(壬子日)에는 사시(巳時)가 천덕시(天德時)이고
임시(壬時)가 월덕시(月德時)이다. 축일(丑日)에는 경(庚)이
들어가는 시가 천덕시이고 월덕시이다. 즉 경자시(庚子時)
이거나 경오시(庚午時)가 바로 경이 들어가는 시간이니 천
덕시, 월덕시가 되는 것이다.

4) 천을귀인시(天乙貴人時)

해(年)로는 방위를 보고 날(日)로는 시간을 보며 사주(四

柱)로는 신살(神殺)을 본다. 결혼 날짜가 정해지면, 이제 그 날의 천체의 별들이 지구에 미치는 영향을 따져 좋은 기운이 모이는 시간을 택하게 되는데, 이 시간을 길시(吉時), 양시(良時)라고 한다. 그 날의 천간(天干)과 지지(地支)가 상합(相合)하는 시간인 천을귀인시 (天乙貴人時)와 황도시(黃道時)를 보고 판단한다.

천을귀인시					
年.日	甲.戊.庚	乙.己	丙.丁	辛	壬.癸
貴人時(方.星)	丑.未	子.申	亥.酉	午.寅	巳.卯

5) 귀인등천문시(貴人登天門時)

귀인등천문시(貴人登天門時)는 각각의 날에 두 개가 있는데 각 시(時)의 초(初)를 사용한다. 특히 택일에서 사용하는 시는 지금의 24시 개념이 아니다. 즉 12시 개념이 적용된다. 즉 각 시는 초시(初時)와 정시(正時)로 나뉘는데 이때 초시를 사용한다는 것이다. 24시를 12시로 나누었으므로 각 시는 2시간씩 나뉘는 것이다. 이때 2시간 중 앞에 첫 시간의 시작하는 점을 초시라고 한다. 예를 들면 자시(子時)의 경우 오후 11시 30분에 시작하여 오전 1시 30분에 끝난다. 이때 두 개의 시간으로 나누면 11시 30분은 초시이고 12시 30분은 정시이다. 이 경우 초시라고 하는 것은 오후 11시 30분에서 12시 30분까지이다. 다른 예로 오시(午時)를 살펴보자.

오시는 오전 11시 30분에 시작하여 오후 1시 30분까지이다. 이중 초시는 11시 30분에서 12시 30분까지이고 정시는 역시 12시 30분에서 1시 30분에 해당한다. 이때 정시는 사용하지 않고 초시만 사용한다.

일 절기	甲 일	乙 일	丙 일	丁 일	戊 일	己 일	庚 일	辛 일	壬 일	癸 일
				귀인등천문시						
우수 후	酉卯	戌寅	亥丑	丑亥	卯酉	寅戌	卯寅	辰申	巳未	未巳
춘분 후	申寅	酉丑	戌子	子戌	寅申	丑酉	寅申	卯未	辰午	午辰
곡우 후	未丑	申子	酉亥	亥酉	丑未	子申	丑未	寅午	卯巳	巳卯
소만 후	午子	未亥	申戌	戌申	子午	亥未	子午	巳丑	寅辰	辰寅
하지 후	巳亥	午戌	未酉	酉未	巳亥	戌午	巳亥	子辰	丑卯	卯丑
대서 후	辰戌	巳酉	午申	午申	戌辰	酉巳	戌辰	亥卯	子寅	寅子
처서 후	卯酉	辰申	巳未	巳未	酉卯	申辰	酉卯	戌寅	亥丑	丑亥
추분 후	寅申	卯未	辰午	辰午	申寅	未卯	申寅	酉丑	戌子	子戌
상강 후	丑未	寅午	卯巳	卯巳	丑未	午寅	未丑	申子	酉亥	亥酉
소설 후	子午	丑巳	寅辰	寅辰	午子	巳丑	午子	未寅	申戌	戌申
동지 후	亥巳	子辰	丑卯	丑卯	巳亥	辰子	巳亥	午戌	未酉	酉未
대한 후	辰戌	亥卯	子寅	子寅	辰戌	卯亥	辰戌	巳酉	午申	申午

5. 신행(新行)

1) 신행주당(新行周堂)

신부가 신혼여행 후 시댁에 들어갈 때에 때를 보는 법이다. 이를 신행주당(新行周堂), 혹은 우례주당이라고도 한다.

주당의 종류는 아주 다양하다. 주당은 사람이 사망하여 장사지낼 때 생기는 안장주당과 상문주당이 있는데 이는 시신을 하관할 때 보고, 보지 못하는 문제점과 연결된다.

큰달 당(堂) 방안 (1일)	상(床) 자리	사(死) 죽음
조(竈) 조왕		수(睡) 자다
주(廚) 부엌	로(路) 길가	문(門) 문간

이와 다르지만 결혼할 때 생기는 혼인주당이 있다. 그것으로 그치지 않고 혼인과 관련된 주당으로는 결혼식을 마치고 맨 처음 시집 댁으로 들어갈 때 생기는 신행주당이 있는가 하면 새로운 주택을 건립하여 이사를 하거나 그냥 다른 집으로 이사를 할 때 생기는 이사주당이 있다.

다양한 주당은 사람이 결혼하고 살아가며, 집안에 들어가 살림을 하는 과정에 골고루 적용되고 있다.

이러한 주당살이 생기는 이유는 죽은 원혼들 때문이다. 이 원혼들을 달리 혼신이라고 부르기도 한다. 이 원혼들은 늘 배가 고프고 자신이 죽었다는 이유만으로 원한도 많고 괴로운데 이승에서 살아있는 인간들은 좋은 집, 좋은 음식은 물론이고 또 젊은 부부는 결혼식을 올려서 행복하게 살려고 하니 괴로운 귀신들이 이유 없이 질투하여 복수를 하기위해서 이때를 놓치지 않고 행패를 부리니 좋지 않은 일들이 발생하게 된다.

나쁜 귀신들의 살성(殺性)으로 인하여 주당을 맞으면 사람 몸으로 직접 침투하기 때문에 이유를 알 수 없는 질병이 생기거나 약이나 의술로 치료하기 힘든 환자가 발생하는 경우가 많다. 심하면 사망을 하는 수가 있으니 귀신을 달래어 잘 풀어 주어야 하고 날짜에도 적용하여 사용하여야 한다. 특히 상문주당은 궂은 주당이니 조심해야한다.

신행주당은 달리 우례일(于禮日)이라고도 한다. 신행을 드는 달이 큰달이면 조(竈)조를 1일로 시작하여 순행으로 2일은 당(當), 3일은 상(床) 순으로 세어간다.

신행을 드는 달이 작은달이면 주(廚)를 1일로 시작하여 로(路)는 2일, 문(門)을 3일 순으로 세어 짚는다. 신행주당이 없는 것은 사(死), 수(睡), 주(廚), 조(竈)를 택일하면 길하다. 작은 달은 역행한다.

2) 기타 길일

그밖에도 신행에 좋은 날이 있다. 생기법에 따라 생기일, 복덕일, 천의일에는 당연 신행이 좋다. 어느 경우나 적용하는 황도일과 천덕, 월덕일도 신행에 좋은 날이다. 일록시를 전환해서 보는 록일과 천일귀인시도 좋은 날이다. 만약 택일을 하기 어렵다면 생기복덕일의 생기일을 택하고 황도시와 귀인시를 참고하면 된다.

5부.

앙택(陽宅)

11장.

기조운
(起造運)

택일의 기초에서는 기조(起造)라는 말이 반복적으로 나온다. 기조는 건물을 짓는다는 의미다. 기조란 집 짓는 일을 말하고 더 크게 보아서는 수리하는 일까지 의미한다. 달리 성조(成造)라고도 한다. 기조운이란 건물을 지을 운을 보는 방법으로 나이, 해(年), 좌향(坐向) 등을 고루 살핀다. 따라서 기조에는 기조일자를 정하는 것과 좌향 놓는 운, 그리고 성조(成條)운을 본다.

기조일이란 집을 짓기 시작한 날을 택일하는 것이고 성조운이란 집짓는 주인의 운수로 집은 건축해서 길한지 흉한지를 보는 것을 말한다. 집을 짓거나 수리하는 데는 반드시 연월일시에 대한 운(運)의 적부여부(適否與否)를 보아서 흉한 것을 피하고 길함을 택해서 행해야 한다. 그렇지 않고 함부로 집을 지으면 큰 화를 당하는 수가 발생한다.

그 화란 가족의 질병이 생기거나 사고가 발생하여 사망 또는 크게 다치는 일이 일어나고 재물을 잃게 되는 것이다. 예부터 "집 짓고 삼년, 묘 쓰고 삼년"이란 말이 있다. 이를 달리 "동토, 혹은 동티"라고 한다.

1. 사각법(四角法)

사각(四角)이란 건물을 지으려는 사람의 나이를 기준으로 한다. 사각이란 주역팔괘(周易八卦)의 건(乾), 손(巽), 간(艮), 곤(坤)의 사유방(四維方)을 말하는데 서북, 서남, 동남, 북동의 방향이 해당된다. 즉 방향을 돌려 살펴보는 방식이다.

사각법은 다른 주당법과 같이 연령배치가 되어 돌려 짚도록 한다. 즉 건물을 짓는 사람의 나이가 건곤간손궁(乾坤艮巽宮)에 닿아야 한다. 그것을 사각법이라고 한다. 물론 8괘방의 구궁법도 마찬가지이다. 8괘중 4괘의 4각 즉 네 귀퉁이 사간방(四間方)이 흉하다 하여 사각법(四角法)이라고 한다. 사각에 닿으면 기조에 좋지 않으므로 건물을 짓거나 수리하지 않는다. 사각법에는 성조사각법(成造四角法)과 금루사각법(金縷四角法)이 있고, 성조사각법을 많이 사용하지만 금루사각법을 같이 사용하면 더욱 좋지만 부득이하면 둘 중 한 가지만 사용할 수도 있다.

1) 성조사각법

성조사각법(成造四角法)은 달리 육친사각법(六親四角法)이라 부르기도 한다.

육친사각법은 사람의 운수를 보는 법이다. 명리학의 육친에서 따 온 경향이다. 성조사각법은 곤궁(坤宮)에서 1세를 시작하여 팔방을 순행한다. 단 5세가 들어가는 나이를 중궁에 넣는다. 5, 15, 25, 35, 45, 55, 65, 75, 85, 95세는 모두 중궁에 넣는다.

즉 곤(坤)에서 1이 시작되어 순행한다. 즉 2세는 태(兌), 3세는 건(乾), 4세에 감(坎), 5세는 중궁(中宮), 6세에 간(艮), 7세에 진(震), 8세에 손(巽), 9세에 이궁(離宮)이고, 다시 10세가 되면 곤궁(坤宮)부터 다시 시작하는 방식이다.

특이한 것은 감(坎)의 4 다음에 중앙(中央)으로 5가 되고 한 바퀴 돌아서는 간(艮) 14가 되어 중앙(中央)으로 15로 이어지고 그 다음에는 진(震)의 24가 중앙(中央) 25로 들어가며 그리고 다시 손(巽)에 34가, 중앙(中央)으로 35, 리(離) 44는 중앙(中央) 45가 된 후에 감(坎) 49, 다음 중앙(中央) 50, 리(離) 54, 다음 중앙(中央) 55, 한 바퀴를 돌아 곤(坤)에 64가 닿아 중앙(中央)으로 65로 이어져, 태(兌) 74가 되어 중앙(中央) 75가 되며, 건(乾) 84가 중앙(中央) 85로 돌아 리(離) 90으로 돌아가는 것이다.

4 손(巽) 8, 17, 26, 34, 43, 53, 62, 71, 80, 89 우마사각	9 리(離) 9, 18, 27, 36, 44, 54, 63, 72, 81, 90	2 곤(坤) 1, 10, 19, 28, 37, 46, 56, 64, 73, 82 처자사각
3 진(辰) 7, 16, 24, 33, 42, 52, 61, 70, 79, 88	5 중앙(中央) 5, 15, 25, 35, 45, 55, 65, 75, 85 잠사각	7 태(兌) 2, 11, 20, 29, 38, 47, 57, 66, 74, 83
8 간(艮) 6, 14, 23, 32, 41, 51, 60, 69, 78, 87 자기사각	1 감(坎) 4, 13, 22, 31, 40, 49, 59, 68, 77, 86	6 건(乾) 3, 12, 21, 30, 39, 48, 58, 67, 76, 84 부모사각

나이를 따라 중궁에 해당하는 잠사각이나 간궁의 자기사각에 닿으면 성조에 매우 좋지 않다. 따라서 6, 14, 23, 32, 41, 51, 60, 69, 78, 87세의 나이와 5, 15, 25, 35, 45, 55, 65, 75, 85세 나이에는 집을 짓지 않는 것이 좋다.

부모사각은 부모가 없으면 괜찮지만 부모가 있으면 좋지 않으니 부모를 가진 사람은 3, 12, 21, 30, 39, 48, 58, 67, 76, 84세의 나이에 집을 짓지 않으며 처자사각은 처나 자식에게 좋지 않으니 결혼 후에는 1, 10, 19, 28, 37, 46, 56, 64, 73, 82세의 나이에 집을 짓지 않는다.

우마사각은 집이 아니라 축사(畜舍)에 해당하는 시기이다. 8, 17, 26, 34, 43, 53, 62, 71, 80, 89세의 나이에는 축사나 창고, 부속건물을 짓지 않는 것이 좋다.

그러나 나이가 사정방위인 감리진태(坎離震兌)에 닿으면 성조에 좋으니 언제든지 집을 지을 수 있다. 2, 4, 7, 9, 11, 13, 16, 18, 20, 22, 24, 27, 29, 31, 33, 36, 38, 40, 42, 44, 47, 49, 52, 54, 57, 59, 61, 63, 66, 68, 70, 72, 74, 77, 79, 81, 83, 86 88, 90의 나이에는 집을 지어도 좋다.

2) 금루사각법(金縷四角法)

금루사각법(金縷四角法)은 집 짓는 것으로 운수를 보는 것으로 태(兌)에서부터 나이 1세가 시작되어 순행한다. 태궁에서 1세를 시작하여 2세는 건(乾), 3세에서는 감(坎), 이후 중궁(中宮)으로 4, 5가 닿고 6세는 다시 간(艮)궁으로 닿는다. 5세는 중궁으로 닿는다. 6세는 간(艮), 7세는 진(震),

8세는 손(巽), 9세는 이(離), 10세는 곤궁(坤宮)에 닿는다. 다시 11세는 태(兌), 12세는 건(乾)의 순서로 도는데 4와 5는 반드시 중앙에 넣는다.

금루사각법은 홀수나이에서 5세가 들어가는 나이만 빼고 그 외 홀수연령에는 모두 길하다고 본다. 반대로 짝수 연령은 모두 나쁘다고 본다.

이 같은 법식에 따라 감리진태의 사정방위에 닿으면 건물을 짓는 기조에 좋고 건곤간손의 우정방위와 중궁에 닿으면 나쁘다. 따라서 1, 3, 7, 9세는 기조에 길하고 건물을 지을 수 있지만 2, 4, 5, 6, 8, 10세는 기조에 불길하므로 건물을 짓지 않는다.

4 손(巽) 8, 18, 28, 38, 48, 58, 68, 78, 88 우마사각	9 리(離) 9, 19, 29, 39, 49, 59, 69, 79, 89	2 곤(坤) 10, 20, 30, 40, 50, 60, 70, 80, 90 처자사각
3 진(辰) 7, 17, 27, 37, 47, 57, 67, 77, 87,	5 중앙(中央) 4, 5, 14, 15, 24, 25, 34, 35, 44 ,45, 55, 64, 65, 74 ,75, 84, 85 잠사각	7 태(兌) 1, 11, 21, 31, 41, 51, 61, 71, 81
8 간(艮) 6, 16, 26, 36, 46, 56, 66, 76, 86 자기사각	1 감(坎) 3, 13, 23, 33, 43, 53, 63, 73, 83	6 건(乾) 2, 12, 22, 32, 42, 52, 62, 72, 82 부모사각

이처럼 금루사각법과 육친사각법에 모두 길한 연령은 27, 29, 31, 47, 49, 57, 59, 61, 63, 77, 79, 81, 83세이다.

◎ 자사각 (自四角) : 6, 14, 23, 32, 41, 51, 60, 69, 78, 87세
가주(家主) 자신한테 안 좋은 나이로 집의 신축이나 개수를 할 수 없다. 패가망신(敗家亡身)이 따른다.

◎ 처사각 (妻四角) : 1, 10, 19, 28, 37, 46, 56, 64, 73, 82세
가주의 나이가 처사각에 해당되는 해에 집을 새로 짓거나 개수하면 부인의 신상에 안 좋은 일이 발생한다. 해당자가 없으면 무관하다.

◎ 부모사각 (父母四角) : 3, 12, 21, 30, 39, 48, 58, 67, 76, 84세
가주의 나이가 부모 사각에 해당되는 해에 집을 새로 짓거나 개축하면 부모의 신상에 안 좋은 일이 발생한다. 부모가 이미 사망했으면 무방하다.

◎ 잠사각 (蠶四角) : 5, 15, 25, 35, 45, 55, 65, 75, 85, 95세
가주의 나이가 잠사각에 해당되는 해에 집을 신개축(新改築)하면 폐농(廢農)으로 파산(破産)한다.

◎ 우마사각 (牛馬四角) : 8, 17, 26, 34, 43, 53, 62, 71, 80, 89세
가주의 나이가 우마사각에 해당되는 해에 축사(畜舍)를 신개축(新改築)하면 육축(六畜)이 폐사(斃死)하여 손재(損財)한다. 일반 건축은 무방하다.

3) 기조길년법(起造吉年法)

기조길년법(起造吉年法)은 가주의 생년 지지와 건물을 신축하는 당년의 천간을 상호 대비하여 길년을 택하는 방법으로 사용된다. 그러나 이 시기에 해당한다고 하여도 순중공망(旬中空亡)과 양인(羊刃), 삼살(三殺)이 있으면 피해야 한다. 따라서 자신의 사주팔자를 따져 공망여부를 따진 후에 적용한다.

기조길년법	
家主 生年地支	起造 吉年
亥子生	甲, 己, 丁, 壬, 癸, 未
丑寅生	丙, 申, 丁, 壬, 戊, 癸
卯辰生	乙, 庚, 丙, 申, 丁, 壬
巳午生	甲, 己, 乙, 庚, 丙, 申
未申酉戌生	甲, 己, 乙, 庚, 戊, 癸

(1) 순중공망(旬中空亡)

명리학에서 사용하는 공망을 그대로 적용한다. 사주를 풀기 위한 명리학에서 신살의 하나로 치부하며 달리 천중살(天中殺)이라고도 한다.

천간과 지지를 합해 만든 60갑자에서 살핀다.

공망의 의미는 현세(現世)에 인연이 없으며 혹은 그 자체의 역량 내지는 의미하는 것이 전연 없다고 본다.

공망은 형충파해를 깨거나 뒤집으며 무위로 돌리는 힘이 있다.

갑자순중(甲子旬中)	공망 술해(戌亥)
갑술순중(甲戌旬中)	공망 신유(申酉)
갑신순중(甲申旬中)	공망 오미(午未)
갑오순중(甲午旬中)	공망 진사(辰巳)
갑진순중(甲辰旬中)	공망 인묘(寅卯)
갑인순중(甲寅旬中)	공망 자축(子丑)

육십갑자 조견표									
갑자 (甲子)	을축 (乙丑)	병인 (丙寅)	정묘 (丁卯)	무진 (戊辰)	기사 (己巳)	경오 (庚午)	신미 (辛未)	임신 (壬申)	계유 (癸酉)
갑술 (甲戌)	을해 (乙亥)	병자 (丙子)	정축 (丁丑)	무인 (戊寅)	기묘 (己卯)	경진 (庚辰)	신사 (辛巳)	임오 (壬午)	계미 (癸未)
갑신 (甲申)	을유 (乙酉)	병술 (丙戌)	정해 (丁亥)	무자 (戊子)	기축 (己丑)	경인 (庚寅)	신묘 (辛卯)	임진 (壬辰)	계사 (癸巳)
갑오 (甲午)	을미 (乙未)	병신 (丙申)	정유 (丁酉)	무술 (戊戌)	기해 (己亥)	경자 (庚子)	신축 (辛丑)	임인 (壬寅)	계묘 (癸卯)
갑진 (甲辰)	을사 (乙巳)	병오 (丙午)	정미 (丁未)	무신 (戊申)	기유 (己酉)	경술 (庚戌)	신해 (辛亥)	임자 (壬子)	계축 (癸丑)
갑인 (甲寅)	을묘 (乙卯)	병진 (丙辰)	정사 (丁巳)	무오 (戊午)	기미 (己未)	경신 (庚申)	신유 (辛酉)	임술 (壬戌)	계해 (癸亥)

(2) 양인(羊刃)

특히 명리학에서 많이 적용한다. 명리학에서 가장 많이 적용하는 신살 중의 하나이다. 이를 달리 인(刃)이라고 부르기도 한다. 양인(羊刃)은 "물(物)이 극(極)하면 도리어 악기(惡氣)를 생한다."라는 이치에 의해서 제정된 신이다. 즉 지나치면 해를 입는다는 의미를 내포하고 있다.

적용은 비교적 간단해서 양일생(陽日生)은 건록(乾祿)의 후, 음일생(陰日生)은 건록의 전에 붙는다.

흔히 이것을 록전록후(祿前祿後)의 신이라 하고, 명리학의 측면에서 겁재(劫災)를 닮은 성정(性情)이 있으며, 재해를 관장하는 신이다. 대단히 강하고 대단히 조심스럽게 파악한다.

생일	갑(甲)	을(乙)	병(丙)	정(丁)	무(戊)	기(己)	경(庚)	신(辛)	임(壬)	계(癸)
양인	묘(卯)	진(辰)	오(午)	미(未)	오(午)	미(未)	유(酉)	술(戌)	자(子)	축(丑)

(3) 삼살

삼살방(三殺方)이라고도 하며, 겁살(劫殺), 재살(災殺), 세살(歲殺)을 말한다. 재난(災難)과 천재지변(天災地變)을 예방하기 위하여, 해당 방위에 증개축 등을 꺼려왔다. 년에 따라 존재하는 것으로 안방에서 120보(약100m) 이상 되는 거리는 이에 구애받지 않는다. 그러나 흔히 이 방위로 이사하거나 하는 것을 금기시 하는 풍조도 있다.

삼살(三殺)방은 이사를 못하는 방위가 아니라 그 방위를 범하여 집을 짓거나 집수리를 못하고 묘자리를 정할 때 좌를 놓지 않는 방위이지 이사와는 아무런 관련이 없다. 즉,

집을 짓는 것이 아니라 이미 지어져 있는 집으로 이사하는 것은 관련이 없다. 그러나 현재는 이사하지 못하는 방위로 적용하여 술사들이 응용하고 있다.

삼살방	
해(年)	삼살방
사유축	인묘진 방(寅卯辰 方), 동북동(겁살), 동(재살), 동남동(천살)을 조심
신자진	사오미 방(巳午未 方), 남동남(겁살), 남(재살), 남서남(천살)을 조심
해묘미	신유술 방(申酉戌 方), 서남서(겁살), 서(재살), 서북서(천살)을 조심
인오술	해자축 방(亥子丑 方), 북서북(겁살), 북(재살), 북동북(천살)을 조심

(4) 삼갑년 (三甲年)

60갑자(甲子)를 육갑(六甲)으로 나누어 생갑순(生甲旬), 병갑순(病甲旬), 사갑순(死甲旬)으로 분류하고, 당해 년의 지지(地支)를 기준으로 일진(日辰)의 길흉(吉凶)을 보는 법이다. 이사(移徙), 입택(入宅), 혼인(婚姻), 취임(就任), 부임(赴任) 등은 생갑순(生甲旬)의 일진이 길하고, 병갑순(病甲旬)의 일진은 불리하며, 사갑순(死甲旬) 일진에는 사망이나 질병의 불행이 따른다. 반대로 매장(埋葬)과 같은 장사(葬事)에는 사갑순(死甲旬)의 일진이 대길하고, 병갑순(病甲旬)의 일진은 평상이며, 생갑순(生甲旬)의 일진에는 불안하고 육축(六畜)이 손상되며 재물의 손실이 많다.

예를 들어 자년(子年)의 생갑순은 갑자순(甲子旬)과 갑오순(甲午旬)이며, 병갑순은 갑인순(甲寅旬)과 갑신순(甲申旬), 사갑순은 갑진순(甲辰旬)과 갑술순(甲戌旬)이다. 축년(丑年)의 생갑순은 갑진순(甲辰旬)과 갑술순(甲戌旬)이며, 병갑순은 갑자순(甲子旬)과 갑오순(甲午旬)이며, 사갑순은 갑인순(甲寅旬)과 갑신순(甲申旬)이다.

육갑(六甲)	
갑자순 (甲子旬)	甲子, 乙丑, 丙寅, 丁卯, 戊辰, 己巳, 庚午, 辛未, 壬申, 癸酉
갑술순 (甲戌旬)	甲戌, 乙亥, 丙子, 丁丑, 戊寅, 己卯, 庚辰, 辛巳, 壬午, 癸未
갑신순 (甲申旬)	甲申, 乙酉, 丙戌, 丁亥, 戊子, 己丑, 庚寅, 辛卯, 壬辰, 癸巳
갑오순 (甲午旬)	甲午, 乙未, 丙申, 丁酉, 戊戌, 己亥, 庚子, 辛丑, 壬寅, 癸卯
갑진순 (甲辰旬)	甲辰, 乙巳, 丙午, 丁未, 戊申, 己酉, 庚戌, 辛亥, 壬子, 癸丑
갑인순 (甲寅旬)	甲寅, 乙卯, 丙辰, 丁巳, 戊午, 己未, 庚申, 辛酉, 壬戌, 癸亥

[예] 갑자년(甲子年), 병자년(丙子年), 무자년(戊子年), 경자년(庚子年), 임자년(壬子年) 등 자년(子年)에는 생갑순(生甲旬)이 갑자순(甲子旬)과 갑오순(甲午旬)이다.

따라서 이사(移徙), 입택(入宅), 취임(就任), 부임(赴任), 혼인(婚姻)에 좋은 날은 갑자순(甲子旬)인 갑자(甲子), 을축(乙丑), 병인(丙寅), 정묘(丁卯), 무진(戊辰), 기사(己巳), 경오(庚午), 신미(辛未), 임신(壬申), 계유일(癸酉日)과 갑오순

(甲午旬)인 갑오(甲午), 을미(乙未), 병신(丙申), 정유(丁酉), 무술(戊戌), 기해(己亥), 경자(庚子), 신축(辛丑), 임인(壬寅), 계묘일(癸卯日)이 좋다.

4) 12명 수조 흉년법(十二命 竪造 凶年法)

가장(家長, 戶主)의 생년 지지(地支)와 건물을 신축할 때 인 당년(當年)과 당월(當月)의 지지(地支)가 삼재(三災), 태세입택(太歲入宅), 명파(命破), 묘파(墓破), 겁살(劫殺), 재살(災殺), 천살(天殺), 지살(地殺)에 해당되면 흉년(凶年)과 흉월(凶月)이므로 불리(不利)하다.

월의 지지는 음력으로 1월(寅月), 2월(卯月), 3월(辰月), 4월(巳月), 5월(午月), 6월(未月), 7월(申月), 8월(酉月), 9월(戌月), 10월(亥月), 11월(子月), 12월(丑月)이다.

12명 수조 흉년법(十二命 竪造 凶年法) 조견표								
출생년 出生年	삼재 三災	태세 입택 太歲 入宅	명파 命破	묘파 墓破	겁살 劫殺	재살 災殺	천살 天殺	지살 地殺
巳酉 丑生	亥子 丑年 10,11,12월	寅午 戌年 1,5,9월	未年 6월	丑年 12월	寅年 1월	卯年 2월	辰年 3월	巳年 4월
申子 辰生	寅卯 辰年 1,2,3월	巳酉 丑年 4,8,12월	戌年 9월	辰年 3월	巳年 4월	午年 5월	未年 6월	申年 7월
亥卯 未生	巳午 未年 4,5,6월	申子 辰年 7,11,3월	丑年 12월	未年 6월	申年 7월	酉年 8월	戌年 9월	亥年 10월
寅午 戌生	申酉 戌年 7,8,9월	亥卯 未年 10,2,6월	辰年 3월	戌年 9월	亥年 10월	子年 11월	丑年 12월	寅年 1월

[예] 사유축생(巳酉丑生) 즉 뱀띠, 닭띠, 소띠는 해자축(亥子丑) 년월(年月)이 삼재(三災)이고, 인오술(寅午戌) 년월이 태세입택(太歲入宅)이며, 미(未) 년월이 명파(命破), 축(丑) 년월이 묘파(墓破), 인(寅) 년월이 겁살(劫殺), 묘(卯) 년월이 재살(災殺), 진(辰) 년월이 천살(天殺), 사(巳) 년월이 지살(地殺)에 해당되니 자축인묘진사미해년(子丑寅卯辰巳未亥年)과 1, 2, 3, 4, 5, 6, 9, 10, 11, 12월이 불리(不利)하다. 따라서 집을 신축할 때는 신년(申年), 유년(酉年)의 7, 8월에 해야 무해(無害)하다. 이를 정리하여 흉살(凶殺)이 없는 무해(無害)한 년과 월은 다음과 같다.

巳酉丑 生 : 申年, 酉年 (음력 7월, 8월)

申子辰 生 : 亥年, 子年 (음력 10월, 11월)

亥卯未 生 : 寅年, 卯年 (음력 1월, 2월)

寅午戌 年 : 巳年, 午年 (음력 4월, 5월)

사실 이 많은 재(災)와 살(殺)을 다 기피하기는 매우 어려운 일이다. 그러므로 삼재(三災)와 겁살(劫殺), 재살(災殺) 등 그 피해가 극심한 흉살(凶殺)만을 피하고 다른 법이 좋으면 당년(當年)에 수조(竪造)할 수 있다.

2. 지운정국

지운정국(地運定局)은 좌향(坐向)을 따지는 법이다. 지운정국은 가택길흉법(家宅吉凶法)의 한가지로 적용한다. 가택에 대하여 풍수지리학에 따라 길흉을 판단하는 법이 가

택길흉법인데 택일법으로 적용하는 것은 풍수지리법이 ≪천기대요≫나 그밖에 택일법에 영향을 미친 것으로 보인다.

가택의 길흉을 판단하는 데 무엇보다 중요한 것은 지형(地形)으로, 음택풍수에서의 용절(龍折)과 같다. 음택풍수에서 묘를 쓰는 것은 용(龍)의 기복(起伏)과 형상(形象)의 사활에 따라 길흉이 결정되었지만, 이와 비교해 가택은 용의 기복과는 관계없이 지형의 광협(廣狹)과 지세의 형성에 따라 길흉이 결정되고, 수국(水局)의 개폐와 안산(案山)의 생김새에도 많은 영향을 받는다고 했다.

음택풍수에서의 혈이라는 개념과 양택에서 명당이라는 개념은 다른 이치를 지닌다는 것이다. 또 양택에서는 주거인과의 터의 관계에서 길흉을 판단하려 했다. 아무리 길지에 맞추어서 집을 지었다 하더라도 그 집에 사는 사람과 맞지 않으면 길함은 성립되지 않고 흉은 강해진다고 하는 것이 명리학이나 양택풍수의 적용측면에서 많이 응용되었다. 이어 좌향을 살펴 올바른 집을 지었는데 이 좌향이 매우 중요한 여러 가지 적용의 기준이 된다.

좌향을 보는 방법은 여러 가지로 구분되어 있으나 중요한 것을 열거하면, 팔괘상배(八卦相配), 오행상생(五行相生), 오행상극(五行相克)의 방법이 가장 중요하고 많이 거론되는 이론이다. 음양설에 의하여 서로가 상생하는 것을 길이라 하고 상극하는 것은 흉이라 하며, 서사택(西四宅)과 동사택(東四宅)이 적용된다. 서사택은 건(乾), 곤(坤), 간(艮), 태(兌)이고, 동사택은 감(坎), 이(離), 진(震), 손(巽)으로 적용되었다.

　이러한 이론을 바탕으로 적용되는 것으로 성조하는 해로 기준을 잡아 좌향을 보거나, 좌향을 먼저 정한 후에 년운을 보는 방법을 지운정국이라 한다. 이러한 기조법은 달리 사정입궁이라 부르기도 하는데 당년의 지지를 기분으로 집의 좌향을 결정하는데 이용한다. 만약 지세가 바르지 않아 좌향이 달리 나올 때는 해당하는 해를 기다려야 한다. 아울러 방향을 측정하고 확인하는 방법으로는 패철을 사용한다.

　달리 자운정국은 가좌운(家坐運)이라 부르기도 한다. 자오묘유(子午卯酉)년에는 인궁(寅宮)에 자좌(子坐)를 기하여 십이방을 순행한다. 그러므로 축진미술좌(丑辰未戌坐)가 자오묘유(子午卯酉)의 사정방에 닿는다. 또 인신사해(寅申巳亥)년에는 인궁(寅宮)에 인좌(寅坐)를 기하여 십이방을 순행하면 자오묘유좌(子午卯酉坐)가 사정방에 닿는다. 마지막으로 진술축미년(辰戌丑未年)에는 인궁(寅宮)에 축좌(丑坐)를 기하여 순행하면 해인사신좌(亥寅巳申坐)가 사정방에 닿는다.

지운정국	
成造年	四正入局 坐向
子, 午, 卯, 酉	辰, 戌, 丑, 未, 乙, 辛, 丁, 癸
辰, 戌, 丑, 未	寅, 申, 巳, 亥, 乾, 坤, 艮, 巽
寅, 申, 巳, 亥	子, 午, 卯, 酉, 甲, 庚, 丙, 壬

3. 수조길일(修造吉日)

가옥이나 여타의 모든 건축물 등을 고치거나 새로 지을 때 택일하여 사용하는 날을 수조길일(修造吉日)이라 통칭한다.

1) 전길일(全吉日)

전길일(全吉日)이라 하여 건물을 짓는 것 외에 수리(修理), 증축(增築), 개축(改築) 등에도 길한 날로 택일한다. 전설처럼 전하는 말에 의하면 황제(黃帝)의 질문에 구천현녀(九天玄女)가 답한 날이 바로 전길일이라는 것이다. 그러나 전길일이라고 해서 반드시 길한 것은 아니다. 택일법에서 중요한 것은 다른 날과 비교해 보는 것이다.

전길일을 택해 건축하거나 수리하였는데 흉한 일이 생기는 수가 있다. 그것은 조상 묘를 살인대황천살(殺人大黃泉殺)로 조성했다든가 삼재살(三災殺), 장군방(將軍方), 현무(玄武), 주작(朱雀), 백호살(白虎殺) 등이 겹쳐 들어 있으면 흉할 수가 있는 것이다. 따라서 택일법에서는 하나만 적용하는 것이 아니라 다양한 방법의 택일법을 두루두루 종합적으로 적용할 필요가 있다.

일반적으로 전길일은 건물의 신축(新築)과 수리(修理)하는 날을 택일하는 방법이다. 《천기대요》 본문에서는 그 중요성을 강조하여 다음과 같이 적고 있다. "세인(世人)들에게는 오로지 성조운(成造運)으로 말미암아, 치패(致敗)가 많을 것이니, 마땅히 천운(天運)과 지운(地運)을 얻어서, 본명(本命)과 합(合)하는 것이 길(吉)할 것이다. [원문 : 세인 전용성조운(世人專用成造運) 치패자심다(致敗者甚多) 수용천운지운(須用天運地運) 구합본명위길(俱合本命爲吉)]". 또 "황제(黃帝)가 묻기를 세인(世人)이 선택한 일진(日辰)에 따라 가옥을 건립하거나 수리하는데, 어찌 흥(興)하고 폐(廢)하는 것이 다른가?"하니 구천현녀(九天玄女)가 대답하기를 "무릇 가택을 건립(建立)하는 데는 천지(天地)의 개통(開通)과 육합(六合), 삼신(三神) 및 생병사(生病死) 갑순(甲旬)과 전길일(全吉日)을 만나면 만사(萬事)가 대길(大吉)하고, 현무(玄武), 구진(句陳), 주작(朱雀), 백호(白虎)를 만나는 날에 조작(造作)하면 크게 불리합니다."라고 하였다.

전길일	
전길일	甲子, 乙丑, 丙寅, 己巳, 庚午, 辛未, 癸酉, 甲戌, 乙亥, 丙子, 丁丑, 癸未, 甲申, 丙戌, 庚寅, 壬辰, 乙未, 丁酉, 庚子, 壬寅, 癸卯, 丙午, 丁未, 癸丑, 甲寅, 壬辰, 乙未, 大偸修日, 黃道, 天德, 月德, 月恩, 四相, 生氣, 玉宇, 金堂, 定, 成, 執, 滿, 開日, 六合日, 生甲

전길일(全吉日)은 개기(開基, 터 닦는 것), 정초(定礎, 주춧돌을 놓는 것), 입주(立柱, 기둥을 세우는 것), 상량(上樑, 기둥에 보를 얹고 그 위에 마룻대를 올리는 것)에 좋은 날이다. 반드시 가주(家主, 집안의 주인)의 생기복덕법(生氣福德法)에 맞추어 생기(生氣), 천의(天醫), 복덕(福德), 보필(輔弼) 등을 비롯하여 다른 법으로 좋은 날과 합국(合局)하면 대길(大吉)하다. 그러나 화해(禍害), 절명(絶命), 절체(絶體), 유혼일(遊魂日)에 해당되거나, 기타 다른 법으로 흉한

기운이 겹치는 날은 피한다.

2) 동토일(動土日)

동토일(動土日)이란 흙을 다루는 날이다. 땅을 움직이는 날이라는 말이나 날마다 따져 좋은 날과 나쁜 날이 있다. 달리 인동토일(人動土日)이라고도 한다.

흙을 움직이는 행위를 하거나 속신에서 말하는 금기(禁忌)한 행위를 하면 땅을 지배하는 지신(地神)의 노여움을 사서 화를 입게 되는 날이 바로 이날이다.

동토(動土)는 말 그대로 흙을 움직이는 것을 지칭하며 달리 '동티'라고도 하는데, 동토일에는 의일과 기일이 있어 흙을 다루는 행위를 금한다.

본래 동토일은 집을 짓는다는 기준으로 흙을 다루지 않는다는 속신에서 비롯되었지만 그 의미가 조금 더 광범위하게 적용되어 이날은 가구의 위치를 바꾸거나 집수리를 하지 않으며, 혼인을 피하고, 머슴이나 하인 같은 사람이 들어오면 좋지 않은 일이 생긴다하여 출입을 경계하기도 한다. 한편 흙만이 아니라 나무를 잘못 건드려 사람이 화를 입는 나무동티도 있다. 집을 짓고 3년간은 동티가 없어야 한다는 말도 같은 의미를 지닌다.

적용은 중첩되게 사용한다. 민력이나 택일력은 일자별로 각종 행사에 좋은 날과 나쁜 날들을 모두 기록 해놓았다가 의일(宜日) 또는 유리한 날을 보아 자신의 생기법덕법으로 좋은 날과 일치시키면 가장 무난한 택일이 된다.

동토일	
의일 (宜日)	甲子, 庚午, 辛未, 癸酉, 戊寅, 己卯, 庚辰, 辛巳, 甲申, 丙戌, 甲午, 丙申, 戊戌, 己亥, 庚子, 甲辰, 丙午, 丁未, 癸丑, 戊午, 丁巳, 辛酉, 黃道, 月空, 天德, 月德, 天恩, 四相, 生氣, 玉宇, 金堂, 益後, 甲乙, 戊己, 庚辛, 除, 定, 執, 危, 成, 開日
기일 (忌日)	土皇, 土瘟, 土符, 土忌, 土痕, 土塊, 地囊, 天賊, 建, 破, 平, 收, 土旺用事後

3) 기지일(基地日)

기지일(基地日)은 집터를 닦는 날이다. 가옥(家屋)을 신축(新築)하거나 개수(改修)하기 위해 집터를 파거나 닦기에 가장 좋은 날이다. 땅을 처음 파는 날이므로 고사(告祀)를 지내는 것이 일반적이다.

고사를 지내는 법도 여러 가지가 있으나 경(經)을 읽으면 더욱 좋다. 여기에 이 날이 황도(黃道), 천덕(天德), 월덕(月德) 등과 모든 길신(吉神)이 만나는 날이면 더욱 좋은 기지(基地) 조성일(造成日)이 된다.

기지일	
의일 (宜日)	甲子, 乙丑, 丁卯, 戊辰, 庚午, 辛未, 己卯, 辛巳, 甲申, 乙未, 丁酉, 己亥, 丙午, 丁未, 壬子, 癸丑, 甲寅, 乙卯, 庚申, 辛酉
기일 (忌日)	玄武, 黑道, 天賊, 受死, 天瘟, 土瘟, 土符, 土忌, 土禁, 地殺, 地破, 月破, 地囊, 正四廢, 建, 破, 收, 土旺用事後

그러나 현무(玄武), 흑도(黑道), 천적(天賊), 수사(受死), 천온(天瘟), 토온(土瘟), 토기(土忌), 토부(土符), 토금(土禁), 지살(地殺), 지파(地破), 월파(月破), 지낭(地囊) 등 흉신(凶

神)이 있으면 가급적 터파는 일을 삼간다. 간혹 터를 파고
사람이 죽거나 다치는 일이 일어나는 경우가 있는데 이를
기지가 잘못되었다고 말한다.

4) 정초일(定礎日)

정초일(定礎日)이란 주춧돌을 놓는 날이다. 시멘트로 집
을 지을 때는 주춧돌을 넣지 않기에 적용이 쉽지 않다. 그러
나 일반 주택이나 고택 형태의 집을 지을 때, 이 날은 주춧
돌을 놓기에 가장 좋은 날이다. 양옥(洋屋)이나 철근콘크리
트 건물인 경우는 기초 콘크리트를 하는 날로 택일하는데
길한 날이다. 따라서 바닥 콘크리트를 타설하는 날이 될 것
이다. 아울러 이 날은 지수화풍(地水火風)의 터신을 안정시
키는 날이기도 하다. 이 날이 황도(黃道), 천덕(天德), 월덕
(月德) 등 길신(吉神)이 만나는 날이면 더욱 좋은 정초일(定
礎日)이다. 그러나 현무(玄武), 흑도(黑道) 등 흉신(凶神)이
있으면 가급적 주춧돌을 놓거나 기초 콘크리트 치는 일을
삼가야 한다.

정초일	
의일 (宜日)	甲子, 乙丑, 丙寅, 戊辰, 己巳, 庚午, 辛未, 甲戌, 乙亥, 戊寅, 己卯, 辛巳, 壬午, 癸未, 甲申, 丁亥, 戊子, 己丑, 庚寅, 癸巳, 乙未, 丁酉, 戊戌, 己亥, 庚子, 壬寅, 癸卯, 丙午, 戊申, 己酉, 壬子, 癸丑, 甲寅, 乙卯, 丙辰, 丁巳, 己未, 庚申, 辛酉, 黃道, 天德, 月德, 定, 成日 外 諸吉神 만나는 날
기일 (忌日)	正四廢, 天賊, 建, 破

5) 수주일(豎柱日)

수주일(豎柱日)이란 기둥을 세우는 날이다. 수주는 기둥을 세운다는 말이다. 따라서 기둥감이 모두 마련되고 주춧돌을 놓고 기다렸다가 이 날에 기둥을 세운다. 이 날이 황도(黃道), 천덕(天德), 월덕(月德) 등 길신(吉神)이 만나는 날이면 더욱 좋은 수주일(豎柱日)이다.

수주일	
수주일 (豎柱日)	丙寅, 己巳, 乙亥, 己卯, 辛巳, 甲申, 乙酉, 戊子, 己丑, 庚寅, 己未, 己亥, 辛丑, 癸卯, 乙巳, 戊申, 己酉, 壬子, 甲寅, 己未, 庚申, 壬戌, 三合, 黃道, 天德, 月德, 成日, 開日, 寅申, 巳亥

6) 상량일(上樑日)

상량(上樑)은 대들보다. 상량일(上樑日)은 대들보를 포함하여 건물의 허리뼈인 들보를 거는 날이다. 이 날에 건물의 주축(主軸)인 대들보를 상량하면 길한 날이다. 옛 조상들은 이를 중요하게 여겨 길일(吉日)과 길시(吉時)를 정해 제물(祭物)을 차려놓고 치성(致誠)으로 기복(祈福)하고 상량(上樑)하였다. 아울러 상량문도 기록하였다.

상량 시간은 황도시(黃道時)를 사용하면 좋다. 황도시는 각각 子午日=午申時, 丑未日=巳申時, 寅申日=辰巳時, 卯酉日=午未時, 辰戌日=辰巳申時, 巳亥日=辰午未時이 해당된다.

이 날이 각종 길일의 택일에 사용하는 황도(黃道), 천덕(天德), 월덕(月德) 등 여러 길신(吉神)이 만나는 날이면 더욱 좋은 상량일(上樑日)이다. 좋은 날이 중중(重重)으로 합해지면 더욱 좋다. 그러나 주작(朱雀), 흑도(黑道), 천강(天罡), 촉화(燭火), 천화(天火), 월화(月火), 하화(下火), 빙소와해(氷消瓦解), 천온(天瘟), 천적(天賊), 월파(月破), 대모(大耗), 하괴(河魁), 수사(受死), 노반(魯般), 혈인(血刃), 천온(天瘟), 구토귀(九土鬼), 천재일(天災日) 등은 흉신(凶神)이 있으면 상량(上樑)을 삼간다.

상량일	
의일 (宜日)	甲子, 乙丑, 丁卯, 戊辰, 己巳, 庚午, 辛未, 壬申, 甲戌, 丙子, 戊寅 庚辰, 壬午, 甲申, 丙戌, 戊子, 庚寅, 甲午, 丙申, 丁酉, 戊戌, 己亥, 庚子, 辛丑, 壬寅, 癸卯, 乙巳, 丁未, 己酉, 辛亥, 癸丑 乙卯, 丁巳, 己未, 辛酉, 癸亥, 黃道, 天德, 月德, 成, 開日, 諸吉神
기일 (忌日)	朱雀黑道, 天牢黑道, 天罡正, 河魁, 獨火, 天火, 氷消瓦解, 受死, 天賊, 月破, 伏斷日, 正四廢, 天地轉殺, 月建

7) 개옥일(蓋屋日)

개옥일(蓋屋日)은 지붕을 덮는 날이다. 이 날은 연목(椽木, 서까래)을 걸고 흙을 올리고 기와를 덮는 일 등을 하면 좋다.

과거에는 기와를 올리는 날로 가장 좋은 날로 택일되었다.

최근처럼 시멘트를 이용하여 집을 짓는 경우는 슬라브를 치는 날이 될 것이다. 그러나 전통 방식의 풍수지리에서 슬라브는 지붕으로 인정받지 못한다.

개옥일	
개옥일 (蓋屋日)	甲子, 丁卯, 戊辰, 己巳, 辛未, 壬申, 癸酉, 丙子, 丁丑, 己卯, 庚辰, 癸未, 甲申, 乙酉, 丙戌, 戊子, 庚寅, 癸巳, 乙未, 丁酉, 己亥, 辛丑, 壬寅, 癸卯, 甲辰, 乙巳, 戊申, 庚戌, 辛亥, 癸丑, 乙卯, 丙辰, 庚申, 辛酉, 黃道, 天德, 月德, 成, 開日, 諸吉神

8) 수조동토일(修造動土日)

수조동토일(修造動土日)은 집을 짓거나 수리하기 위해 땅을 파는 날이다.

흔히 말하는 동토일과는 약간 다르지만 병행 사용해도 무리가 없다.

집을 짓는다는 조건에서 땅을 건드리고 땅을 파는 경우에 적용하지만 사실은 모든 흙을 다루는 일에 길한 날이다. 이 날에 가옥을 건축(建築)하거나 수리(修理)한다.

또 방(房)이나 창고(倉庫) 및 부엌, 외양간, 변소 등을 짓거나 흙에 벽을 바르는 등 수리에 길한 날이다.

현대 건축에서는 벽에 칠을 하는 날도 해당될 것이다.

대한민력(大韓民曆)이나 택일력(擇日曆)을 보면 "행사길일(行事吉日) 및 불길일(不吉日)"에 표시되어 있다.

그러나 대장군방(大將軍方), 태세방(太歲方), 신황방(身皇方), 정명방(定命方), 이흑방(二黑方), 오자소임방(五子所臨方)은 피하나, 오자출유일(五子出遊日), 통천주마일(通天走馬日)은 해로움이 없는 날이니 무방(無妨)하다.

수조동토일	
수조동토일 (修造動土日)	壬子, 癸丑, 丙辰, 丁巳, 戊午, 己未, 庚申, 辛酉, 四時, 相日, 生氣, 天德, 月德, 月恩, 定日, 玉堂, 黃道, 金匱黃道, 定日, 大偸修日

9) 파옥훼원일

파옥(破屋), 훼원일(毁垣日)은 오래된 낡은 집이나 부실한 집을 헐어내거나 담장을 부수거나 정원을 다듬는 날이다. 파옥은 집을 부수는 날이다. 아무 날이나 집을 부수는 것은 때로 큰 피해를 가져올 수가 있다. 부서지고 무너진 집도 시기에 따라 택일을 하여 해체하거나 허물어 버리는 것이 좋다. 담을 부수거나 정원을 고치는 행위도 바로 이 날에 할 수 있는 택일에 해당한다. 따라서 파옥훼원(破屋毁垣)이라고도 하며, 이 날에 낡은 가옥이나 건물, 담장 등을 허물면 해가 없어 좋다. 대한민력(大韓民曆)이나 택일력(擇日曆)에 월파(月破), 지파(地破) 등 흉신(凶神)인 파(破)가 들어간 날에 해야 한다.

흔히 건제십이신의 파일을 사용한다. 천구의 북극 주위에 고착된 십이지에 대하여 한 달에 한 방위씩 전진하는 특수한 십이방위를 건제십이신이라고 한다. 북쪽하늘에 고착된 좌표는 현재 북극성의 위치를 중심으로 하여 아래의 지평선쪽을 자(子), 위쪽을 오(午), 동쪽을 묘(卯), 서쪽을 유(酉)로 정하고, 이에 따라 십이지의 방위가 시계반대방향으로 결정된다.

건(建), 제(除), 만(滿), 평(平), 정(定), 집(執), 파(破), 위
(危), 성(成), 수(收), 개(開), 폐(閉)이다. 이 좌표와 북두칠성
의 방향을 엮어 그날의 길흉을 점치는 데 쓰였다.

파옥훼원일	
파옥 훼원	건제 12신의 파(破)일

10) 수조일(修造日)

수조일은 가옥을 짓거나 수리하는 날이다. 가옥을 짓거나
수리에 좋은 날은 하루 이틀이 아니다. 따라서 여러 날을 찾
아 중첩되는 날을 택한다.

수조일	
의일 (宜日)	四時相日, 生氣日, 天德, 月德, 月恩, 定日, 玉堂黃道日, 金櫃黃道日
기일(忌日)	大將軍方, 太歲方

11) 조문일(造門日)

조문일(造門日)은 문을 다는 날이다. 문의 종류도 다양하
다. 이 날에는 신옥(新屋)이나 구옥(舊屋)을 막론하고 대문,
방문, 부엌문, 창문 등을 만들어 달거나, 새로이 문을 내는
데 길한 날이다. 이처럼 과거에는 창문 하나 내는 것도 신경
써 택일하였다. 신축의 건물에서 문을 내거나 문을 달거나
창문을 내는 날도 이 날에 해당한다. 여기에 황도(黃道), 생
기(生氣), 천덕(天德), 월덕(月德) 등 길신(吉神)이 합하면

더욱 좋은 날이 된다. 그러나 봄에는 동문(東門), 여름에는 남문(南門), 가을에는 서문(西門), 겨울에는 북문(北門)을 새로 달거나 수리하는 것을 기(忌, 꺼린다)한다.

조문일		
의일 (宜日)	甲子, 乙丑, 辛未, 癸酉, 甲戌, 壬午, 甲申, 乙酉, 戊子, 己丑, 辛卯, 癸巳, 乙未, 己亥, 庚子, 壬寅, 戊申, 壬子, 甲寅, 丙辰, 戊午, 黃道, 生氣, 天德, 天德合, 月德, 月德合, 滿, 成日, 開日	
기일 (忌日)	춘 작 동 문 (春作東門)	봄에는 동쪽에 문을 만들지 않는다
	하 작 남 문 (夏作南門)	여름에는 남쪽에 문을 만들지 않는다
	추 작 서 문 (秋作西門)	가을에는 서쪽에 문을 만들지 않는다
	동 작 북 문 (東作北門)	겨울에는 북쪽에 문을 만들지 않는다

12) 새문일(塞門日), 새로일(塞路日)

막는 일과 관계있다. 새문일(塞門日), 새로일(塞路日)은 길을 막거나 문을 막는 날이다. 문을 내는 날이 구별되어 있듯 문을 막는 날도 택일에 의한다. 문을 막아버리거나 길을 없애는 날이다. 일반적으로 흉한 날, 좋지 않은 것으로 여겨지던 날로 정한다. 이는 막는 것이기 때문이다.

주로 복단일(伏斷日), 폐일(閉日)을 택일에 사용한다. 대한민력(大韓民曆), 또는 택일력(擇日曆)을 보면 이 날에 대하여 비교적 자세히 기록되어 있으므로 상세하게 알 수 있다. 그러나 기록이 없더라도 병인(丙寅), 기사(己巳), 경오(庚午), 정사(丁巳)는 물론이고 사폐일(四廢日)도 피한다.

사폐일이란 사시(四時)의 폐일(廢日)을 일컫는 말로, 춘절(春節)을 의미하는 3개월에는 전기(金氣)가 절(絶)하고, 하절(夏節)의 3개월간은 수기(水氣), 추절(秋節)의 3개월동안은 목기(木氣), 동절(冬節)의 3개월 동안에는 화기(火氣)가 절(絶)하여 지극히 무력하니, 이때는 영화를 보기 어렵다는 뜻인데, 이날 출생한 사람은 작사불성(作事不成), 유시무종(有始無終)한다는 것이다. 사폐(四廢)는 물상의 연장선상에서 보아도 비교적 불리한 글자 조합이니 암시하는 바가 흉하다.

새문새로일	
의일(宜日)	伏斷日(子日虛, 丑日斗, 寅日室, 卯日女, 辰日箕, 巳日房, 午日角, 未日張, 申日鬼. 酉日觜, 戌日胃, 亥日壁), 건제십이신의 閉日
기일(忌日)	四廢日, 丙寅, 己巳, 庚午, 丁巳

春	庚申
夏	壬子
秋	甲寅
冬	丙午

13) 천정일(穿井日)

천정일(穿井日)은 우물을 파는 날이다. 이 날에 우물을 파거나 수도(水道)를 놓으면 매우 길하다. 본산(本山)의 생왕방(生旺方)을 취(取)하면 더욱 대길(大吉)한다. 이 날에 황도(黃道), 천덕(天德), 월덕(月德), 천덕합(天德合) 및 월덕합(月德合) 및 생기(生氣) 등이 겹치면 또한 길하다.

사용하지 못하는 방향도 있다. 인방(寅方)은 장수(長壽), 묘진사방(卯辰巳方)은 부귀(富貴)를 나타내니 길하지만 기타의 방향은 흉하니 사용하지 말라. 또 년가삼살(年家三殺), 주현관부(州縣官符) 및 월가흉살(月家凶殺)이다. 만일 우물을 파는 곳이 가옥으로부터 120보 밖이면 꺼리지(忌) 않는다. 또 세관(歲官)이 교승(交承)하는 때에는 일체(一切)의 방향을 불문한다.

천정일	
의일(宜日)	生氣日, 成日, 開日, 天德, 月德, 合德, 甲子, 乙丑, 壬午, 甲申, 癸巳, 戊戌, 庚子, 辛丑, 乙巳, 辛亥, 癸丑, 丁巳, 辛酉, 癸亥
기일(忌日)	寅方長壽, 卯辰巳方富貴, 다른 방향은 모두 흉하다

14) 작측일(作厠日)

과거에 화장실은 측간(厠間)이라고 했고, 속설에 화장실과 처가는 멀어야 한다고 했다. 아파트와 같이 화장실과 생활공간이 하나로 이루어진 지금과는 다르게 과거에는 측간이 집에서 멀리 떨어져 있었으므로 따로 짓는 과정이 필요했다.

작측일(作厠日)은 화장실을 짓는 날이다. 그러나 음력 정월(正月), 6월(六月), 육갑태신(六甲胎神), 우태(牛胎), 월가(月家), 점측일(占厠日)은 피(忌)한다.

작측일	
의일(宜日)	天聾日, 地啞日, 伏斷日, 庚辰, 丙戌, 癸巳, 壬子, 己未
기일(忌日)	음력 1월 29일

15) 수측일(修厠日)

수측일(修厠日)은 변소를 고치는 날이다. 짓는 날과 고치는 날이 다르다. 작측일과 비교하여 정해진 것을 참고하여 날을 선택한다. 그러나 음력 정월(正月), 6월(六月), 육갑태신(六甲胎神), 우태(牛胎), 월가(月家), 점측일(占厠日)은 피(忌)한다.

수측일	
수측일	己卯, 壬午, 壬子, 乙卯, 丙午

16) 수문일(修門日)

수문일(修門日)은 문을 고치는 날이다. 문을 다는 날이 있고 문을 막는 날이 있듯 고치는 날도 따로 있다. 문(대문, 방문, 부엌문, 창문)을 수리하는데 길한 날이다. 음력으로 대월(大月 : 30일까지 있음)에는 1일(初一日)을 아래(뒤)로부터 위(앞)로 거슬러 짚어 나가고, 소월(小月 : 29일까지 있음)은 위(앞)에서부터 아래(뒤)로 차례로 짚어 나간다. 그래서 날짜가 닿는 곳이 ○표를 만나면 대길(大吉)하고, ●

표를 만나면 육축(六畜)이 손(損)하며, 인(人)자를 만나면 사람에게 손해(損害)가 있고 불리(不利)하다.

날에 해당되어도 피하는 날이 있다. 구랑성(九狼星), 연가점문(年家占門), 구공암인(丘公暗刃), 우황태(牛皇胎), 저태(猪胎), 육갑태신(六甲胎神), 토공(土公), 대모(大耗), 소모(小耗), 월가점문(月家占門), 또는 경인문(庚寅門)에 대부사일(大夫死日)은 기(忌)한다.

수문일																													
○	○	●	●	●	○	○	人	人	人	○	○	○	●	●	●	○	○	○	人	人	人	○	○	●	●	●	○	○	○
大月 30	29	28	27	26	25	24	23	22	21	20	19	18	17	16	15	14	13	12	11	10	9	8	7	6	5	4	3	2	1
小月 1	2	3	4	5	6	7	8	9	10	11	12	13	14	15	16	17	18	19	20	21	22	23	24	25	26	27	28	29	

○ : 대길, ● : 육축 손해, 人 : 손해 불리

17) 문로길방(門路吉方)

집이나 건물의 좌(坐)에 의하여 출입문을 내는데 보는 길한 방위(方位)다.

동서사택법으로 출입문을 내는 것이 가하나 이처럼 문만 보고 판단이 가능하다.

문로길방	
좌(坐)	문로길방(門路吉方)
임좌 (壬坐)	병오문(丙午門)은 귀자(貴子)를 낳고, 건해문(乾亥門)은 가관진록(加官進祿, 진급을 하고 녹봉이 올라 재산이 늘어난다)하여 매사에 길하다.
자좌 (子坐)	사병문(巳丙門)은 총명부귀(聰明富貴)하고, 미곤문(未坤門)은 육축(六畜)이 왕성하고 주인이 급제(及第)하며, 술건문(戌乾門)은 백사(百事)에 모두 길하다.

계좌 (癸坐)	사병문(巳丙門)은 총명(聰明)하고 용모(容貌)가 수려한 재자가인(才子佳人)이 나오고, 미곤문(未坤門)은 횡재(橫財)하고 문과(文科)에 급제(及第)하며, 술건문(戌乾門)은 가정이 화목(和睦)하고 효순(孝順)한 자녀(子女)를 두는 등 백사(百事)에 모두 길창(吉昌)하다.
축좌 (丑坐)	사병문(巳丙門)은 총명(聰明)하고 용모(容貌)가 수려한 재자가인(才子佳人)이 나오고, 미곤문(未坤門)은 횡재(橫財)하고 문과(文科)에 급제(及第)하며, 술건문(戌乾門)은 가정이 화목(和睦)하고 효순(孝順)한 자녀(子女)를 두는 등 백사(百事)에 모두 길창(吉昌)하다.
간좌 (艮坐)	오정문(午丁門)은 문과(文科)에 급제(及第)하고, 신경문(申庚門)은 횡재(橫財)하고 육축(六畜)이 왕성하다.
인좌 (寅坐)	신경문(申庚門)은 가관진록(加官進祿)하며, 오정문(午丁門)은 육축(六畜, 축산업)과 전잠(田蠶, 밭과 누에농사)이 잘 된다.
갑좌 (甲坐)	신경문(申庚門)은 육축(六畜, 축산업)과 전잠(田蠶, 밭농사와 누에농사)이 왕(旺)하고, 오정문(午丁門)은 호걸(豪傑)이 나오며, 술건문(戌乾門)은 가내(家內)가 화목하나 밖으로 송사(訟事)가 염려된다.
묘좌 (卯坐)	자계문(子癸門)은 부귀쌍전(富貴雙全)하고, 사병문(巳丙門)은 식록(食祿)이 홍하여 인구(人口)가 왕(旺)하며, 술건문(戌乾門)은 가관진록(加官進祿)하게 된다.
을좌 (乙坐)	자계문(子癸門)은 총명과인(聰明過人)하고, 술건문(戌乾門)은 미모(美貌)와 문장(文章)이 출중한 사람이 나온다.
진좌 (辰坐)	술건문(戌乾門)은 출색의인(出色衣人, 인물이 뛰어나 과거급제하여 벼슬에 나감)하고, 자계문(子癸門)은 육축(六畜)과 인구(人口)와 재물(財物)이 왕(旺)하며, 신경문(申庚門)은 가정이 화목(和睦)하며 자녀가 효순(孝順)한다.
손좌 (巽坐)	술건문(戌乾門)은 전 가족이 효도(孝道)와 의리(義理)가 있고, 신경문(申庚門)은 총명(聰明)한 자손(子孫)이 나오며, 자계문(子癸門)은 횡재(橫財)와 치부(致富)가 따른다.
사좌 (巳坐)	축간문(丑艮門)은 우축(牛畜)이 잘 되고, 해자문(亥子門)은 생색의인(生色衣人, 과거 급제자가 나옴)하며, 미곤문(未坤門)은 예술(藝術)로 재물(財物)이 모인다.
병좌 (丙坐)	축간문(丑艮門)은 횡재(橫財)가 따르고, 해임문(亥壬門)은 가정이 화목(和睦)하여 자녀가 효순(孝順)하며, 미곤문(未坤門)은 인인부귀(因人富貴, 타인으로 인하여 부귀하게 됨)하게 된다.

오좌 (午坐)	축간문(丑艮門)은 인처치부(因妻致富, 아내로 인하여 부자가 됨)하고, 진손문(辰巽門)은 부부화순(夫婦和順)한다.
정좌 (丁坐)	간인문(艮寅門)은 총명(聰明)한 사람이 나오고, 사계문(子癸門)은 문무쌍전(文武雙全)한다.
미좌 (未坐)	진손문(辰巽門)은 처(妻)로 인하여 치부(致富)하고, 병신문(丙辛門)은 미모(美貌)가 출중한 사람이 나오며, 인간문(寅艮門)은 인구(人口)와 우마(牛馬)가 왕(旺)하다.
곤좌 (坤坐)	인갑문(寅甲門)은 문무겸전(文武兼全)한 재사(才士)가 나오고, 술건문(戌乾門)은 재기지사(才氣之士, 재주가 뛰어난 사람)가 나오며, 자손문(子巽門)은 육축(六畜, 축산업)이 왕(旺)하다.
신좌 (申坐)	술건문(戌乾門)은 부귀쌍전(富貴雙全)하고, 진손문(辰巽門)은 총명수재(聰明秀才)가 나오며, 인갑문(寅甲門)은 인인진작(因人進爵, 타인으로 인해서 벼슬을 얻음)을 한다.
경좌 (庚坐)	술건문(戌乾門)은 의기지사(義氣志士)가 나오고, 진손문(辰巽門)은 미모(美貌)가 출중한 사람이 나오며, 인갑문(寅甲門)은 녹(祿)이 더하여 재물(財物)을 얻는다.
유좌 (酉坐)	미곤문(未坤門)은 효의(孝義)로운 사람이 나오고, 진손문(辰巽門)은 인처치부(因妻致富, 아내로 인하여 부자가 됨)하며, 인갑문(寅甲門)은 진전왕인(進田旺人, 전답과 인구가 번창하여 많아진다)한다.
신좌 (辛坐)	인갑문(寅甲門)은 가관획재(加官獲財, 벼슬이 오르고 더 많은 재물이 쌓인다)하고, 자계문(子癸門)은 인구(人口)와 전잠(田蠶, 전답과 누에농사)이 왕(旺)하며, 진손문(辰巽門)은 미모(美貌)와 기재(奇才)가 뛰어난 아이가 출생한다.
술좌 (戌坐)	진손문(辰巽門)은 강계(慷慨, 의기가 복받쳐 분개하는 함)한 사람이 나오고, 정문(丁門)은 전잠(田蠶)이 왕(旺)하며, 인갑문(寅甲門)은 횡재(橫財)를 많이 한다.
건좌 (乾坐)	임진문(壬辰門)은 예술(藝術)로서 성공하고, 미곤문(未坤門)은 충효(忠孝)를 구전(俱全, 완전히 갖춤)한 사람이 나온다.
해좌 (亥坐)	축간문(丑艮門)은 수재(秀才)가 나오고, 신술문(辛戌門)은 전잠(田蠶)이 왕(旺)하며, 미경문(未庚門)은 가문(家門)이 효순(孝順)하다.

● 출입문(出入門) 길흉방(吉凶方)

가택구성법(家宅九星法)과 같은 것으로 가옥(家屋)이나

건물의 좌(坐)를 보고 출입문(出入門)의 길흉(吉凶)을 판단한다. 좌(坐)를 기본괘(基本卦)로 한다.

운용 방법은 상지선동(上指先動)하여 다음과 같은 순으로 변효(變爻), 변괘(變卦)해 나간다. 그러다가 해당 출입문의 방위와 같은 괘가 되면 멈추고 그곳이 구성 중 어디에 속하는지를 보고 길흉화복을 판단하면 된다.

일상생기(一上生氣), 이중오귀(二中五鬼), 삼하연년(三下延年), 사중육살(四中六殺), 오상화해(五上禍害), 육중천을(六中天乙), 칠하절명(七下絶命), 팔중보필(八中輔弼).

출입문 길흉방								
坐 門	감 (坎) 壬子 癸	간 (艮) 丑艮 寅	진 (震) 甲卯 乙	손 (巽) 辰巽 巳	이 (離) 丙午 丁	곤 (坤) 未坤 申	태 (兌) 庚酉 辛	건 (乾) 戌乾 亥
감 (坎) 壬子 癸	귀혼 (歸魂)	오귀 (五鬼)	천을 (天乙)	생기 (生氣)	연년 (延年)	절명 (絶命)	화해 (禍害)	육살 (六殺)
간 (艮) 丑艮 寅	오귀 (五鬼)	귀혼 (歸魂)	육살 (六殺)	절명 (絶命)	화해 (禍害)	생기 (生氣)	연년 (延年)	천을 (天乙)
진 (震) 甲卯 乙	천을 (天乙)	육살 (六殺)	귀혼 (歸魂)	연년 (延年)	생기 (生氣)	화해 (禍害)	절명 (絶命)	오귀 (五鬼)
손 (巽) 辰巽 巳	생기 (生氣)	절명 (絶命)	연년 (延年)	귀혼 (歸魂)	천을 (天乙)	오귀 (五鬼)	육살 (六殺)	화해 (禍害)

이 (離) 丙午 丁	연년 (延年)	화해 (禍害)	생기 (生氣)	천을 (天乙)	귀혼 (歸魂)	육살 (六殺)	오귀 (五鬼)	절명 (絶命)
곤 (坤) 未坤 申	절명 (絶命)	생기 (生氣)	화해 (禍害)	오귀 (五鬼)	육살 (六殺)	귀혼 (歸魂)	천을 (天乙)	연년 (延年)
태 (兌) 庚酉 辛	화해 (禍害)	연년 (延年)	절명 (絶命)	육살 (六殺)	오귀 (五鬼)	천을 (天乙)	귀혼 (歸魂)	생기 (生氣)
건 (乾) 戌乾 亥	육살 (六殺)	천을 (天乙)	오귀 (五鬼)	화해 (禍害)	절명 (絶命)	연년 (延年)	생기 (生氣)	귀혼 (歸魂)

출입문 길흉방 해석	
생기 (生氣)	탐랑(貪狼)으로 가운(家運)이 번창하고, 속발부귀(速發富貴)한다.
오귀 (五鬼)	염정(廉貞)으로 다병(多病) 단명(短命)하고, 흉사(凶事)가 끊임이 없다.
육살 (六殺)	문곡(文曲)으로 패가(敗家) 상정(傷丁)하고, 관재(官災)가 많아 형옥(刑獄)을 당한다.
천을 (天乙)	거문(巨門)으로 부귀다복(富貴多福)하고 건강 장수한다
절명 (絶命)	파군(破軍)으로 다병(多病) 단명(短命)하고, 온갖 재앙이 끊임이 없다.
귀혼 (歸魂)	보필(輔弼)로 경사중중(慶事重重)하며, 모든 일이 순탄하다. 평탄하다
화해 (禍害)	녹존(祿存)으로 다재(多災)하여 재앙이 많고 손재(損財)한다.
연년 (延年)	무곡(武曲)으로 승진(昇進) 득재(得財)하고, 자손이 번창하며, 건강 장수한다.

18) 조묘파쇄일(造廟破碎日)

조묘파쇄일(造廟破碎日)이란 사당(祠堂)을 짓는데 피하는 날이다.

조묘파쇄일	
인일(寅日)	지주(地主)가 대난(大難)을 당(當)한다.
진일(辰日)	신(神)의 영기(靈氣)가 없어진다.
사일(巳日)	지사(地師)가 액(厄, 재앙, 불행)을 당한다.
신일(申日)	주인이 단명(短命)한다.
술일(戌日)	향리(鄕里)에 질병(疾病, 온황瘟黃)이 생긴다.
해일(亥日)	목수(木手)가 재앙(災殃)을 당한다.

19) 신호귀곡일(神號鬼哭日)

신호귀곡일(神號鬼哭日)일이라 부르는데 신호일과 귀곡일이다. 이 날은 반드시 피해야 하는 날이다. 이 날은 신묘(神廟, 조상의 신주나 위패를 모신 사당)를 세우고, 신상(神像, 초상화, 영정)을 그리는 것을 기(忌)하는 날이다. 신이 신호를 보내고 귀신이 통곡을 한다하니 마땅히 피해야 한다.

사당을 세우고 신상(神像)을 그리는데 있어서는 신호일(神號日), 귀곡일(鬼哭日) 양일을 범하지 말고, 마땅히 지운정국(地運定局)을 택하되, 주인의 본명(本命)에 해가 없도록 해야 한다. 그리고 신황(身皇), 정명(定命), 대장군(大將軍), 태세방(太歲方) 등 역시 범하면 안 된다.

그러나 대장군방(大將軍方)이나 태세방(太歲方)은 오자

출유일(五子出遊日)을 사용하여 일진(日辰)의 납음(納音)으로써 제지(制之)하면 해가 없다.

신호귀곡일												
월	1월	2월	3월	4월	5월	6월	7월	8월	9월	10월	11월	12월
신호일	戌	亥	子	丑	寅	卯	辰	巳	午	未	申	酉
귀곡일	未	戌	辰	寅	午	子	酉	申	巳	亥	丑	卯

20) 개지당길일(開池塘吉日)

개지당길일(開池塘吉日)은 연못, 저수지를 파거나 둑을 쌓으면 길하다. 하루 이틀에 이루어지는 일이 아니므로 시작하는 날을 기준으로 삼는다.

이 날에 천덕(天德), 월덕(月德), 생기(生氣) 등 길신(吉神)이 겹치면 더욱 길한 날이다.

개지당길일	
개지당길일	甲子, 乙丑, 壬午, 甲申, 癸巳, 戊戌, 庚子, 辛丑, 乙巳, 辛亥, 癸丑, 丁巳, 辛酉, 癸亥, (天德, 月德, 生氣)

21) 수정길일(修井吉日)

이 날에 우물, 수도 등을 수리하면 길하다. 이 날은 천정일(穿井日)과도 통용(通用) 된다. 우물은 생명과 직결되는 날이다. 따라서 과거에는 매우 중요하였다.

이날 구랑성(九狼星), 년가점정(年家占井), 대모(大耗),

소모(小耗), 토공(土公), 유룡(遊龍), 복룡(伏龍), 우황(牛皇), 저태(猪胎), 마태(馬胎), 양태(羊胎), 월가점정(月家占井) 등이 흉신(凶神)이 겹치면 피한다.

흑도(黑道), 천온(天瘟), 토온(土瘟), 천적(天賊), 수사(受死), 토기(土忌), 토부(土符), 지낭(地囊), 혈기(穴忌), 비염(飛廉), 구공(九空), 수격(水隔), 구토귀(九土鬼), 정사폐(正四廢), 천지전살(天地轉殺), 복단(伏斷) 등 흉살(凶殺)도 피한다.

◑ 수정길일

이 날에 우물, 수도 등을 수리하면 길하다.

수정길일	
수정길일	壬午, 甲申, 戊戌, 庚子, 辛丑, 乙巳, 辛亥, 癸丑, 丁巳

◑ 천갈일(泉渴日)

우물을 말리는 날이라는 의미에 해당하지만 사실은 우물의 바닥 청소를 하기 위해 우물물이나 샘물을 모두 퍼내는 날이라는 의미다. 수도를 수리하기도 한다.

천갈일	
천갈일(泉渴日)	辛巳, 己丑, 庚寅, 壬辰, 戊申

◑ 천폐일

우물이나 샘물을 막아버리는 날. 우물을 막는 경우는 종종 있었다.

현대 사회에서는 수도를 제거하는 날 정도가 되겠다. 혹은 수도가 들어옴으로써 지금까지 사용하던 우물을 막아버릴 때 택일하면 된다.

천폐일	
천폐일(泉閉日)	戊辰, 辛巳, 己丑, 庚寅, 甲寅

22) 안대애일(安碓磑日)

이 날에는 방앗간, 정미소(精米所), 제분소(製粉所), 정유소(精油所) 등을 지으면 길하다.

그러나 천적(天賊), 토부(土符), 토부(土府), 지낭(地囊), 오묘(五墓), 건(建), 파(破), 평(平), 수일(收日), 우태(牛胎), 토왕용사후(土王用事後)를 기(忌)한다.

또한 봄에는 방앗간을 설치하지 못하고, 여름에는 맷돌을 설치하지 못한다.

안대애일	
의일(宜日)	庚午, 辛未, 甲戌, 乙亥, 庚寅, 庚子, 庚申
기일(忌日)	天賊, 土符, 土府, 地囊, 五墓, 建, 破, 平, 收日, 牛胎, 土王用事後

23) 작마방일, 수마방일

작마방일(作馬枋日)과 수마방일(修馬枋日)은 마구간 및 모든 축사(畜舍)를 짓거나 수리하는데 길한 날을 말한다.

◑ 작마방일(作馬枋日)

마구간 및 모든 축사(畜舍)를 짓는데 길한 날

작마방일	
의일(宜日)	甲子, 丁卯, 辛未, 乙亥, 己卯, 甲申, 戊子, 辛卯, 壬辰, 庚子, 壬寅, 乙巳, 壬子
기일(忌日)	戊寅, 庚寅, 戊午, 天賊, 四廢, 月家馬皇, 馬胎

◑ 수마방일(修馬枋日)

마구간 및 모든 축사를 수리하는데 길한 날

수마방일	
의일(宜日)	戊子, 己丑, 甲辰, 乙巳
기일(忌日)	月家馬皇, 馬胎, 古枋

12장.

이사

(移徙)

1. 이사년운길흉법(移徙年運吉凶法)

가장 먼저 파악하여야 하고 가장 많이 사용하는 택일법이다. 모든 이사택일에 사용되며 중심적인 택일법이다.

가주(家主)의 나이를 따져 이사하는 방법이다.

가주의 생년 납음오행으로 이사하는 해가 좋은지 알아보는 방법이다.

10세부터 절궁(絶宮)에서 시작하여 해당하는 나이까지 팔방을 순행하여 길흉을 본다.

손(巽) (辰巽巳) 무방	이(離) (丙午丁) 무방	곤(坤) (未坤申) 길방
진(震) (甲卯乙) 흉방	중궁(中宮)	태(兌) (庚酉辛) 길방
간(艮) (丑艮寅) 길방	감(坎) (壬子癸) 흉방	건(乾) (戌乾亥) 흉방

납음오행으로 따져 곤태간궁(坤兌艮宮)에 닿는다면 이사에 좋은 해이고 손궁(巽宮)과 이궁(離宮)은 무방하니 다른 방소법으로 보아 이로우면 이사할 것이며, 진궁(震宮)과 감궁(坎宮)은 흉한 방향이므로 이사하지 않는다.

이러한 논리에 맞추어 예를 들어보면 2014년 현재를 참고하여 갑오년(甲午年)의 경우 갑진(甲辰生)생은 나이 51세로 납음오행에서 복등화(覆燈火)에 속하며, 화의 오행은 절궁에서 해(亥)에 속하므로 술건해(戌乾亥)에 해당하는 건방(乾方)에 10세를 넣어 51세까지 팔방을 돈다. 그러면 20세에 간궁, 30세에 손궁, 40세에 곤궁, 50세에 건궁, 51세에는 감궁에 닿는다. 감궁은 흉방이므로 이사를 할 수 없다.

1964년생 용띠 갑진생은 2114년 갑오년에 감궁에 닿으므로 이사운이 없다. 그러나 길방이 되는 2015년 간궁에서는 이사운이 있다고 볼 수 있다.

납음오행									
甲子乙丑	海中金	丙寅丁卯	爐中火	戊辰己巳	大林木	庚午辛未	路傍土	壬申癸酉	劍鋒金
甲戌乙亥	山頭火	丙子丁丑	澗下水	戊寅己卯	城頭土	庚辰辛巳	白蠟金	壬午癸未	楊柳木
甲申乙酉	泉中水	丙戌丁亥	屋上土	戊子己丑	霹靂火	庚寅辛卯	松柏木	壬辰癸巳	長流水
甲午乙未	砂中金	丙申丁酉	山下火	戊戌己亥	平地木	庚子辛丑	壁上土	壬寅癸卯	金箔金
甲辰乙巳	覆燈火	丙午丁未	天河水	戊申己酉	大驛土	庚戌辛亥	釵釧金	壬子癸丑	桑柘木
甲寅乙卯	大溪水	丙辰丁巳	砂中土	戊午己未	天上火	庚申辛酉	石榴木	壬戌癸亥	大海水

2. 이사방위(移徙方位)

이사 방향은 이사방소법(移徙方所法), 방위생기법(方位生氣法), 오귀삼살방(五鬼三殺方), 대장군방위(大將軍方位) 등을 고려하여 결정한다. 그러나 새로 이사할 집터가 좋으면 방위에 지나치게 얽매일 필요가 없다고 본다.

또한 자기가 사는 집에서 120보(약100m)이상이면 이사 방향을 가리지 않고 임의대로 이사해도 무방(無妨)하다고 ≪천기대요(天機大要)≫ 방소법(方所法)에 나와 있다. 따라서 바로 옆집이나 동네가 아닌 이상 차량으로 먼 거리를 간다면 이사 방향은 무시해도 된다하겠다. 이사 방향을 측정하는 기준점은 자신이 살고 있는 집의 안방이다.

[천기대요 원문]
자주옥일백이십보외(自住屋一百二十步外) 불문방소임의이사길(不問方所任意移徙吉)
- 자신이 살고 있는 가옥에서 120보 이상 떨어진 곳은, 방위를 불문하고 임의대로 이사해도 길하다.

≪천기대요≫의 어느 부분에도 삼살방이나 대장군방으로 이사하지 말라는 기록이 보이지 않는다. ≪천기대요≫의 삼살방에 대한 언급은 <상장문>의 <제주불복방>에서 장사를 지내는 당일 제주가 그 방향으로 절을 하지 말라는 것이다. 대장군방에 대한 언급은 <길흉신총국>의 <세지흉신>에서 "기수조동토(忌修造動土)"라고 기록되어 언급된다. 이 말은 "이 방향으로 집수리를 하거나 흙을 만지는 일을 꺼린다"라는 의미이다. 또한 ≪천기대요≫ <이사문>에

서 "자기가 거주하는 집에서 만일 120보 밖이면 방소(方所)를 불문하고 이사하여도 무방하다"라고 기록되어 있다.

1보는 대략 75cm로 보는 견해가 있고, 1.35m로 보는 견해도 있으므로 후자를 따르면 요즘 거리로 환산하여 대략 162m 정도이다. 옛날에도 가까운 거리의 이사 외에는 흉한 방향을 가리지 않았음을 볼 수 있다.

이 말의 의미는 아마도 부자이거나 권력을 쥔 자들이 자신의 주거지 주변을 넓히기 위해 빼앗거나 넓히는 것을 피하거나 저어하고자 참언이 들어있는 것은 아닌가 의심이 된다. 즉 힘을 지니고 있는 자들에게 자신의 장원을 넓히고자 주변을 함부로 빼앗거나 사들이지 말라는 의미가 있음을 생각하게 한다.

그렇지 않더라도 일정거리를 벗어나면 흉한 방향을 따지지 않는다는 기록이 존재한다는 것은 눈여겨 볼 일이다.

이러한 사실이 있음에도 불구하고 몰지각한 사람들이 근거 없이 오로지 자신의 생각만으로 무턱대고 적용하다 보니 일반인들이 혼동을 일으키고 무작정 방향을 피해야 한다고 생각하는 결과를 가져온다.

이렇게 정해진 전래의 이론과 사실이 있음에도 자신의 생각만으로 적용하거나 현혹되지 말아야 한다. 그럼에도 불구하고 불안해하고 두려워하므로 삼살과 대장군방을 표기하고자 한다.

이사할 때에는 옛부터 대장군방과 삼살 방향을 피해서 이사를 해왔다. 대장군방위와 삼살방위는 해당 방위에 집수리나 건축을 하면은 화가가 미친다고 믿는 방위로 일반적으로 100m 이상의 거리로 이사를 하면은 크게 상관하지 않는다. 그러해도 이미 민심은 그러하지 않으므로 참조할 필요는 있다 할 것이다.

1) 이사방위 구궁법

일명 천록법(天祿法)이라고도 하는데 옛날부터 가장 많이 이용되고 있는 법이다. 이사방위구궁법은 달리 이사방소법이라 부르기도 한다. 이사방소법은 가주(家主)의 당년(當年) 나이와 구궁도(九宮圖)를 기본으로 한다. 가주(家主)의 당년 나이로 년궁(年宮)을 결정한 다음, 방소법(方所法)의 고정 순차를 배치하여 당년의 길한 방위를 찾으면 된다.

사녹손궁(四祿巽宮) 징파(徵破) 동남쪽	구자이궁(九紫離宮) 퇴식(退食) 정남쪽	이흑곤궁(二黑坤宮) 안손(眼損) 남서쪽
삼벽진궁(三碧震宮) 식신(食神) 정동쪽	오황중궁(五黃中宮) 오귀(五鬼) 중앙	칠적태궁(七赤兌宮) 진귀(進鬼) 정서쪽
팔백간궁(八白艮宮) 관인(官印) 북동쪽	일백감궁(一白坎宮) 천록(天祿) 정북쪽	육백건궁(六白乾宮) 합식(合食) 서북쪽

이처럼 기본적인 구궁법으로 이사방위를 판단하는 방법이다. 복잡하게 풀어 적용하는 방법이 있으나 이사방위도를 파악하면 손쉽게 이사방위를 알 수 있다. 적용방법은 생략

하고 실제적인 이상방위도만 살려 택일하도록 한다. 구궁입 중도에 맞추어 남녀의 나이를 배치하면 이사방위를 알 수 있다. 이사방위를 정리한 도표를 용해 이사방위를 정하는 것이 편하다.

구궁도 방소법

구궁도 방소법		감(坎)一天祿	곤(坤)二眼損	진(震)三食神	손(巽)四磻破	중궁五五鬼	건(乾)六合食	태(兌)七進鬼	간(艮)八官印	이(離)九退食
남자나이		8, 17 26,35 44,53 62,71 80,89	9, 18 27,36 45,54 63,72 81,90	1, 10 19,28 37,46 55,64 73,82	2, 11 20,29 38,47 56,65 74,81	3, 12 21,30 39,48 57,66 75,84	4, 13 22,31 40,49 58,67 76,85	5, 14 23,32 41,50 59,68 77,86	6, 15 24,33 42,51 60,69 78,87	7, 16 25,34 43,52 61,70 79,88
여자나이		9, 18 27,36 45,54 63,72 81,90	1, 10 19,28 37,46 55,64 73,82	2, 11 20,29 38,47 56,65 74,81	3, 12 21,30 39,48 57,66 75,84	4, 13 22,31 40,49 58,67 76,85	5, 14 23,32 41,50 59,68 77,86	6, 15 24,33 42,51 60,69 78,87	7, 16 25,34 43,52 61,70 79,88	8, 17 26,35 44,53 62,71 80,89
五中	中央	천록 O	안손 X	식신 O	징파 X	오귀 X	합식 O	진귀 X	관인 O	퇴식 X
六乾	西北	안손 X	식신 O	징파 X	오귀 X	합식 O	진귀 X	관인 O	퇴식 X	천록 O
七兌	正西	식신 O	징파 X	오귀 X	합식 O	진귀 X	관인 O	퇴식 X	천록 O	안손 X
八艮	東北	징파 X	오귀 X	합식 O	진귀 X	관인 O	퇴식 X	천록 O	안손 X	식신 O
九離	正南	오귀 X	합식 O	진귀 X	관인 O	퇴식 X	천록 O	안손 X	식신 O	징파 X
一坎	正北	합식 O	진귀 X	관인 O	퇴식 X	천록 O	안손 X	식신 O	징파 X	오귀 X
二坤	南西	진귀 X	관인 O	퇴식 X	천록 O	안손 X	식신 O	징파 X	오귀 X	합식 O
三震	正東	관인 O	퇴식 X	천록 O	안손 X	식신 O	징파 X	오귀 X	합식 O	진귀 X
四巽	東南	퇴식 X	천록 O	안손 X	식신 O	징파 X	오귀 X	합식 O	진귀 X	관인 O

● 년궁(年宮) 찾는 법

남자는 구궁도의 삼벽진궁(三碧震宮)에서 1세를 시작하여 구궁도 순차대로 나이를 세어가다가 자신의 나이가 해당되는 곳이 년궁(年宮)이다.

즉 삼벽진궁(三碧震宮)에서 1세, 사녹손궁(四祿巽宮)에서 2세, 오황중궁(五黃中宮)에서 3세, 육백건궁(六白乾宮)에서 4세, 칠적태궁(七赤兌宮)에서 5세, 팔백간궁(八白艮宮)에서 6세, 구자이궁(九紫離宮)에서 7세, 일백간궁(一白坎宮)에서 8세, 이흑곤궁(二黑坤宮)에서 9세, 다시 삼벽진궁(三碧震宮)에서 10세, 사녹손궁(四祿巽宮)에서 11세, 오황중궁(五黃中宮)에서 12세, 육백건궁(六白乾宮)에서 13세, 칠적태궁(七赤兌宮)에서 14세, 팔백간궁(八白艮宮)에서 15세, 구자이궁(九紫離宮)에서 16세, 일백간궁(一白坎宮)에서 17세, 이흑곤궁(二黑坤宮)에서 18세…… 순으로 짚어나가다가 자신의 나이가 되는 곳이 년궁이 된다.

구궁도 방소법 해석		
일천록 (一天祿)	천록진록획재 (天祿進祿獲財)	관록(官祿)과 재산(財産)을 얻는다.
이안손 (二眼損)	안손손재안병 (眼損損財眼病)	손재(損財)와 눈병이 생긴다.
삼식신 (三食神)	식신영재치부 (食神盈財致富)	재물이 풍족하여 치부(致富)한다.
사징파 (四徵破)	징파도재손지 (徵破盜財損志)	재물을 도둑맞고 손재(損財)한다.
오오귀 (五五鬼)	오귀가택불녕 (五鬼家宅不寧)	집안에 우환과 근심이 많다.

육합식 (六合食)	합식부귀쌍전 (合食富貴雙全)	매사 형통하여 부귀를 다한다.
칠진귀 (七進鬼)	진귀귀숭재해 (進鬼鬼崇災害)	요사한 일과 재난이 많다.
팔관인 (八官印)	관인가관진작 (官印加官進爵)	벼슬이 오르고 승진도 한다.
구퇴식 (九退食)	퇴식가산퇴패 (退食家産退敗)	재산이 점점 줄고 망한다.

여자는 이흑곤궁(二黑坤宮)에서 1세를 시작하여 역시 구궁도를 순행하면 된다. 즉 이흑곤궁(二黑坤宮)에서 1세, 삼벽진궁(三碧震宮)에서 2세, 사녹손궁(四祿巽宮)에서 3세, 오황중궁(五黃中宮)에서 4세, 육백건궁(六白乾宮)에서 5세, 칠적태궁(七赤兌宮)에서 6세, 팔백간궁(八白艮宮)에서 7세, 구자이궁(九紫離宮)에서 8세, 일백감궁(一白坎宮)에서 9세, 다시 이흑곤궁(二黑坤宮)에서 10세, 삼벽진궁(三碧震宮)에서 11세, 사녹손궁(四祿巽宮)에서 12세, 오황중궁(五黃中宮)에서 13세…… 순으로 짚어나가다가 자신의 나이가 되는 곳이 년궁이 된다.

◑ 방위 결정하는 법

이사 방위의 길흉화복을 가리는 방법은 자신의 나이에 해당되는 년궁(年宮)을 오황중궁(五黃中宮)에 놓고, 방소법(方所法)의 순서에 따라 일천록(一天祿), 이안손(二眼損), 삼식신(三食神), 사징파(四徵破), 오오귀(五五鬼), 육합식

(六合食), 칠진귀(七進鬼), 팔관인(八官印), 구퇴식(九退食)
으로 배치하면 된다.

이때 방소법(方所法)은 년궁(年宮) 구궁도 숫자 다음부터
배치한다. 예를 들어 자신의 년궁이 사녹손궁(四祿巽宮)으
로 끝났으면 사징파(四徵破)를 오황중궁(五黃中宮)에 놓고
오오귀(五五鬼)부터 육백건궁(六白乾宮), 육합식(六合食)은
칠적태궁(七赤兌宮), 칠진귀(七進鬼)는 팔백간궁(八白艮
宮), 팔관인(八官印)은 구자이궁(九紫離宮), 구퇴식(九退食)
은 일백감궁(一白坎宮), 일천록(一天祿)은 이흑곤궁(二黑坤
宮), 이안손(二眼損)은 삼벽진궁(三碧震宮), 삼식신(三食神)
은 사녹손궁(四祿巽宮)이 된다.

[예1] 올해 42세의 남자에게 길한 방위는?

먼저 42세 남자의 년궁(年宮)을 찾아야 하므로 삼벽진궁
(三碧震宮)에서 1세, 사녹손궁(四祿巽宮)에서 2세, 오황중
궁(五黃中宮)에서 3세, 육백건궁(六白乾宮)에서 4세, 칠적
태궁(七赤兌宮)에서 5세, 팔백간궁(八白艮宮)에서 6세, 구
자이궁(九紫離宮)에서 7세, 일백감궁(一白坎宮)에서 8세,
이흑곤궁(二黑坤宮)에서 9세…… 팔백간궁(八白艮宮)에서
42세가 된다.

간궁(艮宮)은 관인(官印)이므로 이를 오황중궁(五黃中宮)
에 놓고, 방소법에 따라 구궁도에 배치하면 팔관인(八官印)
은 오황중궁(五黃中宮), 구퇴식(九退食)은 육백건궁(六白乾
宮), 일천록(一天祿)은 칠적태궁(七赤兌宮), 이안손(二眼損)

은 팔백간궁(八白艮宮), 삼식신(三食神)은 구자이궁(九紫離宮), 사징파(四徵破)는 일백감궁(一白坎宮), 오오귀(五五鬼)는 이흑곤궁(二黑坤宮), 육합식(六合食)은 삼벽진궁(三碧震宮), 칠진귀(七進鬼)는 사녹손궁(四祿巽宮)이 된다.

길한 방위는 관인(官印)인 중앙과 천록(天祿)인 태방(兌方, 정서쪽), 식신(食神)인 이방(離方, 정남쪽), 합식(合食)인 진방(震方, 정동쪽)이다.

[예2] 올해 42세의 여자에게 길한 방위는?

먼저 42세 여자의 년궁(年宮)을 찾아야 하므로 이흑곤궁(二黑坤宮)에서 1세, 삼벽진궁(三碧震宮)에서 2세, 사녹손궁(四祿巽宮)에서 3세, 오황중궁(五黃中宮)에서 4세, 육백건궁(六白乾宮)에서 5세, 칠적태궁(七赤兌宮)에서 6세, 팔백간궁(八白艮宮)에서 7세, 구자이궁(九紫離宮)에서 8세, 일백간궁(一白坎宮)에서 9세…… 칠적태궁(七赤兌宮)에서 42세가 된다.

태궁(兌宮)은 칠진귀(七進鬼)이므로 이를 오황중궁(五黃中宮)에 놓고, 육백건궁(六白乾宮)은 팔관인(八官印), 칠적태궁(七赤兌宮)은 구퇴식(九退食), 팔백간궁(八白艮宮)은 일천록(一天祿), 구자이궁(九紫離宮)은 이안손(二眼損), 일백감궁(一白坎宮)은 삼식신(三食神), 이흑곤궁(二黑坤宮)은 사징파(四徵破), 삼벽진궁(三碧震宮)은 오오귀(五五鬼), 사녹손궁(四祿巽宮)은 육합식(六合食)이 된다.

길한 방위는 관인(官印)인 건방(乾方, 서북쪽)과 천록(天

祿)인 간방(艮方, 북동쪽), 식신(食神)인 감방(坎方, 정북쪽), 합식(合食)인 손방(巽方, 동남쪽)이다.

2) 태백살(太白殺)

일자에 따라 그 방향에 있는 살(殺)을 말한다. 택백살이 있는 방향으로 이사(移徙)를 하거나 출행(出行)을 하면 손해(損害)가 있다하여 일명 '손 있는 방위' 또는 '손 있는 날'이라고도 한다.

흔히 9일, 10일, 19일, 20일, 29일, 30일을 '손 없는 날'이라고 하는 것도 여기서 연유한 것이다. 그 날은 살(殺)이 상천(上天)하여 무살(無殺)이기 때문이다. 당연히 9일, 10일, 19일, 20일, 29일, 30일을 제외하고는 모든 곳에 신이 있으므로 손있는 날에 해당한다.

1일, 11일, 21일 : 동방(東方)

2일, 12일, 22일 : 동남방(東南方)

3일, 13일, 23일 : 남방(南方)

4일, 14일, 24일 : 서남방(西南方)

5일, 15일, 25일 : 서방(西方)

6일, 16일, 26일 : 서북방(西北方)

7일, 17일, 27일 : 북방(北方)

8일, 18일, 28일 : 동북방(東北方)에 태백살이 있다.

흔히 음력으로 9일과 0이 들어간 날, 즉 매월 9일 19일 29일과 10일 20일 30일이 손 없는 날이라고 하여 이사날짜로 사용하여 왔다. 유래를 보면 '손'에 대한 터부는 불교의 한

파인 밀교(密敎)의 천문해석법(天文解釋法)에 기원을 두고 있으며 이것이 우리민족에게 도입된 것은 삼국 시대 초기 불교(佛敎)가 전래된 즈음이었다. 거의 2000년 동안 우리의 생활 속에 민속신앙으로 전래 되어왔던 것이다.

손이 있다라는 의미는 손실. 손해를 본다는 의미로 옛 사람들은 손 있는 날을 악귀와 악신이 움직이는 날로 인식하였다. 그래서 악귀와 악신이 움직이지 않는 날을 손 없는 날이라고 해서 각종 택일의 기준으로 삼았다.

손 있는 방위는 매일 한 방위씩 순환하며 그 방위에선 악신이 활동하여 매사를 방해한다고 믿어 왔는데 손 있는 날을 살펴보면 다음과 같다.

동 (東) 방위에 손이 있는 날 - 1. 11. 21 일

동남(東南) 방위에 손 있는날 - 2. 12. 22 일

남 (南) 방위에 손이 있는 날 - 3. 13. 23. 일

남서 (南西) 방위에 손이 있는 날 - 4. 14. 24 일

서 (西) 방위에 손이 있는 날 - 5. 15. 25 일

서북 (西北) 방위에 손이 있는 날 - 6. 16. 26 일

북 (北) 방위에 손이 있는 날 - 7. 17. 27 일

북동 (北東) 방위에 손이 있는 날 - 8. 18. 28 일에 해당방위의 주재하는 신이 머물게 되므로 잘못 건드렸다가 신(神)이 노(怒)해 동토살(動土殺) 등의 해를 입는다고 한다.

즉, 음력으로 초하루/ 초이틀은 동쪽과 동남쪽, 초사흘/ 초나흘은 남쪽과 남서쪽, 초닷새/ 초엿새는 서쪽과 서북쪽,

초이레/초여드레는 북쪽과 북동쪽에 있다가 나머지 이틀간은 초아흐레날과 열흘에는 사라진 뒤 열하루에 다시 동쪽에 나타나는 등 열흘 간격으로 순환을 하는데, '손' 이 있는 방위에서 이사나 혼인 그리고 집안의 수리 등 주요행사를 벌였다가는 큰 흉을 당한다고 사람들은 믿어왔다. 특히 손 없는 날의 대표적인 날짜는 음력으로 그믐날 즉, 매월의 마지막 날로 29일이나 30일이 손 없는 날 이라고 해서 많이 이용하여 왔다. 9, 10, 19, 20, 29, 30일 날은 해당 방위의 주재하는 신이 하늘로 올라가서 어느 쪽에도 손이 없기 때문에 지금도 이사를 하거나 사업장의 개업, 집안수리 등에 손 없는 날을 택해서 하고 있다.

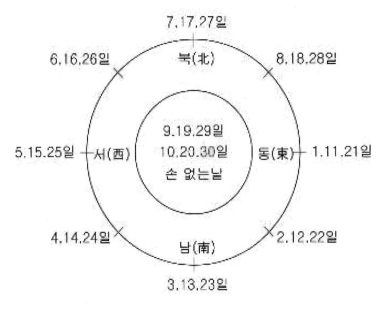

손이 없다 라고 하는 것은 결국 해가 없다는 말이 되며 복이 있는 날과는 별개라는 것을 알 수 있다. 기왕에 택일을

할 것 같으면 해가 없는 날 보다는 복이 있고 생기가 있는 날을 택하는 것이 좋지 않겠는가? 생기가 있고 복이 있는 날을 고르는 방법을 생기 복덕법이다.

3) 오귀삼살방(五鬼三煞方)

삼살방(三殺方)이라고도 하며, 겁살(劫殺), 재살(災殺), 세살(歲殺)을 말한다. 재난, 천재지변을 예방하기 위하여, 해당 방위에 증,개축 등을 꺼려왔다. 년에 따라 존재하는 것으로 안방에서 120보(약100m) 이상 되는 거리는 이에 구애받지 않는다. 삼살(三殺)방은 이사를 못하는 방위가 아니라 그 방위를 범하여 집을 짓거나 집수리를 못하고 묘자리를 정할 때 좌를 놓지 않는 방위이지 이사와는 아무런 관련이 없다. 즉, 집을 짓는 것이 아니라 이미 지어져 있는 집으로 이사하는 것은 관련이 없는 것이다.

삼살방	
해(年)	삼살방
사유축	인묘진 방(寅卯辰 方), 동북동(겁살), 동(재살), 동남동(천살)을 조심
신자진	사오미 방(巳午未 方), 남동남(겁살), 남(재살), 남서남(천살)을 조심
해묘미	신유술 방(申酉戌 方), 서남서(겁살), 서(재살), 서북서(천살)을 조심
인오술	해자축 방(亥子丑 方), 북서북(겁살), 북(재살), 북동북(천살)을 조심

4) 대장군방(大將軍方)

대장군이 닿는 방위에 집을 달아 내거나 헛간, 화장실, 축사 등을 지으면 안 좋다. 그러나 안방에서 120보(약100m) 이상 되는 거리는 이에 구애받지 않는다.

대장군방

	대장군 방
봄 (寅卯辰)	3년간 : 감방(坎方, 북쪽), 지난 겨울(북방)의 방향에 이사하거나 집수리를 하면 화가 미친다
여름 (巳午未)	3년간 : 진방(震方, 동쪽), 지난 봄(동방)의 방향에 이사하거나 집수리를 하면 화가 미친다
가을 (申酉戌)	3년간 : 이방(離方, 남쪽), 지난 여름(남방)의 방향에 이사하거나 집수리를 하면 화가 미친다
겨울 (亥子丑)	3년간 : 태방(兌方, 서쪽), 지난 가을(서방)의 방향에 이사하거나 집수리를 하면 화가 미친다

5) 상문살방(喪門殺方)

상문살(喪門殺)은 사람이 죽은 방위로부터 악살(惡殺)이 퍼져온다는 방위다.

상문살방											
년	子	丑	寅	卯	辰	巳	午	未	申	酉	戌	亥
방위	寅	卯	辰	巳	午	未	申	酉	戌	亥	子	丑

6) 조객방(弔客方)

상문방위와 조객방위는 같은 의미로 다루어졌다. 조객방

위에 집을 고치거나 흙 다루는 일을 꺼리며 초상(初喪)이 난 경우 제상을 설치하지 않는다. 문상이나 문병을 잘못 가면 우환이 나고, 손재, 사망 등이 발생하고 장사하는 사람은 일시에 손님이 끊어진다.

조객방											
년	子	丑	寅	卯	辰	巳	午	未	申	酉	戌	亥
방위	寅	卯	辰	巳	午	未	申	酉	戌	亥	子	丑

3. 이사일

이사를 하기에 좋은 날을 찾는 방법이다. 이사일을 달리 입택일이라고 한다.

1) 의일과 기일

의일은 이사하기 좋은 날이고 기일은 이사 날짜로 피해야 하는 날이다.

의일과 길일		
의 일 (宜日)	역 마 (驛馬)	역마살이 있는 날은 이사와 출행에 길하다
	월 은 (月恩)	월가길신에 해당하는 날이므로 길하다
	길 일 (吉日)	甲子, 乙丑, 丙寅, 庚午, 丁丑, 乙酉, 庚寅, 壬辰, 癸巳, 乙未, 壬寅, 癸卯, 丙午, 庚戌, 癸丑, 乙卯, 丙辰, 丁巳, 己未, 庚申, 丁卯, 己巳, 甲戌, 乙亥, 癸未, 甲申, 庚子, 丁未, 辛酉, 天德, 月德, 天恩, 黃道, 母倉上吉日

기 일 (忌日)	흉 일 (凶日)	歸忌, 伏斷, 受死, 天賊, 正冲, 建, 破, 平, 收日, 家主本 命日
	가 주 본 명 일	가주의 생년간지와 일진이 같은 것이다. 갑진생은 갑진일
	충일	이사하는 사람의 생년 천간과 이사하는 날의 천간이 충이 되면 충일이다. 이사하는 사람의 생년 지지와 이사하는 날의 지지가 충이 되면 충일이다. 천간지 지가 모두 충되면 동순충(同旬冲)이다
	복단일	복단일은 엎어지고 끊어진다는 뜻으로 이사일로는 택일하지 않는다.
	절명일	생기법에서 대흉일에 해당하는 절명일은 이사의 날 짜로는 택일하지 않는다
	화해일	생기법에서 대흉일에 해당하는 화해일은 이사의 날 짜로는 택일하지 않는다
	월 가 흉신	월가흉신 중 歸忌, 天賊, 受死, 月廉
	건 제 12신	건제 12신 중에서 建, 破, 收

2) 태백살방(太白殺方)

이날에는 방향을 꺼렸다.

태백살방	
1, 11, 21일	正東
2, 12, 22일	東南
3, 13, 23일	正南
4, 14, 24일	西南
5, 15, 25일	正西
6, 16, 26일	西北
7, 17, 27일	正北
8, 18, 28일	北東
9, 10, 19, 20, 29, 30일	上天

3) 삼지방(三支方)

삼지방(三支方)은 연월일에 나쁜 방향을 정한 것이다. 연월일마다 꺼려온 방향이 있어 결혼이나 이사 등 큰 일을 함에 피해 왔다. 예를 들면 未年의 나쁜 방향은 寅, 卯, 辰, 방향이다.

삼지방		
년삼지(年三支)	申, 子, 辰年	亥, 子, 丑방향
	巳, 酉, 丑년	申, 酉, 戌방향
	寅, 午, 戌年	巳, 午, 未방향
	亥, 卯, 未年	寅, 卯, 辰방향
월삼지(月三支)	1월	寅, 卯, 辰방향
	2월	丑, 辰　방향
	3월	酉　　방향
	4월	子　　방향
	5월	卯　　방향
	6월	戌　　방향
	7월	申　　방향
	8월	子　　방향
	9월	卯　　방향
	10월	午　　방향
	11월	巳　　방향
	12월	子　　방향
일월삼지(日月三支)	寅, 午, 戌日	寅, 酉, 戌방향
	申, 子, 辰日	申, 子, 辰방향
	巳, 酉, 丑日	亥, 子, 辰방향
	亥, 卯, 未日	巳, 午, 未방향

4. 이사주당(移徙周堂)

집을 새로 짓거나 이사할 때에는 이사일을 고르는 방법과 함께 이사주당을 고려한다. 즉 이사주당을 고려하기 전에 상량한 것을 파악하고 적용하여 길일 찾고 적용한다. 그 과정에서 이사주당은 반드시 필요하다.

가주의 사주와 나이 이사방향 등을 고려하고 이사주당(移徙周堂)과 생기, 복덕, 천의, 생갑일, 황도일 등에 해당하는 길일을 선택하고 복단일, 흑도일, 월기일, 월파일, 천적일 등과 같은 흉일은 제외하고 선택하여야 한다.

간혹 음력으로 9,0이 들어가는 날짜를 손 없는 날이라 하여 무작정 사용하는 경우가 있는데 반드시 좋은 선택이라고 말하기는 어렵다. 이사 방향이 손 있는 방향과 같으면 그 방향으로 가면 좋지 않다는 의미이기는 하다.

손있는 방을 참고해서 가고자하는 방향과 겹치지 않는 다른 날을 선택해야하는 것이니 이사 방향을 고려하여 날짜를 잘 선택하는 것이 좋다. 이러한 측면에서 일반적으로는 음력 9일 10일이 손 없는 날이라고 알고 이사를 많이 하고 있으나 이는 현명하지 않은 방법이다. 손 없는 날에 이사가 몰리니 이사비용도 많이 들고 사업주도 때로 과도한 비용을 요구한다. 그것은 일반적이고 통상적인 택일방법에 속하지만 흉하지 않다는 것은 아니다. 지나치게 오도된 점이 있으며 이는 어느 한 가지 이유로 부각된 택일법이다.

사실은 각 개개인의 이사 가는 방향에 따라 길흉 날짜가 틀리며 개개인의 나이에 따라 대길한 날짜와 길한 날짜, 이사해도 무난한 날짜, 그리고 흉한 날짜로 구분될 수 있으므로 다양한 방법으로 적용하여야 한다.

1) 이사주당(移徙周堂)

오래전부터 ≪천기대요≫를 바탕으로 사용되는 이사방법, 즉 이사주당은 구궁법을 응용한다. 즉 이사하는 달이 큰 달이면 안(安)에서 1일을 시작해 이(利) - 천(天) - 해(害)의 순서로 순행한다. 작은 달은 안(安)이 아니라 천(天)에서 1일을 시작하여 이(利) - 안(安) - 재(災)의 순서로 짚어 나간다. 이 순서로 이사를 하고자 하는 날까지 짚어나간다. 단 음력이 큰 달은 30일까지 있는 달이고 작은 달은 29일까지 있는 달이다. 때로 28일까지만 있는 달이 있으나 역시 작은 달이다.

큰달 시작 ►		◄ 작은달 시작
안(安)	이(利)	천(天)
1일		1일 시작
재(災)		해(害)
사(師)	부(富)	살(殺)

이와 같이 큰 달과 작은 달을 구별하여 각각 아(安)에서 1일을 시작하거나 천(天)에서 1일을 시작하여 이사하고자 하는 날까지 짚어나가 이사하고자 하는 날짜가 안(安), 이

(利), 천(天), 부(富), 사(師)에 닿는다면 이사에 길한 날이고, 재(災), 해(害), 살(殺)에 닿으면 주당살에 해당하므로 이사를 피하거나 다른 날로 조정하여 택일하는 것이 좋다. 미리 이사주당을 살펴 택일하는 것도 좋은 방법이다.

2) 입택귀화일(入宅歸火日)

귀화(歸火)는 조상(祖上)의 신(神)인 복신(福神)을 옮겨 모신다는 뜻으로, 이 날 이사(移徙)하면 좋다. 또한 새로 이사한 집의 '집들이'하는 날로는 더욱 좋다.

입택귀화일
甲子, 乙丑, 丙寅, 丁卯, 己巳, 庚午, 辛未, 甲戌, 乙亥, 丁丑, 癸未, 甲申, 庚寅, 壬辰, 乙未, 庚子, 壬寅, 癸卯, 丙午, 丁未, 庚戌, 癸丑, 甲寅, 乙卯, 己未, 庚申, 辛酉

이 날들도 가주(家主, 집안의 주인)의 생기복덕법(生氣福德法)에 맞추어 생기(生氣), 천의(天醫), 복덕(福德), 보필(輔弼)에 해당되고, 천월덕(天月德), 역마일(驛馬日), 황도(黃道), 천은(天恩) 등 길신일(吉神日)과 합국(合局)하면 더욱 좋은 이사일(移徙日)과 집들이 날이다. 그러나 화해(禍害), 절명(絶命), 절체(絶體), 유혼일(遊魂日)에 해당되거나, 흑도(黑道), 천적(天賊), 천강(天罡), 복단(伏斷), 수사(受死) 등 흉신(凶神)이 겹치는 날은 피한다.

3) 이거길일(移居吉日)

이 날에 이사(移徙) 및 입택(入宅)하면 길하다. 이 날에

역마(驛馬), 월은(月恩), 사상(四相) 등 길신(吉神)이 합궁하면 더욱 길하다. 그러나 귀기(歸忌), 천적(天賊), 수사(受死), 등 흉신(凶神)이나 가주본명의 생기복덕으로 화해(禍害), 절명(絶命), 절체(絶體), 유혼일(遊魂日)에 해당되면 흉하다.

이거길일
甲子, 乙丑, 丙寅, 庚午, 丁丑, 乙酉, 庚寅, 壬辰, 癸巳, 乙未, 壬寅, 癸卯, 丙午, 庚戌, 癸丑, 乙卯, 丙辰, 丁巳, 己未, 甲申.

13장.

양택삼요
(陽宅三要)

오래전부터 양택을 구성하는 구조물의 방위에 따라서 길
흉화복이 어떻게 작용하는가는 매우 중요한 연구 대상이었
다. 이 근거는 오래된 전통사상으로 자리하였고 적어도
1000년의 역사를 가지고 있다. 이러한 이론에 따르면 양택
의 옳고 그름을 파악하는 근거가 바로 문(門), 주(主) 조(灶,
주방)인 것이다. 이론과 학설이 많지만 중국 명나라 때 사람
조구봉(趙九峰)이 쓴 ≪양택삼요(陽宅三要)≫를 기준으로
한다. 주택을 파악할 때, 특히 배치에 따른 요소가 인간의
삶에 영향을 미치는데 대문(大門), 주(主), 주방(灶)이 가장
중요하다.

양택의 판단기준은 방위에 따른다. 양택을 살필 때는 기
본 방향으로 8개로 나누어 판단한다. 양택은 음양오행과 주
역의 팔괘(八卦)에 따라 8개 방위만으로 주택이나 건물의
길흉(吉凶)을 판단하는데 이는 양택삼요(陽宅三要)에 근거
를 둔다. 팔괘를 적용하면 8방위가 하나씩 맞아 떨어지지만
오행을 8개 방위에 적용하면 겹치는 방위가 있기 마련이다.

8개 방위는 각기 감방(坎方), 간방(艮方), 진방(震方), 손
방(巽方), 이방(離方), 곤방(坤方), 태방(兌方), 건방(乾方)이
다. 이 여덟 개의 방위를 팔괘와 오행으로 판단하여 좋은 집
과 나쁜 집을 판단하고 각각의 방위에 오행을 적용하여 각
각의 성질을 분석하여 적용하고 같은 기운을 지닌 방향에
문주조를 일치시킨다.

주택의 길흉화복을 결정하는 3요(三要)인 대문, 주, 부엌
의 배치와 방위 따라 그 집의 길흉이 결정되는데 이는 대문

을 통해 들어온 기(氣)가 안방과 부엌으로 들어오는 방위(方位)에 따라 그 길흉이 달라지게 된다.

1. 동서사택(東西舍宅)

건물을 살피는 것을 가상을 본다고 한다. 양택의 판단기준에는 반드시 몸체와 바닥, 그리고 지붕이 있는가를 살펴야 한다. 이는 모든 것에 우선한다. 그리고 문이 어느 방향으로 트여 있는지 살펴야 한다. 서사택(西舍宅)과 동사택(東舍宅)이라는 개념이 있다. 이 개념이야 말로 오래도록 주택을 판단한 변하지 않는 진리와 같은 것이다.

360도의 방향을 총 8개로 구분한다. 이 구역의 부분을 각각 동사택과 서사택의 2가지 기운으로 나눈 것이다. 동사택과 서사택은 각각 4개의 방향으로 나누어져 있다.

양택을 판별하는 기본 이념에는 통상 주역 8괘를 이용해 좌(坐)와 향(向)을 붙인다. 이 8곳의 방향은 각기 감방(坎方, 정북방), 진방(震方, 정동방), 손방(巽方, 동남방), 이방(離方, 정남방)의 동사택 방위와 간방(艮方, 북동방), 곤방(坤方, 남서방), 태방(兌方, 정서방), 건방(乾方, 서북방)의 서사택 방위로 구분한다.

동사택은 양(陽)으로 귀(貴)의 방향이고 서사택은 음(陰)으로 부(富)의 방향이다. 감, 진, 손, 리방을 가리켜 동사택이라 하고 건, 태, 곤, 간방을 서사택이라 한다.

양택에서는 가장 기본이며 중요한 구역인 문(門)과 주

(主), 조(灶,주방)의 삼요(三要)를 하나의 기운이 미치는 곳으로 배치하는 것이 이치이다.

즉 모든 문주조를 동사택의 범위 속으로 포함되게 배치하거나 모든 문주조의 범위를 서사택 범위에 배치하는 것이다. 만약 문주조가 동사택과 서사택의 범위에 흩어져 있다면 이는 복이 넘치는 좋은 집이 되지 못한다.

팔괘 방위를 가택구성법으로 운용하다보면 4개 궁위는 길하고, 4개 궁위는 흉하게 나온다. 이를 자세히 살펴보면 주(主)라고 불리는 건물의 중심점(이라고 하지만 사실은 가장 강한 기가 몰리는 곳)이 감방(坎方, 정북방), 진방(震方, 정동방), 손방(巽方, 동남방), 이방(離方, 정남방)에 배치되어 있으면 동사택궁(東四宅宮)이라고 한다.

만약 주가 간방(艮方, 북동방), 곤방(坤方, 남서방), 태방(兌方, 정서방), 건방(乾方, 서북방)이면 서사택궁(西四宅宮)이라고 한다. 따라서 가택구성법으로 작괘(作卦)를 하지 않고도 주의 방위만 알면 쉽게 길흉 방위를 알 수 있다. 즉 패철로 배치를 파악하여 살펴 같은 사택 방위에 문주조가 배치되어 있으면 기본적으로 복가(福家)에 속한다.

집이나 사무실에서 중요한 곳들이 주를 기준으로 서로 같은 사택(四宅)으로 배치되어 있으면 길하고 다른 사택으로 배치되면 흉하다.

즉 어떤 경우라도 문주조가 일정하게 동사택 방위로 모이거나 서사택 방로로 배치되어야 하는 것이다.

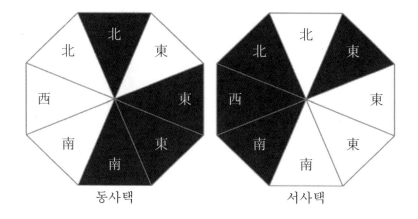

동사택   서사택

1) 동사택(東舍宅)

감방(坎方)은 임자계(壬子癸), 수(水)의 방향이고 북쪽을 이르는 말로 중남수(中男水). 진방(震方)은 갑묘을(甲卯乙), 목(木)의 방향이며 동쪽을 이르는 말로 장남수(長男木). 손방(巽方)은 진손사(辰巽巳), 목(木)의 방향이고 남동쪽을 이르는 말로 장녀목(長女木). 리방(離方)은 병오정(丙午丁), 화(火)의 방향이며 남쪽을 이르는 말로 중녀화(中女火). 이 네 방향이 동사택의 방향이다.

동사택은 감진손리(坎震巽離) 방향에 문주조(門主灶)가 일치하여야 한다. 문주조가 동일사택의 범위 내에 위치하여야 길사택이 되고 한 가지만 벗어나도 흉사택이 된다. 최근 조(灶)의 개념이 많이 바뀐 것은 사실이다. 조의 위치가 무시되거나 기능이 바뀐 것으로 해석되기도 한다. 그러나 전통가옥이나 현대식 가옥의 구조에서도 가능하다면 일치시키는 것이 현명하다.

가) 자(子)- 감(坎), 임자계(壬子癸) 방위의 혈족은 중남(中男), 오행은 수(水), 수리는 1.6.

나) 오(午)- 리(離), 병오정(丙午丁) 방위의 혈족은 중녀(中女), 오행은 화(火), 수리는 2.7.

다) 묘(卯)- 진(震), 갑묘을(甲卯乙) 방위의 혈족은 장남(長男), 오행은 목(木), 수리는 3.8

라) 손(巽)- 손(巽), 진손사(辰巽巳) 방위의 혈족은 장녀(長女), 오행은 목(木), 수리는 3.8

2) 서사택(西舍宅)

건방(乾方)은 술건해(戌乾亥), 금(金)의 방향이며 북동쪽을 이르는 말로 노부금(老父金). 태방(兌方)은 경유신(庚酉申), 금(金)의 방향이며 서쪽을 이르는 말로 소녀금(少女金). 곤방(坤方)은 미곤신(未坤申), 토(土)의 방향이며 남서쪽을 이르는 말로 노모토(老母土). 간방(艮方)은 축간인(丑艮寅), 토(土)의 방향이며 북동쪽을 이르는 말로 소남토(少男土). 이 네 방향이 서사택의 방향이다.

서사택은 건곤간태(乾坤艮兌) 방향에 문주조(門主灶)가 일치하여야 한다. 문주조가 동일사택의 범위내에 위치하여야 길사택이 되고 한 가지만 벗어나도 흉사택이 된다.

가) 건(乾)- 술건해(戌乾亥) 방위의 혈족은 노부(老父). 오행은 금(金), 수리는 4.9.

나) 곤(坤)- 미곤신(未坤申) 방위의 혈족은 노모(老母),
오행은 토(土), 수리는 5.0.

다) 간(艮)- 축간인(丑艮寅) 방위의 혈족은 소남(少男),
오행은 토(土), 수리는 5.0.

라) 태(兌)- 경유신(庚酉申) 방위의 혈족은 소녀(少女),
오행은 금(金), 수리는 4.9.

2. 주택의 판별(判別)

주택의 주요 3요소로서 일컬어지는 문주조가 동일의 사
택범위에 전부 배치되면 복가(福家)로 배합사택에 해당하
고, 동일 방위를 벗어나면 흉가로 불배합사택에 해당한다.
즉, 문주조가 나름대로 제각각 흩어져 동사택의 범위와 서
사택의 범위까지 골고루 배치되어 있으면 불배합사택이 되
는 것이다.

북쪽, 동쪽, 동남쪽, 남쪽에 문주조가 배치되어 있으면 동
사택에 해당하고 북동쪽, 남서쪽, 서쪽 서북쪽에 모두 들어
있으면 서사택에 해당한다는 것이 바로 동서사택론이다. 이
는 오래도록 주택을 파악하는 기준이 되어온 이론이다. 문
주조가 동사택과 서사택이 혼합되어 있으면 풍수지리적으
로 좋지 않은 구조라고 볼 수 있다.

동서사택을 구분할 때, 중요한 것은 패철을 놓는 위치이
다. 올바른 패철 사용방법을 알아야만 올바른 판단을 할 수
있다. 현대 주택에서 아파트와 연립주택과 같은 구조에서는

건물의 중앙에서 방향을 파악한다. 그러나 담이 있고 전통 건축이라면 마당에서 문과 건물의 상관관계를 살펴야 한다. 즉 옛 건물이나 현대건축물이라 해도 주택이 담에 둘러 싸여 있다면 건물 내부가 아닌 마당의 중심에서 패철을 놓고 판단하여야 한다.

동서사택론은 건물의 좌향을 결정하거나 내부구조를 결정할 때 요긴하게 사용되는 이론이며, 팔괘와 오행의 상생 관계까지 고려함으로써 적용할 수 있는 폭이 넓다. 그러나 현대 사회는 복잡하고 제약이 심해 풍수지리 이론을 고지식하게 적용하기 어려워졌다.

건물에서의 주(主)의 위치는 보통 좌향에 따라서 자동적으로 결정이 되지만 반드시 그런 것은 아니므로 심사숙고하여야 한다. 혹자는 향의 반대쪽, 즉 일반적으로 건물의 뒤를 주로 보거나 무작정 부부침실을 주로 보는 경우가 있는데 이는 대단한 실수가 될 수 있다.

일부 학자들이나 풍수사들이 주장하는 특정 좌향의 주장은 반드시 옳은 것은 아니다. 한국인들은 유난히 남향을 좋아하는데, 무조건적 배치는 오류를 가져올 수가 있다. 일부에서 주장하기에 특정한 좌향에는 무조건 어느 쪽 방위로 대문이 내는 것이 좋다는 주장도 있는데 이는 대지의 모습에 따라 달라질 수도 있다는 사실을 무시한 결과이다.

건물의 형태와 높이, 내부의 구조, 주변의 정황 등을 고려하고, 대지의 경사도와 위치는 물론이고 건물의 자리와 정원의 설계 등을 종합적으로 감안하여 주(主)의 위치를 결정하고 그에 맞게 출입구를 정할 수 있어야 한다.

예부터 집을 판단하고 구별하는 방법으로는 동사택과 서사택의 구별법이 있었다. 동사택은 양(陽)으로 귀(貴)의 방향이고 서사택은 음(陰)으로 부(富)의 방향이다. 북, 동, 넘, 남동쪽의 방향을 가르켜 동사택이라 하고 서, 남서, 북서, 동북쪽의 방향을 서사택이라 한다. 양택의 올바른 배치는 문(門), 주(主), 조(灶)를 하나의 기운이 미치는 곳으로 배치하는 것이다.

가족이 머무는 집이나 사무실에서 중요한 곳들이 주를 기준으로 서로 같은 사택(四宅)으로 배치되어 있으면 길하고 다른 사택으로 배치되면 흉하다. 주택의 경우 문, 주, 조가 양택삼요(陽宅三要)에 배치되고 기타 거실이나 자녀 방 등이 같은 사택(四宅)으로 배치되어야 한다. 사무실의 경우 사장실, 임원실, 직원들의 자리 및 회사의 주요 부처들이 주를 기준으로 같은 사택에 배치되어야 길하고, 다른 사택으로 배치되면 흉하다. 또 화장실, 하수구, 창고 등 흉한 것들은 주와 다른 사택으로 배치되어야 길하다.

14장.

양택삼요소
(陽宅三要所)

한국의 전통적인 촌락의 배치구조는 바람을 막을 수 있는 산을 등지고 물을 바라보는 구조를 지니고 있다. 이는 전형적인 구조로 뒷산이 어머니의 등처럼 안정을 주고 좌우로 뻗어내린 산자락이 어머니의 팔처럼 안은 듯한 모습을 지닌 것이다. 마치 어머니가 어린 아이를 안고 얼르듯 안정된 모습이다. 산으로 둘러싸여 바람이 자고 좌우로 산자락이 팔처럼 에워싸 외부의 침입을 방어하고 안정감이 들며 농토가 있는 곳, 사람이 거주하는 공간을 흔히 명당이라 부른다.

1. 배산임수(背山臨水)

우리나라에서 제법 오래되었다거나 오래전부터 마을이 자리 잡았다고 하는 전통촌락의 대부분을 살펴보면 뒤로 산이 있고, 앞에는 하천이 흐르는 경우가 많다. 어쩌면 이러한 부지와 마을의 입지는 전통을 넘어 진리처럼 여겨지기도 한다. 이를 배산임수라 하며, 이는 극히 자연적인 촌락과 마을의 입지로 한국의 마을 대부분이 이런 모습이다.

마을을 둘러싼 좌우측의 산지나 구릉을 청룡(靑龍)과 백호(白虎)라 하는데 마을 뒤의 주산(主山)과 앞쪽의 안산(案山)이 앞뒤를 둘러싼 사신사(四神砂)의 조건이 갖추어진 지세로서 사방으로 연꽃잎처럼 아늑하게 감싸주는 지형을 최고의 길지로 꼽는다.

북쪽에 산을 등진 배산임수의 촌락 입지는 겨울의 찬 북서풍을 막아주고 풍부한 연료를 제공한다. 이 땅에 사는 사람들에게 가장 고통스러운 바람은 바로 한겨울에 불어오는 북서풍이다. 이 바람을 막는 것이 가

배산임수건강장수(背山臨水健康長壽)라는 말이 있다. 배산임수의 법칙에 따라 집을 지으면 건강하고 장수한다는 이 말은 건강에도 지대한 영향을 미치니 배산임수에 배역하지 말라는 의미이다. 주변을 둘러보면 강을 뒤로하고 산을 바라보는 아파트가 버젓이 서서 높은 가격을 호가하고 있으니 장차 인심이 사나워질까 두렵기 그지없다.

2. 전저후고(前底後高)

전저후고는 집의 앞은 낮고 뒤는 높은 것이 좋다는 것을 의미한다. 배산임수가 넓은 의미의 개념이라면 전저후고는 좁은 의미가 될 수 있다. 배산임수가 총체적인 국세(局勢)를 논했다면 전저후고는 내당(內堂, 정원)을 논한 것이다.

전저후고세출영호(前低後高世出英豪)라는 말도 있다. 양택의 기준으로 본다면 주된 건물은 높이 위치하고 정원과 행랑체는 조금 낮아야 한다. 그러나 전저후고가 이루어졌다 해도 지나치게 단차가 크다면 좋다고 보기 어렵다.

건물아래 계단에 정원, 정원아래 계단에 도로라는 말을 상기할 필요가 있다. 전저후고라 해도 경사가 급한 곳은 불길하다.

3. 전착후관(前窄後寬)

전착후관의 개념은 집안에 부(富)가 쌓이는 것을 의미한다. 즉 살아가며 반드시 필요한 재산이나 삶의 영위를 위한 재화의 생산과 재물을 의미하는 사상이다. 문을 들어서자 좁은 통로가 나타나거나 현관을 좁게 배치하고 거실이 넓게 보이거나 넓은 마당이 나타나도록 설계한 것이다. 앞은 좁고 안은 넓은 구성이다.

전착후관이란 사람이 출입하는 곳은 좁고 안으로 들어서면 건물과 비교해서 넓어 너그럽고 안정감이 드는 것이다. 예부터 이 땅의 조상들은 반드시 이러한 방법으로 재산을 구축한다고 보았다. 아울러 문을 안으로 닫히도록 했는데 이는 고택의 삼문을 안으로 밀며 들어가는 것으로 상상이 가능하다. 이 또한 재산이 안으로 들어오라는 의미이다.

전착후관의 의미는 재산의 의미는 물론이고 공기조화(空氣調和)에 뜻을 둔 것이다. 아울러 내부의 사람이 외부인의 방문에 마음의 준비를 하도록 하는 공간이다. 전착후관부귀여산(前窄後寬富貴如山)이라는 말이 있다. 즉, 앞이 좁으며 뒤가 후덕하면 부귀가 산처럼 쌓인다는 말이다.

6부.

음택(陰宅)

15장.

장례
(葬禮)

풍수지리는 일차원과 이차원의 공간인 지리의 이치와 공간의 배치학문의 방위와 삼차원의 학문의 시간적 조화의 종합이다. 또한 형기가 공간의 형태에 관한 것이라면 이기는 바로 공간에 대한 배치 철학으로 방위학과 택일을 통한 시간적 철학이라고 해도 과언이 아니다.

형(形)과 방위(方位)와 시간(時間)의 삼합이 일치해야 바로 구하고자 하는 성정과 기운의 극대화를 얻을 수 있다. 특히 시간에 대한 철학은 인간만을 판별하는 데 사용한 명리학에 의하여 더욱 구체화되었고, 신묘한 이치에 도달하고 있다.

지리에서는 명리학의 구체성까지는 가지 않더라도 기운의 운행의 시간적 적합점을 찾아내어 구함을 원한다. 택일을 배우기 전에 우리는 두어 가지 익히고 넘어가야 한다. 그 중 하나가 수장(手掌)을 돌려 자신의 생년육갑을 찾는 법이요, 또 다른 중요한 것은 생기법(生氣法)을 찾는 법이다.

장례(葬禮)는 달리 빈례(殯禮)라 하는 것으로 상장례(喪葬禮)의 일부분인데, 일반적으로는 장사(葬事)를 치른다고 하여 상례와 같은 뜻으로 쓰이기도 한다. 장사를 치른다는 것은 시신을 매장하기까지의 과정이이기도 하다.

상례가 시신을 다루어 처리하는 일뿐 아니라 죽은 사람의 영혼을 처리하는 과정, 일정한 순서에 따르는 여러 행사를 모두 포함하는 것이다. 상례가 죽은 사람과 관계가 있었던 살아 있는 사람이 시신의 처리과정 전후에 가져야 할 태도에 대한 규정 등을 하나의 연속된 절차로 정리한 것을 의미한다면, 장례는 순수한 의미에서 시신을 처리하는 과정만을 뜻한다.

장례를 치르는 과정에도 절차와 날짜를 택일하는 과정이 필요하다. 현대사회에서는 일반적인 규범이 자리 잡아 3일장을 그 기준으로 굳어져가고 있다. 그러나 과거로부터 장례의 택일은 천기대요에 기록되어 있는 것처럼 일정한 택일법을 따랐다.

1. 중상일(重喪日), 복일(復日), 중일(重日)

현대사회와 달리 과거에는 제법 오랜 기간 동안 시신을 모시고 장사를 지내었다. ≪국조오례의≫에 따르는 것이 기본이었지만 늘 계획대로 되는 것이 아니었다.

왕과 왕비의 장례만 하더라도 짧게는 1달, 길게는 13달이 소요된 기록이 있다. 양반의 경우 11일 정도의 날짜가 소요된다는 기록도 있지만 때로는 1달 동안 장례를 치르지 못하였다는 기록이 남아있는 것으로 보아 택일은 매우 신중하게 이루어진 듯하다.

최근에는 대부분 3일장이고 때때로 5일장이 치러지지만 택일에는 그다지 신경 쓰지 않는 듯하다. 예부터 중상(重喪)은 상(喪)이 거듭난다는 뜻으로 중일(重日), 복일(復日)은 무엇이든지 거듭된다는 뜻(줄초상 난다)이 있으므로 이날을 꺼리게 되는 것이다.

옛날에는 이처럼 중상일, 복일, 중일이 겹치면 이를 피해

3일장이나 5일장이 아닌 2일장과 4일장을 찌르기도 하였다. 그러나 생장에는 음택지 선정에 년극(年剋)이 없어 주저 없이 음택지를 선정하듯 초상 7일 동안은 모든 신살에 구애됨이 없어 중상일, 복일, 중일을 가리지 않고 사용한다는 이론도 있다.

그러나 7일이 지나면 모든 상황에 중상일, 복일, 중일을 적용해야 한다는 것이다.

달리 요약해서 정의하면 초상이나 이장(移葬)을 막론하고 장사를 치르면 중상일(重喪日)과 중일(重日), 복일(復日)을 피해야한다. 이장일은 까다로워 중복일을 피하는 동시 년월일시의 길국(吉局)을 맞춰야 한다.

초상에도 중상일, 중일, 복일만 피해서 장례(葬禮)를 치르면 된다.

초상에 반드시 피해야 할 날												
區分	寅 1월	卯 2월	辰 3월	巳 4월	午 5월	未 6월	申 7월	酉 8월	戌 9월	亥 10월	子 11월	丑 12월
重喪日	甲	乙	己	丙	丁	己	庚	辛	己	壬	癸	己
復日	庚	辛	戊	壬	癸	戊	甲	乙	戊	丙	丁	戊
重日	巳亥	巳亥	巳亥	巳亥	巳亥	巳亥	巳亥	巳亥	巳亥	巳亥	巳亥	巳亥

2. 天德 : 月支위주. 死胎墓 爲本.

택일법으로 사용히는 날이다.

천덕, 장례를 치르는 날											
月支	寅	卯	辰	巳	午	未	申	酉	戌	亥	子	丑
天德	丁	申	壬	辛	亥	甲	癸	寅	丙	乙	巳	庚
合德	壬	巳	丁	丙	寅	己	戊	亥	辛	庚	申	乙

3. 月德 : 月支위주. 三合 爲本.

택일법으로 사용하는 날이다.

월덕, 장례를 치르는 날											
月支	寅	卯	辰	巳	午	未	申	酉	戌	亥	子	丑
月德	丙	甲	壬	庚	丙	甲	壬	庚	丙	甲	壬	庚
合德	辛	己	丁	乙	辛	己	丁	乙	辛	己	丁	乙

4. 입관길시

죽은 사람의 몸을 씻기고 옷을 입힌 다음 염포(殮袍)로 묶어 치장하는 것을 염습(殮褶)이라하고 각각 소렴(小殮)과 대렴(大殮)으로 구분한다. 이 염습을 마치면 시신을 입관하기에 이른다. 입관을 하는 시간에도 길한 시가 있으니 이에 따르는 것이 좋다.

염이 끝나면 시신을 관에 안치하고 시신의 우측 아래에서 혼백을 접고 동심결을 맺어 흰 상자에 넣고 초혼 부른 옷 위에 두고 관 뚜껑(천판)을 덮은 뒤 병풍으로 가린다.

염은 대개 1시간 정도 소요되므로 아래 기록된 시간 보다 1시간 앞당겨 염습을 시작하면 입관길시를 맞출 수 있을 것이다.

1) 천간시(天干時)
입관 날짜의 천간으로 맞추는 입관길시이다.

입관길시					
子日	甲庚時	丑日	乙辛時	寅日	乙癸時
卯日	丙壬時	辰日	丁甲時	巳日	乙庚時
午日	丁癸時	未日	乙辛時	申日	甲癸時
酉日	丁壬時	戌日	庚壬時	亥日	乙辛時

2) 지지시(地支時)
하관 날짜의 지지로 맞추는 입관길시이다

입관길시					
甲子日	午戌時	乙丑日	巳酉時	丙寅日	巳未時
丁卯日	寅午時	戊辰日	寅巳時	己巳日	午亥時
庚午日	未亥時	辛未日	卯未時	壬申日	卯辰時
癸酉日	巳戌時	甲戌日	午申時	乙亥日	巳酉時
丙子日	寅午時	丁丑日	巳亥時	戊寅日	卯亥時
己卯日	寅申時	庚辰日	申亥時	辛巳日	寅未時
壬午日	卯未時	癸未日	卯酉時	甲申日	酉戌時
乙酉日	午亥時	丙戌日	寅辰時	丁亥日	巳亥時

戊子日	寅申時	己丑日	未亥時	庚寅日	未酉時
辛卯日	辰申時	壬辰日	辰未時	癸巳時	卯申時
甲午日	卯酉時	乙未日	巳酉時	丙申日	巳午時
丁酉日	寅未時	戊戌日	申戌時	己亥日	未亥時
庚子日	辰申時	辛丑日	卯未時	壬寅日	卯巳時
癸卯日	辰戌時	甲辰日	卯戌時	乙巳日	辰酉時
丙午日	巳酉時	丁未日	巳亥時	戊申日	寅亥時
己酉日	卯申時	庚戌日	辰午時	申亥時	卯未時
壬子日	辰戌時	癸丑日	卯酉時	甲寅日	酉亥時
乙卯日	午戌時	丙辰日	午酉時	丁巳日	巳戌時
戊午日	巳亥時	己未日	未亥時	庚申日	未申時
辛酉日	辰酉時	壬戌日	寅戌時	癸亥日	卯酉時

3) 천간지지합일(天干地支合一)

입관길시							
일진	입관길시			일진	입관길시		
子일	甲子	甲子	庚午	甲戌	丑일	乙丑	辛巳	乙酉	
	丙子	庚寅	甲午			丁丑	辛丑	乙巳	辛亥
	戊子	甲寅	庚申			己丑	乙丑	辛未	乙亥
	庚子	庚辰	甲申			辛丑	辛卯	乙卯	
	壬子	庚子	甲辰	庚戌		癸丑	乙卯	辛酉	
寅일	丙寅	癸巳	乙未		卯일	丁卯	壬寅	丙午	
	戊寅	癸丑	乙卯			己卯	丙寅	壬申	
	庚寅	癸未	乙酉			辛卯	壬辰	丙申	
	壬寅	癸卯	乙巳			癸卯	壬子	丙辰	壬戌
	甲寅	乙丑	癸酉	乙亥		乙卯	丙子	壬午	丙戌

辰일	戊辰	甲寅	丁巳		巳일	己巳	乙丑	庚午	乙亥
	庚辰	丁丑	甲申	丁亥		辛巳	庚寅	乙未	
	壬辰	甲辰	丁未			癸巳	乙卯	庚申	
	甲辰	甲子	丁卯	甲戌		乙巳	庚辰	乙酉	
	丙辰	甲午	丁酉			丁巳	庚子	乙巳	庚戌
午일	庚午	丁丑	癸未	丁亥	未일	辛未	辛卯	乙未	
	壬午	癸卯	丁未			癸未	乙卯	辛酉	
	甲午	丁卯	癸酉			乙未	辛巳	乙酉	
	丙午	癸巳	丁酉			丁未	辛丑	乙巳	辛亥
	戊午	癸丑	丁巳	癸亥		己未	乙丑	辛未	乙亥
申일	壬申	癸卯	甲辰		酉일	癸酉	壬子	丁巳	壬戌
	甲申	甲子	癸卯	甲戌		乙酉	丁丑	壬午	丁亥
	丙申	癸巳	甲午			丁酉	壬寅	丁未	
	戊申	癸丑	甲寅	癸亥		己酉	丁卯	壬申	
	庚申	癸未	甲申			辛酉	壬辰	丁酉	
戌일	甲戌	庚午	壬申		亥일	乙亥	辛巳	乙酉	
	丙戌	庚寅	壬辰			丁亥	辛丑	乙巳	辛亥
	戊戌	壬子	庚申	壬戌		己亥	乙丑	辛未	乙亥
	庚戌	庚辰	壬午			辛亥	辛卯	乙未	
	壬戌	庚子	壬寅	庚戌		癸亥	乙卯	辛酉	

　예부터 시간을 나눌 때 서양은 24시간이고 동양은 12시간으로 나눈다. 동양의 1시간을 서양의 2시간 개념으로 나눈 것이다. 동양은 지지를 사용하여 자축인묘진사오미신유술해(子丑寅卯辰巳午未申酉戌亥)의 12기지를 사용하였다.

　일반적으로 자시는 11시~01시, 축시는 01시~03시와 같이 시간으로 맞아 떨어지는 것으로 알려져 왔으나 이는 반드시 옳다고 할 수 없다. 11:00, 01:00과 같이 정각이 홀수로 떨어지는 시간은 일본 동경의 시간에 맞춘 것이다. 그러나 우리나라와 일본의 시간은 대략 30여분의 차이가 난다.

일본은 동경을 표준시로 하는데 동경 135˚이다. 우리나라 서울과는 오차가 있다. 우리나라는 수도로서 서울을 기준으로 하지만 시간을 잴 때는 우리나라의 중앙을 잰다. 이 중앙이 동경 127˚30´가 된다. 일본과는 대략 30분 정도의 차이가 있다. 따라서 정확한 시간의 변동이 필요한데 자시를 11시가 아닌 11시 30분부터 적용하여야 한다.

사주의 경우도 이를 적용하는데 태어난 시기와 섬머타임 적용시기에 따라 달라진다. 그러나 현재의 시간으로 택시할 때는 자시를 11시 30분을 기준으로 잡아 정하면 된다.

12시 분류											
子時	丑時	寅時	卯時	辰時	巳時	午時	未時	申時	酉時	戌時	亥時
23:00 01:30	01:30 03:30	03:30 05:30	05:30 07:30	07:30 09:30	09;30 11:30	11:30 13:30	13:30 15:30	15:30 17:30	17:30 19:30	19:30 21:30	21:30 13:30

시간 변화적용 사례		
1954년 3월21일 -1961년 8월9일생	子時가 11시~1시	
야자시적용	子時가 11시30분 ~ 1시30분	
출생지에 따라	서울	1시 32분이 축시
	부산	1시 24분이 축시

서머타임적용시	48년생 ~ 51년생	5월 ~ 9월 사이에 태어난 사람은 1시간을 뺀다
	55년생 ~ 60년생	
	87년생 ~ 88년생	

5. 제주불복방(祭主不伏方)

근본적으로 제주불복방(祭主不伏方)은 장사를 지낼 때 해(年)와 월(月)의 지지(地支)를 기준 하여 묘를 중심으로 상주가 있어서는 안 되는 방위이다. 그러나 묘만 아니라 빈소에도 해당된다. 상주(喪主)가 엎드려서 절을 하지 못하는 방향이다. 상주가 엎드려 절하는 방향은 묘에 국한되지 않고 빈소에도 해당되므로 이 방향에 제주가 엎드리도록 빈소를 설치하지 않는다. 년월을 기준으로 하여 각기 삼살방과 양인방으로 설치할 수 없다. 그러나 요즈음은 장례식장에서 장례를 치르므로 마음대로 설치할 수 없으므로 참고 사항이 된다. 그러나 묘역을 조성하여 장례를 치를 때에는 적용함이 옳다.

1) 삼살방(三煞(殺)方)

삼살방은 해마다 바뀌는 신살로서 삼합의 중심세력과 대충되는 방향이다. 癸巳年이라면 巳가 속해 있는 삼합, 즉 巳酉丑의 酉와 沖되는 卯方, 동쪽이 올해의 삼살방이다. 삼살방과 대장군방에 해당하는 해에, 이 두 방향으로 이사를 하거나 장소의 이동을 하면 좋지 않다. 아무리 잘 자라던 나무도 이 쪽으로 옮겨 심으면 성장이 잘 안된다. 역시 좋지 않은 방향이므로 제주불복방에 적용된다.

삼살방				
년, 월	申子辰	巳酉丑	寅午戌	亥卯未
방위	巳午未	寅卯辰	亥子丑	申酉戌

위 도표를 참고하여 살펴보면 제주불복방을 알 수 있다. 그 해의 년에 따른 태세지지가 신자진년이거나 신자진 월에 해당하는 경우라면 사오미방에 빈소를 설치하지 않는다. 혹은 묘역에서 절을 하는 방향을 설치하지 않는다. 이는 묘의 방향과는 다른 것이다.

2) 양인방(羊刃方)

양인살(羊刃殺)은 태양빛에 빛나는 칼날을 뜻하는 양인(陽刃)과 선량한 양(羊)을 잡기 위한 칼날을 뜻하는 양인(羊刃)으로 두 가지로 사용되지만 주로 양인(羊刃)으로 표현한다. 명리학의 측면에서 양인살(羊刃殺)을 이해한다면 칼(刃)인자를 쓰여지는 데서 알 수 있듯이 흉폭하다는 뜻인데 의지가 강하고 쉬운 말로 잔인하고 반대로 보면 겁이 없다. 따라서 양인방은 흉하다는 것으로 알 수 있다. 이 양인살을 적용한 방향이 바로 양인방이다. 역시 좋지 않은 방향이므로 제주불복방에 적용된다.

역시 년을 기준으로 한다. 장례를 치르고자 하는 해에서

년간(年干)을 따진다. 년간이 갑(甲)이라 하면 5가지가 나온
다. 갑자(甲子), 갑술(甲戌), 갑신(甲申), 갑오(甲午), 갑진
(甲辰), 갑인년(甲寅年)이다. 이와 같이 갑이 들어가는 해에
는 묘방(卯方)에 빈소를 설치하지 않으며 아울러 묘역에서
도 절을 하는 방향으로 선택하지 않는다. 역시 묘의 좌향과
는 관계없다. 만약 을(乙)이 들어가는 태세라면 을축(乙丑),
을해(乙亥), 을유(乙酉), 을미(乙未), 을사(乙巳), 을묘년(乙
卯年)이 해당 된다. 이처럼 을이 있는 태세에는 진방(辰方)
에 빈소나 묘역에서 절을 하는 방위로 선택하지 않는다.

양인방									
연간	甲	乙	丙	丁	戊	己	庚	辛	壬	癸
양인	卯	辰	午	未	午	未	酉	戌	子	丑

6. 정상기방(停喪忌方)

시신을 묘지로 운반하기 위해 상여나 영구차를 대기시킬
경우 안방을 기준 하여 상여나 영구차를 세우는 것을 꺼리
는 방위를 말한다. 또 묘지에서는 광중(壙中)을 기준 하여
상여 또는 관(棺)을 안치하지 않는 방위를 정상기방(停喪忌
方)이라고 한다.

정상기방은 하관 전에 묘지에서 필히 조심해야 하는 방
향이다. 묘지를 조성하고 하관하기 전에 상막(喪幕)을 설치
하자 말아야 하는 방향이며 운구되어 온 상여(喪輿)나 관곽
(棺槨)을 임시로 놓아두는 곳으로 선택해서는 안되는 방향

이다. 년과 일을 기준으로 삼는다.

정상기방을 살펴보면 동서남북의 정방위는 빠져있다. 따라서 정상기방을 피하려면 동서남북 방향에 상여(喪輿)나 관(棺)을 안치하면 된다.

정상기방				
장사 년, 일	巳酉丑	申子辰	寅午戌	亥卯未
정상기방	丑艮寅 艮方 (동북방)	辰巽巳 巽方 (동남방)	戌乾亥 乾方 (서북방)	未坤申 坤方 (남서쪽)

주로 우정방위라 불리는 방향을 피하고 있다. 그 해가 사(巳), 유(酉), 축(丑)년에는 동북방(東北方)에 해당하는 간방(艮方)을 피한다. 즉 을사(乙巳), 정사(丁巳), 기사(己巳), 신사(辛巳), 계사년(癸巳年)과 을유(乙酉), 정유(丁酉), 기유(己酉), 신유(辛酉), 계유년(癸酉年), 그리고 을축(乙丑), 정축(丁丑), 기축(己丑), 신축(辛丑), 계축년(癸丑年)이나 일에는 간방, 즉 동북방에는 관을 임시 거치하거나 묘막을 짓지 않는다.

7. 회두극좌법(回頭尅坐法)

회두극좌법(回頭尅坐法)은 생년에 따라 정해져 있는 방법으로 머리를 둘 수 없는 방향을 말한다. 이는 산자와 죽은 자에 모두 사용하는 방법이다. 회두극좌를 일러 멸문좌법이라고 하기도 한다.

산자는 회두극좌에 해당하는 방향으로 머리를 두지 않으며 죽은 자는 땅에 시신을 묻을 때 죽은 이와 생년, 그리고 봉분의 방향이 맞지 않을 때는 시신의 방향을 틀어 놓는다.

이는 어폐가 있다. 사주팔자와 풍수는 일맥상통하는 부분이 적지 않자만 명백하게 다른 부분이 적지 않다. 회두극좌법은 이 두 가지가 마구잡이로 섞인 듯 여겨지기도 한다.

사주팔자는 사람이 태어난 생년월일에 근본을 두어 파악하는 것이고 풍수지리는 태어난 생년만 따지는데 이는 구성학(九星學)에 뿌리를 두고 있기 때문이다.

아울러 형기형세론에서는 이것마저 무시하거나 채택하지 않는 경우가 많다. 아울러 일부 이론에서는 죽은 자는 이미 사주가 극을 당해 죽은 것이니 사주를 논할 수 없다는 이론이 힘을 얻고 있다.

회두극좌의 이론에 따르면 생자와 사자를 막론하고 적용하는 것으로 상생의 관계이면 성장하고 발전을 하는 것이지만 상극에 이르면 파멸에 이른다는 무서운 배경으로 설명한다.

즉 죽은자의 머리를 두지 말아야 할 방향에 산자의 머리를 두지 말라는 것으로 태어난 생년에 따라 잠잘 때 머리를 두지 말아야 할 방향이 있고 거실을 바라보지 말아야 할 방향이 있다는 설이다.

학자에 따라서는 음택의 명당지이거나 양택의 명당지이라 하더라도 발복을 멈춘다고 주장한다. 일부 학자들의 주장에 따르면 양택에서도 거실이 바라보이는 방향이 본인의 생년과 맞지 않거나 잠잘 때 머리를 두는 방향이 회두극좌의 반대방향에 해당하면 생활하는데 아주 좋지 않다고 주장한다.

손방(巽方 = 辰巽巳)	이방(離方 = 丙午丁)	곤방(坤方 = 未坤申)
壬申, 辛巳, 庚寅, 己亥, 戊申, 丁巳	戊辰, 丁丑, 丙戌, 乙未, 甲辰, 癸丑, 壬戌	庚午, 己卯, 戊子, 丁酉, 丙午, 乙卯
진방(震方 = 甲卯乙)	중궁(中宮) 甲子, 癸酉, 壬午, 辛卯, 庚子, 己酉, 戊午	태방(兌方 = 庚酉辛)
辛未, 庚辰, 己丑 戊戌, 丁未, 丙辰		丙寅, 乙亥, 甲申, 癸巳, 壬寅, 辛亥, 庚申
간방(艮方 = 丑艮寅)	감방(坎方 = 壬子癸)	건방(乾方 = 戌乾亥)
丁卯, 丙子, 乙酉, 甲午, 癸卯, 壬子, 辛酉	己巳, 戊寅, 丁亥, 丙申, 乙巳, 甲寅, 癸亥	乙丑, 甲戌, 癸未, 壬辰, 辛丑, 庚戌, 己未

　이 회두극좌법은 또 부부를 합장해도 될지 안될지를 판단하는 기준이 되기도 한다. 봉분의 좌향이 부부 모두에게 회두극좌에 해당하지 않아야 합장을 할 수 있다는 주장이다. 이를 어기면 장남이 패절(敗絶)한다는 등 여러 가지 이

유로 방법을 사용하기도 한다. 그러나 일부 이론에 따르면 사술이라 주장하기도 하며 사용하는 이는 극히 드물고 사용하지 않는 경우가 더욱 많은 것으로 보여진다.

1) 머리를 두는 방향으로 파악

손방(巽方)을 살펴보자. 손방은 남동쪽을 의미하는 방향이다. 잠을 자거나 누워야 하거나 죽은 자를 묻을 때에 이 방향표를 사용한다. 손방에는 각각 임신(壬申), 신사(辛巳), 경인(庚寅), 기해(己亥), 무신(戊申), 정사생(丁巳生)은 머리를 두지 않는다는 것이다. 물론 음택과 양택 공히 사용하므로 죽은 자의 장례에서도 좌향을 잡을 때 동일하게 적용한다.

건방(乾方)은 북동쪽을 의미한다. 장례를 치르거나 생자가 잠을 잘 때, 혹은 누울 때, 이 방향에 머리를 두지 말아야 한다는 것인데 이에 해당하는 생년은 을축(乙丑), 갑술(甲戌), 계미(癸未), 임진(壬辰), 신축(辛丑), 경술(庚戌), 기미생(己未生)이 된다.

단 예외는 있다. 중궁에 자리하는 갑자(甲子), 계유(癸酉), 임오(壬午), 신묘(辛卯), 경자(庚子), 기유(己酉), 무오생(戊午生)은 어느 방향에도 구애를 받지 않고 머리를 둘 수 있다는 것이다.

이와 같은 이론은 차후 전개되는 동총운(動冢運)이나 이후에 나타나는 귀문방(鬼門方)에도 어울리지 않는다. 사술이라는 말을 듣는 이론이므로 참고정도로 여기는 것이 좋을 것이다.

2) 바라보는 방향으로 파악

회두극쇄에서는 어느 방향에 머리를 두는가도 중요하지만 어느 방향을 바라보지 말라는 제언도 있다. 이는 머리를 어느 방향에 두지 말라는 이론과 크게 다를 것은 없지만 사용상의 실례로 살펴본다.

임신(壬申), 신사(辛巳), 경인(庚寅), 기해(己亥), 무신(戊申), 정사생(丁巳生)은 손좌건방(巽坐乾方)을 피해야 하고 무진(戊辰), 정축(丁丑), 병술(丙戌), 을미(乙未), 갑진(甲辰), 계축(癸丑), 갑술생(壬戌生)은 리좌감방(離坐坎方)을 피하고, 경오(庚午), 기묘(己卯), 무자(戊子), 정유(丁酉), 병오(丙午), 을묘생(乙卯生)은 곤좌간방(坤坐艮方)을 피해야 하며, 신미(辛未), 경진(庚辰), 기축(己丑), 무술(戊戌), 정미(丁未), 병진생(丙辰生)은 진좌태방(辰坐兌方)을 피하며, 병인(丙寅), 을해(乙亥), 갑신(甲申), 계사(癸巳), 임인(壬寅), 신해(辛亥), 경신생(庚申生)은 태좌진방(兌坐辰方)을 피하여야 하며, 정묘(丁卯), 병자(丙子), 을유(乙酉), 갑오(甲午), 계묘(癸卯), 임자(壬子), 신유생(辛酉生)은 간좌곤향(艮坐坤向)을 피하고, 기사(己巳), 무인(戊寅), 정해(丁亥), 병신(丙申), 을사(乙巳), 갑인(甲寅), 계해생(癸亥生)은 감좌리방(坎坐離方)을 피하고, 을축(乙丑), 갑술(甲戌), 계미(癸未), 임진(壬辰), 신축(辛丑), 경술(庚戌), 기미생(己未生)은 건좌손향(乾坐巽向)을 피한다. 갑자(甲子), 계유(癸酉), 임오(壬午), 신묘(辛卯), 경자(庚子), 기유(己酉), 무오생(戊午生)은 중궁(中宮)으로 구애받지 않는다.

회두극좌법	
바라보는 방향	맞지 않는 생년
건방(乾方 = 戌乾亥)	壬申, 辛巳, 庚寅, 己亥, 戊申, 丁巳
감방(坎方 = 壬子癸)	戊辰, 丁丑, 丙戌, 乙未, 甲辰, 癸丑, 壬戌
간방(艮方 = 丑艮寅)	庚午, 己卯, 戊子, 丁酉, 丙午, 乙卯
태방(兌方 = 庚酉辛)	辛未, 庚辰, 己丑, 戊戌, 丁未, 丙辰
진방(震方 = 甲卯乙)	丙寅, 乙亥, 甲申, 癸巳, 壬寅, 辛亥, 庚申
곤방(坤方 = 未坤申)	丁卯, 丙子, 乙酉, 甲午, 癸卯, 壬子, 辛酉
이방(離方 = 丙午丁)	己巳, 戊寅, 丁亥, 丙申, 乙巳, 甲寅, 癸亥
손방(巽方 = 辰巽巳)	乙丑, 甲戌, 癸未, 壬辰, 辛丑, 庚戌, 己未
중궁(中宮, 관계없음)	甲子, 癸酉, 壬午, 辛卯, 庚子, 己酉, 戊午

8. 형상론(形象論)

형상론(形象論)은 달리 물형론(物形論)이라고도 한다. 물형론은 다양하게 적용하는데 산세를 파악하고 그 산세가 지니는 특징을 파악하는 것이다. 형상론은 오래전부터 풍수지리의 이론인 형기형상론과 이기론의 보조적인 기법으로 이용된 바가 있다.

형상론은 주로 지세(地勢)의 외관(外觀)에 의하여 그 감응(感應) 여부를 판단하는 법이다. 형상론은 달리 형국론, 물형론이라고도 하는데 동물형, 물질형, 인물형, 식물형, 문자형 등 여러 가지 형으로부터 원기를 알아볼 수 있다는 사고방식에서 발전된 것이다. 이중에서 인간에게 많은 영향을 미치는 동물형이 가장 큰 비율을 차지한다.

형국론은 이기론의 바탕이 되는 음양오행설보다 산을 직접 의인화(擬人化)하고 의물화(儀物化)하는 것이 보다 손쉽기 때문에, 특히 배움의 기회가 적고 배우지 못한 무지몽매한 사람들에게 이용되어 오래도록 기세를 부렸을 것으로 보여진다.

양택의 경우, 국이 크므로 체형이 잘 짜일 수 없기에 허한 기운을 보충해주는 비보(裨補)와 나쁜 기운을 막는 염승(厭勝)을 하였다. 음택은 도읍이나 고을에 비해 국이 작으므로 다양한 체형으로 해석이 가능해진다.

체형에는 주로 날짐승, 들짐승, 사람, 물건이 등장한다. 날짐승에는 봉, 학, 제비, 기러기, 꿩이, 들짐승에는 소, 말, 호랑이, 사자, 쥐가 있다. 사람에는 선인(仙人)이 있으며, 여자의 경우 옥녀(玉女)라고 불렀다. 물건에는 등, 병, 의복을 가지고 비유하였다. 이 밖에 용, 꽃, 물고기도 나타났다.

형국의 원리는 우주 이법에 따라 우주의 기운이 소우주인 땅에 어느 물형과 유사한 형태로 나타나고 그 물형의 한 부분에 생기를 융취한다는 이론이다. 아울러 그 물형의 속성이 나타난다는 이론이기도 하다.

예를 들어 장군대좌형, 옥녀단좌형, 군신조회형, 선녀등공형, 선인독서형 등 인체 유형에 비유한 산에 있어서는 주로 명치나 배꼽 또는 단전 등에 혈이 있고, 비룡승천형, 갈

용음수형, 오룡쟁주형, 비룡함주형, 회룡은산형, 생사취와형 등 용과 뱀에 비유한 산에는 귀와 눈과 꼬리 부분에 혈이 있다고 한다.

금계포란형, 봉황귀소형, 평사낙안형, 복치혈, 금오탁시형 등 새의 유형에 비유한 산에는 혈이 날개 안쪽이나 벼슬 부위에 있으며, 갈마음수형, 천마등공형, 주마탈안형, 와우형, 복호형, 맹호출림형 등 짐승 유형에 비유한 산에는 두상(頭上)이나 코 또는 귀, 복부의 유방에 혈이 있다는 이론이다.

이 밖에도 수없이 많은 이론이 있으나, 형기론을 적용하여 심혈하면 상이한 결과를 가져온다. 물형을 주로 하는 형국론은 이기론은 물론이고 정통 형기론과도 차이점이 지나치다고 할 수 있다.

한글학회, 문화재관리국, 각 풍수협회의 각종 자료에 따르면 우리나라에서 논의되는 형국은 모두 266개로 분류되었는데, 이중 동물형이 163개로 가장 많고, 물질형이 38개, 인간형이 36개, 식물형이 26개, 문자형이 6개로 조사되었다.

조사가 끝난 후에도 지역에 따라 미처 조사되지 못한 물형이 등장할 가능성이 있고, 개인의 주장이나 학자들의 주장에 따라 또 다른 물형이 조영될 수 있다. 특히 물형은 시각에 따라 달라지기도 하므로 증가가 있을 가능성이 농후하다.

이전까지 조사된 266개의 형국에 따라 분류하면 이와 관련된 마을의 모양이나 입지, 집터는 현재까지 모두 2,146개소이며, 이중에는 동물형이 1,198개소로 반 이상을 차지한다. 인물형은 360, 물질형은 355, 식물형은 221, 문자형이 12개소로 조사되었다. 그러나 조사가 미치지 못한 지역이니 알려지지 않은 지역이 있으므로 더욱 많을 것으로 보인다.

또한 일부 지역은 기록이 잘못되었거나 상세히 알려져 있어 다루어지지 않은 경우가 있으며, 북한 지역에 대한 조사는 불충분하여 세밀한 조사가 이루어지면 더욱 많은 형국이 나타날 것이다.

특히 일제강점기에 '무라야마 지쥰'이 지은 ≪조선의 풍수≫에도 한국 풍수의 형국이 175개소나 적혀 있는데, 이는 각 지역의 경찰들을 통해 모은 자료라고 한다. 그렇다고 하더라도 조선의 풍수에서 형국론에 대해서는 비교적 자세하게 기록되어 참고로 삼고 있다.

현재까지의 조사와 자료를 바탕으로 분석하면 형국론에 입각한 양택지나 집터는 남한 지역에서 모두 2,146개가 나타나는데, 도별로 집계하면 전북, 전남, 충남, 경북, 충북, 강원, 경기, 제주, 서울의 순으로 나타난다.

이 비율에서 보듯 형국론을 바탕으로 하는 지역은 이기론이 발달한 지역으로 전라도 전체와 충청남도가 이에 속한다.

따라서 형국론은 형기론의 학설이라고 하기보다는 오히려 이기론에 가까우며, 형기론의 형은 형국이 아니라 와겸유돌로 대별되는 혈상을 의미하는 형상으로 보아야 할 것이다.

물형론의 분포 현황(분포도)											
지역	경기	강원	충북	충남	경북	경남	전북	전남	제주	서울	기타	계
횟수	61	77	150	337	190	127	750	412	30	3	9	2146
%	2.9	3.6	7	15.7	8.9	6	35	19.2	1.4	0.1	0.4	100

1) 동물형(動物形)

와우형(臥牛形), 황우도강형(黃牛渡江形), 복우형(伏牛形), 갈우음수형(渴牛飮水形), 치독고모형(雉犢顧母形), 기우형(起牛形), 우무형(牛舞形), 우미형(牛尾形), 갈마음수형(渴馬飮水形), 천마시풍형(天馬嘶風形), 주마탈안형(走馬奪鞍形), 복마형(伏馬形), 마화위룡형(馬化爲龍形), 비천마제형(飛天馬蹄形), 약마하전형(躍馬下田形), 옥토망월형(玉免望月形), 옥토형(玉免形), 복호형(伏虎形), 맹호출림형(猛虎出林形), 호미형(虎尾形), 백호형(白虎形), 와호형(臥虎形), 와두형(臥頭形), 호형(虎形), 오공형(蜈蚣形), 복구형(伏狗形), 와구형(臥狗形), 산구형(産狗形), 선구곡월형(仙狗哭月形), 황방폐월형(黃尨吠月形), 구유낭형(狗乳囊形), 노서하전형(老鼠下田形), 금구몰니형(金龜沒泥形), 금구하수형(金龜河水形), 복구형(伏龜形), 구두형(龜頭形), 구미형(龜尾形), 부구형(浮龜形), 해형(蟹形), 갈해음수형(渴蟹飮水形), 해배형(蟹背形), 해안형(蟹眼形), 해목형(蟹目形), 박대복해형(博帶伏蟹形), 지주형(蜘蛛形), 지주결망형(蜘蛛結網形), 잠두형(蠶頭形).

2) 금형(禽形)

금계포란형(金鷄抱卵形), 계소형(鷄巢形), 계명형(鷄鳴形), 비봉형(飛鳳形), 비봉포란형(飛鳳抱卵形), 봉귀소형(鳳歸巢形), 봉무형(鳳舞形), 봉소형(鳳巢形), 봉명조양형(鳳鳴朝陽形), 금봉포란형(金鳳抱卵形), 단봉함서형(丹鳳含書形), 봉미형(鳳尾形), 비봉투림형(飛鳳投林形), 오동봉서형(梧桐鳳棲形), 상봉형(翔鳳形), 학슬형(鶴膝形), 연소형(燕巢形), 무연형(舞燕形), 평사낙안형(平沙落雁形), 비응형(飛應形), 비응함로형(飛應含蘆形), 복치형(伏雉形), 비학형(飛鶴形), 백학포란형(白鶴抱卵形), 황학귀소형(黃鶴歸巢形), 금학망천형(金鶴望天形), 백학서송형(白鶴捿松形), 노학귀소형(老鶴歸巢形), 금학포란형(金鶴抱卵形), 황학포란형(黃鶴抱卵形), 무학형(舞鶴形), 비학하전형(飛鶴下田形), 쌍학형(雙鶴形), 백학쌍비형(白鶴雙飛形), 삼학형(三鶴形), 팔학형(八鶴形), 솔개형, 앵소유지형(鶯巢柳枝形), 연소형(燕巢形), 취형(鷲形).

3) 용사형(龍蛇形)

비룡상천형(飛龍上天形), 비룡등천형(飛龍登天形), 회룡고미형(回龍顧尾形), 와룡형(臥龍形), 오룡쟁주형(五龍爭珠形), 구룡쟁주형(九龍爭珠形), 용두형(龍頭形), 반룡형(盤龍形), 운용토우형(雲龍吐雨形), 황룡부주형(黃龍負舟形), 갈룡음수형(渴龍飮水形), 복룡형(伏龍形), 요미형(龍尾形), 쌍룡권두형(雙龍拳頭形), 반룡농주형(盤龍弄珠形), 황룡출수

형(黃龍出水形), 잠룡농파형(潛龍弄波形), 비룡출수형(飛龍
出水形), 청룡출운형(靑龍出雲形), 와룡농주형(臥龍弄珠形),
쌍룡농주형(雙龍弄珠形), 유룡농주형(幼龍弄珠形), 용안형
(龍眼形), 육룡쟁주형(六龍爭珠形), 이룡쟁주형(二龍爭珠
形), 오룡형(五龍形), 와룡도강형(臥龍渡江形), 황룡도강형
(黃龍渡江形), 구룡구사형(九龍九蛇形), 횡룡형(橫龍形), 회
룡고조형(回龍顧祖形), 사형(蛇形), 생사추와형(生蛇追蛙
形), 사반형(蛇蟠形), 사두형(蛇頭形), 황사출림형(黃蛇出林
形), 황사복지형(黃蛇伏池形), 초중반사형(草中反蛇形).

4) 인물형(人物型)

선인무수형(仙人舞袖形), 선인독서형(仙人讀書形), 운중
선좌형(雲中仙坐形), 선인관기형(仙人觀碁形), 선인대좌형
(仙人對坐形), 선인운유형(仙人雲遊形), 선인음적형(仙人吟
笛形), 노선기우형(老仙騎牛形), 선인야유형(仙人野遊形),
선인탄금형(仙人彈琴形), 선인번대형(仙人幡帶形), 선인취
와형(仙人醉臥形), 선인장좌형(仙人丈坐形), 장군대좌형(將
軍對坐形) 장군출동형(將軍出動形), 옥녀탄금형(玉女彈琴
形), 옥녀직금형(玉女織金形), 옥녀산발형(玉女散髮形), 옥
녀단좌형(玉女端坐形), 옥녀금반형(玉女金盤形), 옥녀무상
형(玉女舞裳形), 옥녀개화형(玉女開花形), 옥녀봉반형(玉女
奉盤形), 옥녀헌배형(玉女獻杯形), 옥녀하강형(玉女下降形),
옥녀단장형(玉女丹粧形), 옥녀등공형(玉女登空形), 군신봉
조형(君臣奉朝形), 상제보조형(上帝奉朝形), 삼녀동좌형(三

女同坐形).

5) 사물형(事物形)

반월형(半月形), 운중반월형(雲中半月形), 백운반월형(白雲半月形), 운중심월형(雲中沈月形), 행주형(行舟形), 긴주형(緊舟形), 괘등형(掛燈形), 옥등괘벽형(玉燈掛壁形), 금반형(金盤形), 옥반옥배형(金盤玉杯形), 금반옥병형(金盤玉瓶形), 금반하엽형(金盤荷葉形), 금반연엽형(金盤蓮葉形), 풍취라대형(風吹羅帶形), 사쌍금대형(四雙金帶形), 금대형(金帶形), 옥대형(玉帶形), 복부형(伏釜形), 금환락지형(金環落地形), 금반락지형(金盤落地形), 금잠락지형(金簪落地形), 금채형(金釵形), 필형(筆形), 필통형(筆筒形), 연적형(硯滴形), 필가형(筆架形), 완사명월형(浣紗明月形), 대좌형(對坐形).

6) 식물형(植物形)

매화낙지형(梅花落地形), 매화만발형(梅花滿發形), 모란반개형(牧丹半開形), 연화부수형(蓮花浮水形), 연화도수형(蓮花到水形), 연화반개형(蓮花半開形), 연엽도수형(蓮葉到水形), 연화함로형(蓮花含露形), 양류도수형(楊柳到水形), 양화낙지형(楊花落地形), 화심형(花心形), 도화낙지형(桃花落地形).

7) 문자형(文字形)

야자형(也字形), 용자형(用字形), 명자형(明字形), 일자형
(日字形), 물자형(勿字形), 품자형(品字形).

9. 팔십팔향법(八十八向法)

팔십팔향법(八十八向法)은 풍수지리설에서 길지(吉地)를
정하는 88가지의 방법이다. 방위를 풍수의 골격으로 파악하
는 점이 특징이다. 88향에는 각 향마다 독특한 특색이 있어
부귀, 공명, 현자 등 발복의 근원이 각각 다르지만, 명당을
찾는 기본법이므로 산의 생김새나 물의 흐름 등에서는 공
통점을 발견할 수 있다.

팔십팔향법(八十八向法)의 연원은 당(唐)나라 때 구빈
(救貧) 양균송(楊筠松) 선생의 14진신수법(十四進神水法)과
10퇴신법(十退神法)에 두고 있다.

양균송 선생께서 이 법칙으로 불쌍한 백성들을 가난으로
부터 구제해 주었다하여 선생의 별호를 구빈(救貧)이라고
불렀다. 이후로 후대 선사(先師)들이 본법을 계승 발전시켜
오늘날까지 전하고 있으며 우리나라에서도 가장 많이 쓰이
는 풍수지리 이법이다.

옛 사람들은 이 법을 찬양하여 "능지팔십팔향(能知八十
八向)이면 횡행천지(橫行天地)에 무기지(無棄地)"라 하여
팔십팔향법만 잘 맞추어 쓰면 온 천지를 다녀도 버릴 땅이
없다고 하였다.

또 팔십팔향법의 정확성을 극찬하여 "팔십팔향(八十八

向)이 지정지덕(至正至德)하여 대지(大地)는 대발(大發)하고 소지(小地)는 소발(小發)하는 진백발백중지결(眞百發百中之訣)"이라고 하였고, "의수입향(依水立向)이면 당변살위관(?變煞爲官)"이라 하여 물에 의지하여 향을 세우면 문득살이 변하여 벼슬이 된다고 까지 신봉하고 추종하였다.

또한 "무맥평지(無脈平地)에도 능지팔십팔향(能知八十八向)이면 부귀(富貴)는 난망(難望)이나 단연불사절(斷然不嗣絶)에 족이의식(足以衣食)"이라 하여 용맥이 없는 사절룡(死絶龍)도 팔십팔향법으로 향을 잘 놓게 되면 비록 부귀는 못한다하더라도 자손 보존과 의식(衣食)은 충족된다고 하였다.

향법(向法)은 풍수지리의 기본 공식이다. 용, 혈, 사, 수의 형세적 관찰과 판단은 보는 사람에 따라 다를 수 있으나 향법은 공식화되어 있기 때문에 누가 보아도 똑같은 길흉화복으로 평가된다.

1) 정생향(正生向)

정생향			
사국 (四局)	파구 (破口)	향(向)	좌 향 (坐 向)
목국 (木局)	정미 (丁未)	건해 (乾亥)	손좌건향(巽坐乾向), 사좌해향(巳坐亥向)
화국 (火局)	신술 (辛戌)	간인 (艮寅)	곤좌간향(坤坐艮向), 신좌인향(申坐寅向)

금국 (金局)	계축 (癸丑)	손사 (巽巳)	건좌손향(乾坐巽向), 해좌사향(亥坐巳向)
수국 (水局)	을진 (乙辰)	곤신 (坤申)	간좌곤향(艮坐坤向), 인좌신향(寅坐申向)

2) 정왕향(正旺向)

정왕향			
사국 (四局)	파구 (破口)	향(向)	좌 향 (坐 向)
목국 (木局)	정미 (丁未)	갑묘 (甲卯)	경좌갑향(庚坐甲向), 유좌묘향(酉坐卯向)
화국 (火局)	신술 (辛戌)	병오 (丙午)	임좌병향(壬坐丙向), 자좌오향(子坐午向)
금국 (金局)	계축 (癸丑)	경유 (庚酉)	갑좌경향(甲坐庚向), 묘좌유향(卯坐酉向)
수국 (水局)	을진 (乙辰)	임자 (壬子)	병좌임향(丙坐壬向), 오좌좌향(午坐子向)

3) 정양향(正養向)

정양향			
사국 (四局)	파구 (破口)	향(向)	좌 향 (坐 向)
목국 (木局)	곤신 (坤申)	신술 (辛戌)	을좌신향(乙坐辛向), 진좌술향(辰坐戌向)
화국	건해	계축	정좌계향(丁坐癸向), 미좌축향(未坐丑向)

(火局)	(乾亥)	(癸丑)	
금국 (金局)	간인 (艮寅)	을진 (乙辰)	신좌을향(辛坐乙向), 술좌진향(戌坐辰向)
수국 (水局)	손사 (巽巳)	정미 (丁未)	계좌정향(癸坐丁向), 축좌미향(丑坐未向)

4) 정묘향(正墓向)

정묘향			
사국 (四局)	파구 (破口)	향(向)	좌 향 (坐 向)
목국 (木局)	곤신 (坤申)	정미 (丁未)	계좌정향(癸坐丁向), 축좌미향(丑坐未向)
화국 (火局)	건해 (乾亥)	신술 (辛戌)	을좌신향(乙坐辛向), 진좌술향(辰坐戌向)
금국 (金局)	간인 (艮寅)	계축 (癸丑)	정좌계향(丁坐癸向), 미좌축향(未坐丑向)
수국 (水局)	손사 (巽巳)	을진 (乙辰)	신좌을향(辛坐乙向), 술좌진향(戌坐辰向)

5) 태향태류(胎向胎流)

태향태류			
사국 (四局)	파구 (破口)	향(向)	좌 향 (坐 向)

목국 (木局)	경(庚)	경유 (庚酉)	갑좌경향(甲坐庚向), 묘좌유향(卯坐酉向)
화국 (火局)	임(壬)	임자 (壬子)	병좌임향(丙坐壬向), 오좌자향(午坐子向)
금국 (金局)	갑(甲)	갑묘 (甲卯)	경좌갑향(庚坐甲向), 유좌묘향(酉坐卯向)
수국 (水局)	병(丙)	병오 (丙午)	임좌병향(壬坐丙向), 자좌오향(子坐午向)

6) 절향절류(絶向絶流)

절향절류			
사국 (四局)	파구 (破口)	향(向)	좌 향 (坐 向)
목국 (木局)	곤(坤)	곤신 (坤申)	간좌곤향(艮坐坤向), 인좌신향(寅坐申向)
화국 (火局)	건(乾)	건해 (乾亥)	손좌건향(巽坐乾向), 사좌해향(巳坐亥向)
금국 (金局)	간(艮)	간인 (艮寅)	곤좌간향(坤坐艮向), 신좌인향(辛坐寅向)
수국 (水局)	손(巽)	손사 (巽巳)	건좌손향(乾坐巽向), 해좌사향(亥坐巳向)

7) 쇠향태류(衰向胎流)

쇠향태류			
사국	파구	향(向)	좌 향 (坐 向)

(四局)	(破口)		
목국 (木局)	경(庚)	을진 (乙辰)	신좌을향(辛坐乙向), 술좌진향(戌坐辰向)
화국 (火局)	임(壬)	정미 (丁未)	계좌정향(癸坐丁向), 축좌미향(丑坐未向)
금국 (金局)	갑(甲)	신술 (辛戌)	을좌신향(乙坐辛向), 진좌술향(辰坐戌向)
수국 (水局)	병(丙)	계축 (癸丑)	정좌계향(丁坐癸向), 미좌축향(未坐丑向)

8) 자생향(自生向)

자생향				
本局	破口	향(向)	向上作局	좌 향 (坐 向)
木局	丁未	곤신 (坤申)	向上水局	간좌곤향(艮坐坤向), 인좌신향(寅坐申向)
火局	辛戌	건해 (乾亥)	向上木局	손좌건향(巽坐乾向), 사좌해향(巳坐亥向)
金局	癸丑	간인 (艮寅)	向上火局	곤좌간향(坤坐艮向), 신좌인향(申坐寅向)
水局	乙辰	손사 (巽巳)	向上金局	건좌손향(乾坐巽向), 해좌사향(亥坐巳向)

9) 자왕향(自旺向)

자왕향				
本局	破口	향(向)	向上作局	좌 향 (坐 向)

木局	丁未	병오 (丙午)	向上火局	임좌병향(壬坐丙向), 자좌오향(子坐午向)
火局	辛戌	경유 (庚酉)	向上金局	갑좌경향(甲坐庚向), 묘좌유향(卯坐酉向)
金局	癸丑	임자 (壬子)	向上水局	병좌임향(丙坐壬向), 오좌자향(午坐子向)
水局	乙辰	갑묘 (甲卯)	向上木局	경좌갑향(庚坐甲向), 유좌묘향(酉坐卯向)

10) 문고소수(文庫消水)

문고소수				
本局	破口	향(向)	向上作局	좌 향 (坐 向)
木局	庚酉	곤신 (坤申)	向上水局	간좌곤향(艮坐坤向), 인좌신향(寅坐申向)
火局	壬子	건해 (乾亥)	向上木局	손좌건향(巽坐乾向), 사좌해향(巳坐亥向)
金局	甲卯	간인 (艮寅)	向上火局	곤좌간향(坤坐艮向), 신좌인향(申坐寅向)
水局	丙午	손사 (巽巳)	向上金局	건좌손향(乾坐巽向), 해좌사향(亥坐巳向)

11) 목욕소수(沐浴消水)

목욕소수				
本局	破口	향(向)	向上作局	좌 향 (坐 向)
木局	庚	임자	向上水局	병좌임향(丙坐壬向),

局				坐向
		(壬子)		오좌자향(午坐子向)
火局	壬	갑묘(甲卯)	向上木局	경좌갑향(庚坐甲向), 유좌묘향(酉坐卯向)
金局	甲	병오(丙午)	向上火局	임좌병향(壬坐丙向), 자좌오향(子坐午向)
水局	丙	경유(庚酉)	向上金局	갑좌경향(甲坐庚向), 묘좌유향(卯坐酉向)

12) 팔십팔향법

팔십팔향법						
향\파구	壬子	癸丑	艮寅	甲卯	乙辰	巽巳
壬子	壬破胎向胎流右水到左	冲祿小黃泉	冲破胎神	壬破沐浴小水右水到左	冲破旺位	過宮水冲破死位
癸丑	自旺向左水到右	癸破絶水倒冲墓庫牽動土牛	自生向右水到左	不立胎向冲破冠帶	冲破衰位吉凶相半	正坐向右水到左
艮寅	過宿水冲破病位	正墓向左水到右細小右水	艮破絶向絶流右水到左	殺人大黃泉冲破向上臨官冲祿	正養向右水到左	交如不及短命水
甲卯	交如不及短命水	過宿水冲破胎神	文庫消水左水到右	甲破胎向胎流右水到左	冲祿小黃泉	冲破胎神
乙辰	正旺向左水到右	不立衰向冲破向上養位	不立病向冲破向上官帶	自旺向左水到右	絶水倒冲墓庫牽動土牛	自生向右水到左

巽巳	過宮水	冲破向上生位	冲破向上臨官	短命過宿水	正墓向左水到右細小右水	巽破胎向絶流
丙午	冲破胎神	丙破衰向胎流朝入穴後破	向上生來破旺	交如不及顔回短命水	過宮水	文庫消水左水到右
丁未	不立沐浴向冲破向上養位	冲破向上官帶	不立臨官向	正旺向左水到右	不立衰向	不立病向冲破向上官帶
坤申	旺去冲生	冲破向上臨官	交如不及	過宮水	墓絶冲生大煞	冲破向上臨官
庚酉	庚破沐浴消水右水到左	冲破向上旺位	交如不及	冲破胎神	庚破衰向胎流朝來左水穴後破	向上生來旺破
辛戌	不立胎向冲破向上養位	冲破向上0位	正生向右水到左	不立沐浴向冲破向上養位	不立官帶向冲破向上官帶	不立臨官向冲破向上0位
乾亥	殺人大黄泉冲破向上臨官冲祿	正養向右水到左	過宮水	向上旺去冲生	冲破向上臨官	冲破丙位

向坐子	丙午	丁未	坤申	庚酉	辛戌	乾亥
壬子	冲破胎神	壬破衰向胎流	朝來左水穴後破	交如不及短命水	過宮水	文庫消水左水到右
癸丑	不立沐浴向冲破向上養位	不立官帶向	不立臨官向	正旺向左水到右	不立衰向	向上冲破冠帶

艮寅	向上旺去冲生	冲破向上臨官	交如不及	過宮水	向上墓絶冲生	冲破向上臨官
甲卯	甲破沐浴消水右水到左	向上墓絶破旺	過宮水	冲破胎神	甲破衰向胎流朝來左水穴0破	向上生來破旺
乙辰	不立胎向冲破向上冠帶	冲破向上0位	正生向右水到左	不立沐浴向冲破向上養位	不立官帶向冲破冠帶	不立臨官向
巽巳	殺人大黃泉冲破向上臨官冲祿	正養向右水到左	交如不及	向上旺去冲生	冲破向上臨官	冲破病位
丙午	丙破胎向胎流右水到左	冲祿消黃泉冲破祿位	冲破胎神	丙破沐浴消水右水到左	冲破向上旺位	過宮水
丁未	自旺向左水到右	絶水到冲墓庫牽動土牛	自生向右水到左	不立胎向冲破向上冠帶	冲破向上0位	正生向右水到左
坤申	交如不及短命寡宿水	正墓向左水到右細小右水	坤破絶向絶流	殺人大黃泉冲破向上臨官冲祿	正養向右水到左	交如不及
庚酉	交如不及短命寡宿水	過宮水	文庫消水左水到右	庚破胎向胎流右水到左	冲祿小黃泉	冲破胎神
辛戌	正旺向左水到右	不立養向	冲破向上官帶	自旺向左水到右	絶水到冲墓庫牽動土牛	自生向右水到左
乾亥	過宮水	向上墓絶冲生	冲破向上臨官	交如不及短命寡宿水	正墓向左水到右	乾破絶向絶流右水到左

10. 하관길시

하관이란 시신을 광중에 내리는 것을 말한다. 하관은 정해진 시간에 하며, 관 채 묻기고 하고, 탈관을 해 시신만 묻기도 한다. 경기 이북지역에서는 대개 관 없이 탈관을 한다. 이러한 하관에도 시간을 정한다.

하관길시 선택(下棺吉時選擇)에서 중상일(重喪日)과 중일, 복일을 피한다. 즉 중상일을 피하고 대한민력의 중일과 복일로 표시되어 있는 날을 피해서 길시에 하관하면 되는 것이다.

하관은 壙中에 시신을 내리는 것으로, 하여 좋은 시간에 맞추어 한다.

좋은 시간으로는 天乙貴人時와 黃道時 등이 있는데 두 가지가 모두 맞으면 좋지만 그렇지 못한 경우에는 황도시를 쓴. 즉 황도시(黃道時)에 귀인시(貴人時)를 겸하면 좋고 마땅치 않으면 그냥 황도시(黃道時)만 가려 쓴다.

황도시(黃道時)는 일진(日辰)의 지지를 기준으로 하고 귀인시(貴人時) 일진(日辰)의 천간을 기준한다.

즉 이장(移葬) 때의 하관시간은 年月日時의 길국(吉局)에 의하지만 초상 때의 하관시간은 황도시(黃道時)의 사오미시(巳午未時) 중에 정하는 경우가 많다. 이는 가장 밝은 시간이기 때문이다. 그러나 예전에는 야간의 시간을 택하는 경우도 많았다는 점을 명심하자. 황도시 이외의 시간은 당연히 흑도시(黑道時)가 된다.

● 황도시와 귀인시

황도 귀인시			
黃道時		歸仁時	
일진	황도시	일진	귀인시
寅申(1,7)일	子 丑 辰 巳 未 戌 時	甲 戊 庚 日	丑 未 時
卯酉(2,8)일	寅 卯 午 未 酉 子 時	乙 己 日	子 申 時
辰戌(3,9)일	辰 巳 申 酉 亥 寅 時	丙 丁 日	亥 酉 時
巳亥(4,10)일	午 未 戌 亥 丑 辰 時	辛 日	寅 午 時
子午(11,5)일	申 酉 子 丑 卯 午 時	壬 癸 日	巳 卯 時

● 천간으로 가려잡는 법

천간법			
일천간	시	일천간	시
甲	丑 寅 未	己	子 丑 未 申
乙	子 卯 申	庚	丑 未 申
丙	巳 酉 亥	辛	子 申 酉
丁	午 酉 亥	壬	子 卯 巳
戊	丑 辰 未 戌	癸	卯 巳 亥

● 시간 기준

子時(밤 11시 30분 - 1시 30분),

丑時(오전 1시 30분 - 3시 30분),

寅時(오전 3시 30분 - 5시 30분),

卯時(오전 5시 30분 - 7시 30분),

辰時(오전 7시 30분 - 9시 30분),

巳時(오전 9시 30분 - 11시 30분),

午時(11시 30분 - 오후1시 30분),

未時(오후 1시 30분 - 3시 30분),

申時(오후 3시 30분 - 5시 30분),

酉時(오후 5시 30분 - 7시 30분),

戌時(오후 7시 30분 - 9시 30분),

亥時(오후 9시 30분 - 11시 30분)

11. 호충(互沖)

호충이라는 것은 상호간에 찌른다는 의미이다. 즉 그 날을 보고 상대적인 살을 살피는 것이다. 하관시에 상주는 물론이고 문상객 모두에게 적용되는 살이다. 하관을 바라보면 살에 닿아 액운을 당한다고 한다. 여러 가지 호충이 적용되는데 호충에는 정충(正沖)과 동순충(同旬沖), 태세압본명(太歲壓本命)이 있다. 학자에 따라서는 정총을 바탕으로 하는 삽합충(三合沖)을 적용하기도 한다.

호충에 해당되는 사람이 입관 혹은 하관에 참례하면 화를 당할 우려가 있다. 특히 하관을 할 시에 해당자는 잠시 현장을 피해야 한다. 때로는 시신을 광중에 안치하는 순간을 보지 않아야 한다. 즉 시신이 바닥에 닿는 순간 1~2분 동안 보지 않으면 된다. 이 호충을 어기면 몸이 아프고 심한 경우 헛것이 보인다고 하고 상문살이 든다고 한다.

1) 정충(正冲)

장례일을 기준으로 한다. 그 기준은 천간이다. 즉 장례일을 살피는데 장례일과 하관을 바라보는 사람의 천간은 같다. 즉 그 날의 천간이 갑이라면 갑의 천간을 가진 해에 태어난 누군가는 호충에 걸린다.

즉 지지에서 결정되는데 지지의 호충을 살핀다. 즉 갑자의 일에 장례를 치른다면 갑자생이 정충이 되는 것이므로 하관시 보지 말아야 할 사람이다.

정충											
일	생년	일	생년	일	생년	일	생년	일	생년	일	생년
甲子	甲午	甲戌	甲辰	甲申	甲寅	甲午	甲子	甲辰	甲戌	甲寅	甲申
乙丑	乙未	乙亥	乙巳	乙酉	乙卯	乙未	乙丑	乙巳	乙亥	乙卯	乙酉
丙寅	丙申	丙子	丙午	丙戌	丙辰	丙申	丙寅	丙午	丙子	丙辰	丙戌
丁卯	丁酉	丁丑	丁未	丁亥	丁巳	丁酉	丁卯	丁未	丁丑	丁巳	丁亥
戊辰	戊戌	戊寅	戊申	戊子	戊午	戊戌	戊辰	戊申	戊寅	戊午	戊子
己巳	己亥	己卯	己酉	己丑	己未	己亥	己巳	己酉	己卯	己未	己丑
庚午	庚子	庚辰	庚戌	庚寅	庚申	庚子	庚午	庚辰	庚辰	庚申	庚寅
辛未	辛丑	辛巳	辛亥	辛卯	辛酉	辛丑	辛未	辛巳	辛巳	辛酉	辛卯
壬申	壬寅	壬午	壬子	壬辰	壬戌	壬寅	壬申	壬午	壬午	壬戌	壬辰
癸酉	癸卯	癸未	癸丑	癸巳	癸亥	癸卯	癸酉	癸未	癸未	癸亥	癸巳

2) 동순충(同旬沖)

장사 치르는 날의 일간이 상주를 포함하여 참배객의 생년 년천간과 같고 지지가 상충되거나 또는 장사일의 일진이 상주나 참배객의 생년 간지와 간충과 지충이 되면 상주를 포함하여 해당되는 사람은 체백을 광중에 하관하는 잠시 동안 자리를 피하라는 것이다. 이중 동순충을 따져 장례일의 간지와 지지가 모두 충이 되는 경우에 해당하는 사람이 자리를 피해야 한다는 것이다. 그러나 천간이 무기(戊己)이면 해당하지 않는다는 특징이 있다.

하관하는 날을 기준하여 일진이 년천간지지를 모두 충하는 생년인 사람은 하관할 때 잠시 자리를 피한다. 예를 들면 갑자일(甲子日)일 때 경오생(庚午生), 을축일(乙丑日)에 신미생(辛未生), 경진일(庚辰日)에 갑술생(甲戌生) 등이다. 이를 어겨 만약 호충살에 해당하면 그 자리에서 정신을 잃고 쓰러지기도 하고 알 수 없는 우연한 병이 걸려 20일, 2달, 2년의 주기에서 허무하게 죽는 경우가 있다고 일러왔다. 호상(好喪)인 경우는 호충살의 영향이 거의 없다는 말을 하지만 애상(哀喪)의 경우는 반드시 호충을 가려야 한다.

애상(哀喪)은 천수를 누리지 못하고 젊은 나이에 애절하게 죽은 사람의 장례이다. 애상의 혼령은 자신이 죽은 것을 알지 못하거나 죽음이란 사실에 대해 체념하지 못하고 길길이 뛰다가 생자에게 해를 끼치는데 하관시에 극에 달한다고 한다. 이 경우 하관시에 잠시 떨어져 있거나 고개를 돌리면 해소된다고 한다.

동순충											
장일	생년	장일	생년	장일	생년	장일	생년	장일	생년	장일	생년
甲子	庚午	甲戌	庚辰	甲申	庚寅	甲午	庚子	甲辰	庚戌	甲寅	庚申
乙丑	辛未	乙亥	辛巳	乙酉	辛卯	乙未	辛丑	乙巳	辛亥	乙卯	辛酉
丙寅	壬申	丙子	壬午	丙戌	壬辰	丙申	壬寅	丙午	壬子	丙辰	壬戌
丁卯	癸酉	丁丑	癸未	丁亥	癸巳	丁酉	癸卯	丁未	癸丑	丁巳	癸亥
戊辰	—	戊寅	—	戊子	—	戊戌	—	戊申	—	戊午	—
己巳	—	己卯	—	己丑	—	己亥	—	己酉	—	己未	—
庚午	甲子	庚辰	甲戌	庚寅	甲申	庚子	甲午	庚戌	甲辰	庚申	甲寅
辛未	乙丑	辛巳	乙亥	辛卯	乙酉	辛丑	乙未	辛亥	乙巳	辛酉	乙卯
壬申	丙寅	壬午	丙子	壬辰	丙戌	壬寅	丙申	壬子	丙午	壬戌	丙辰
癸酉	丁卯	癸未	丁丑	癸巳	丁亥	癸卯	丁酉	癸丑	丁未	癸亥	丁巳

3) 삼합충(三合冲)

삼합충은 장례일 지지의 충을 살핀 후에 삼합오행을 따져 호충살을 피하는 방법이다.

즉 장일이 자일(子日)이라면 자(子)의 호충은 오(午)이므로 오의 삼합인 인오술(寅午戌)에 해당하는 띠의 출생자 모두가 호충살에 걸리므로 하관시에 피하는 방법이다.

삼합충			
장일	삽합충	장일	삼합충
子	寅 午 戌	午	申 子 辰
丑	亥 卯 未	未	巳 酉 丑
寅	申 子 辰	申	寅 午 戌
卯	巳 酉 丑	酉	亥 卯 未
辰	寅 午 戌	戌	申 子 辰
巳	亥 卯 未	亥	巳 酉 丑

4) 태세압본명(太歲壓本命)

태세압본명(太歲壓本命)은 그 해에 이장을 할 수 없는 생년을 고르는 법이다. 즉, 어느 띠는 그 해에 이장을 하지 못한다는 법이다.

장사하는 해의 태세를 중궁에 넣고 구궁을 순행하여 중궁에 두는 사람이 해당한다. 만일 2014년 이라면 갑오년이 태세이다.

이 태세를 중궁에 넣고 육십갑자를 순행하는데 갑오, 계묘, 임자, 신유, 경오, 기묘, 무자가 중궁에 드니 이에 해당하는 사람은 갑오년에는 일 년 동안 하관을 보지 않는다.

태세압본명			
이장해	호충살에 해당하는 생년	이장해	호충살에 해당하는 생년
甲子年	甲子,癸酉,壬午,辛卯,庚子, 己酉,戊午	甲午年	甲午,癸卯,壬子,辛酉,庚午, 己卯,戊子

乙丑年	乙丑,甲戌,癸未,壬辰,辛丑,庚戌,己未	乙未年	乙未,甲辰,癸丑,壬戌,辛未,庚辰,己丑
丙寅年	丙寅,乙亥,甲申,癸巳,壬寅,辛亥,庚申	丙申年	丙申,乙巳,甲寅,癸亥,壬申,辛巳,庚寅
丁卯年	丁卯,丙子,乙酉,甲午,癸卯,壬子,辛酉	丁酉年	丁酉,丙午,乙卯,甲子,癸酉,壬午,辛卯
戊辰年	戊辰,丁丑,丙戌,乙未,甲辰,癸丑,壬戌	戊戌年	戊戌,丁未,丙辰,乙丑,甲戌,癸未,壬辰
己巳年	己巳,戊寅,丁亥,丙申,乙巳,甲寅,癸亥	己亥年	己亥,戊申,丁巳,丙寅,乙亥,甲申,癸巳
庚午年	庚午,己卯,戊子,丁酉,丙午,乙卯,甲子	庚子年	庚子,己酉,戊午,丁卯,丙子,乙酉,甲午
辛未年	辛未,庚辰,己丑,戊戌,丁未,丙辰,乙丑	辛丑年	辛丑,庚戌,己未,戊辰,丁丑,丙戌,乙未
壬申年	壬申,辛巳,庚寅,己亥,戊申,丁巳,丙寅	壬寅年	壬寅,辛亥,庚申,己巳,戊寅,丁亥,丙申
癸酉年	癸酉,壬午,辛卯,庚子,己酉,戊午,丁卯	癸卯年	癸卯,壬子,辛酉,庚午,己卯,戊子,丁酉
甲戌年	甲戌,癸未,壬辰,辛丑,庚戌,己未,戊辰	甲辰年	甲辰,癸丑,壬戌,辛未,庚辰,己丑,戊戌
乙亥年	乙亥,甲申,癸巳,壬寅,辛亥,庚申,己巳	乙巳年	乙巳,甲寅,癸亥,壬申,辛巳,庚寅,己亥
丙子年	丙子,乙酉,甲午,癸卯,壬子,辛酉,庚午	丙午年	丙午,乙卯,甲子,癸酉,壬午,辛卯,庚子
丁丑年	丁丑,丙戌,乙未,甲辰,癸丑,壬戌,辛未	丁未年	丁未,丙辰,乙丑,甲戌,癸未,壬辰,辛丑
戊寅年	戊寅,丁亥,丙申,乙巳,甲寅,癸亥,壬申	戊申年	戊申,丁巳,丙寅,乙亥,甲申,癸巳,壬寅
己卯年	己卯,戊子,丁酉,丙午,乙卯,甲子,癸酉	己酉年	己酉,戊午,丁卯,丙子,乙酉,甲午,癸卯
庚辰年	庚辰,己丑,戊戌,丁未,丙辰,乙丑,甲戌	庚戌年	庚戌,己未,戊辰,丁丑,丙戌,乙未,甲辰
辛巳年	辛巳,庚寅,己丑,戊申,丁巳,丙寅,乙亥	辛亥年	辛亥,庚申,己巳,戊寅,丁亥,丙申,乙巳
壬午年	壬午,辛卯,庚子,己酉,戊午,丁卯,丙子	壬子年	壬子,辛酉,庚午,己卯,戊子,丁酉,丙午
癸未年	癸未,壬辰,辛丑,庚戌,己未,戊辰,丁丑	癸丑年	癸丑,壬戌,辛未,庚辰,己丑,戊戌,丁未
甲申年	甲申,癸巳,壬寅,辛亥,庚申,己巳,戊寅	甲寅年	甲寅,癸亥,壬申,辛巳,庚寅,己亥,戊申

乙酉年	乙酉,甲午,癸卯,壬子,辛酉,庚午,己卯	乙卯年	乙卯,甲子,癸酉,壬午,辛卯,庚子,己酉
丙戌年	丙戌,乙未,甲辰,癸丑,壬戌,辛未,庚辰	丙辰年	丙辰,乙丑,甲戌,癸未,壬辰,辛丑,庚戌
丁亥年	丁亥,丙申,乙巳,甲寅,癸亥,壬申,辛巳	丁巳年	丁巳,丙寅,乙亥,甲申,癸巳,壬寅,辛亥
戊子年	戊子,丁酉,丙午,乙卯,甲子,癸酉,壬午	戊午年	戊午,丁卯,丙子,乙酉,甲午,癸卯,壬子
己丑年	己丑,戊戌,丁未,丙辰,乙丑,甲戌,癸未	己未年	己未,戊辰,丁丑,丙戌,乙未,甲辰,癸丑
庚寅年	庚寅,己丑,戊申,丁巳,丙寅,乙亥,甲申	庚申年	庚申,己巳,戊寅,丁亥,丙申,乙巳,甲寅
辛卯年	辛卯,庚子,己酉,戊午,丁卯,丙子,乙酉	辛酉年	辛酉,庚午,己卯,戊子,丁酉,丙午,乙卯
壬辰年	壬辰,辛丑,庚戌,己未,戊辰,丁丑,丙戌	壬戌年	壬戌,辛未,庚辰,己丑,戊戌,丁未,丙辰
癸巳年	癸巳,壬寅,辛亥,庚申,己巳,戊寅,丁亥	癸亥年	癸亥,壬申,辛巳,庚寅,己亥,戊申,丁巳

12. 취토(取土)

취토란 여러 가지 의미가 있다. 일반적으로 취토란 맏상주가 상복 자락에 흙을 세 번 받아 광중 맨 위에 한 번, 가운데 한 번, 아래쪽에 한 번씩 차례로 놓는데 이를 상주의 취토라 한다.

취토가 끝나면 광중을 메운다. 흔히 취토방(取土方)이라는 말도 한다. 하관 때에 광중에 처음 넣을 몇 줌의 흙을 떠는 생토방과 성분(成墳)할 때의 사토방을 말하는 것이다.

다른 의미도 있다. 장사를 지낼 때에 무덤 속에 놓기 위하여 길한 방위에서 흙을 떠 오는 일을 말하기도 하며 또는 그 흙을 말하기도 한다. 관(棺)을 괴기 위하여 무덤의 구덩

이 네 귀에 조금씩 놓아, 하관(下官) 뒤에 바를 뽑기 쉽게
한다.

그럼에도 불구하고 취토란 하관 후 시신을 덮기 전에 후
손들이 흙을 덮거나 뿌리는 것을 말한다. 비슷한 말로 하토
가 있다. 하토는 취토 후 상주 등 가족 외 장례참가자가 관
위에 흙을 뿌리는 것을 말한다. 취토방은 이 흙을 가지고 오
는 방향이다.

그 해에 반드시 사용하는 방향이 있다. 예를 들어 자년에
묘를 쓰려한다면 오방에서 흙을 가져와야 한다. 자년이라
하면 지지에 자자가 들어간 모든 년이다.

예를 들면 갑자, 병자, 무자, 경자, 임자의 다섯 가지다. 이
해에는 오방이 길하다. 따라서 묘를 쓸 광중에서 남쪽으로
가서 흙을 구해가지고 와 취토하는 것이 좋다. 이때는 1m
이상의 깊이에서 양질의 땅을 가져오는데 가장 좋은 흙은
비석비토가 된다.

취토방											
년	子	丑	寅	卯	辰	巳	午	未	申	酉	戌	亥
방위	午	亥	戌亥	午	寅	辰	子	丑	卯	子	寅	辰

16장.

이장
(移葬)

이장(移葬)은 묘를 옮기는 것이다. 묘를 쓴 다음에 다시 어떠한 목적에 의하여 새로이 묘지를 택하여 시신을 옮겨 매장하는 것을 말한다. 개장(改葬), 면례(緬禮), 면봉(緬奉), 천장(遷葬)이라고도 한다. 달리 묘를 여는 개장 의식에도 묘 속이 좋고 깨끗하면 이장하지 않고 되묻는 경우도 있다. 이 경우 광중을 정리하고 새로이 베를 감아 묻으므로, 옷을 입혀 드리는 예의를 치른다 하여 면례라고도 한다. 지금은 모든 단어가 이장이라는 개념으로 통용되고 있지만 면례는 그 자리에서 삼베만 바꾸어 주는 것이다. 예전에는 이장과 면례가 달랐다는 이야기다.

이장도 절차가 있다. 새로 모실 장지를 선정하고 나면 구 묘소에 이르러 토지신에게 토신제(土神祭)를 올린다. 이때의 제사 절차는 일반 제사와 같다. 즉 제수를 진설하고 술을 올리고 두 번 절을 올린다음 축문을 읽는다. 토신제가 끝나면 묘소 앞에 제상을 차리고 초상 때와 같이 제사를 올린다. 이 제사가 끝난 후에 분묘를 파기 시작하는데 이를 파광(破壙)이라 하고, 묘의 서쪽부터 괭이로 한번 찍고 "파묘" 하고 큰소리로 외치며 사방을 파 나간다.

관이나 시신을 들어 낼 때에는 유골이 흩어 지지 않도록 주의를 하여서 하나하나 수습하여 준비한 칠성판에 옮겨 놓는다. 칠성판에는 붓으로 북두칠성을 그려 놓는다. 물론 이 과정이 모든 지역마다 같은 것은 아니다. 칠성판에 유골을 수습한 후에는 긴 감포(무명베)로 칠성판과 함께 머리부터 감아 내려간다.

유골을 새 묘지에 내려놓으면 역시 토신제를 올려야 한다. 그 절차는 전과 같이 하면 된다. 토신제가 끝나면 즉시 광중을 파는데 이 절차와 의식은 초상 때와 같은 절차로 진행한다. 이 모든 절차가 끝나면 이장이 끝나는데 예의와 정성을 다하여 모든 절차와 의식을 끝냈는지 돌아보아 선영의 은덕에 보답하는 것이 자손의 도리일 것이다.

이러한 여러 가지 절차에 앞서 반드시 확인해야 할 것이 있으니, 동총운(動塚運), 개총기일(開塚忌日), 대공망일(大空亡日), 태세압본명(太歲壓本命)을 따진다.

1. 동총운(動塚運)

동총운(動塚運)은 대리운(大利運)과 소리운(小利運)이 닿는 해에 이장을 하는 것을 말한다. 기존 묘의 좌로 판단한다. 즉 그 좌를 기준으로 이장을 해도 괜찮은지 파악하는 것으로 이장을 해서는 안되는 운이 있다. 이 동총운은 떼 입히고 축대 쌓고, 봉분 고치는 사초, 비석 세우는 일을 할 수 있는 기준이 된다.

1) 동총운

윤달이 들면 평소 조상 묘, 개수(改修) 및 이장(移葬) 등, 계획을 추진해온 가문 및 가정에서는 막중한 대사(大事)를 앞두고, 파묘(破墓)가능여부 및, 택일(擇日)등, 궁금한 사항 등의 문의가 늘고 있어, ≪천기대요≫ 등을 참고하여 몇 가지 사항을 열거한다.

동총운은 각기 대리운(大利運)과 소리운(小利運), 중상운 (重喪運)이 있다. 대리운은 매우 길하고 소리운은 보통이므로 일을 할 수 있다. 그러나 중상운에 닿게 되면 산에 관련된 일을 하지 못한다.

또한 이장하고자 하여 개장을 할 구묘(舊)가 중상운에 해당하는 좌향에 놓여 있으면 이장하거나 합폄(合窆, 합장)을 하지 못한다. 아울러 면례, 묘지수리, 석축쌓기, 사초도 할 수 없다.

동총운			
년운 묘의 坐	대리운 (大利運)	소리운 (小利運)	중상운 (重喪運)
壬子癸丑丙寅丁未	辰戌丑未	子午卯酉	寅申巳亥
乙辰巽巳申戌乾亥	寅申巳亥	辰戌丑未	子午卯酉
艮寅甲卯坤申庚酉	子午卯酉	寅申巳亥	辰戌丑未

2) 이총운(移葬運)

이미 써 있는 묘를 딴 곳으로 옮기는 것으로 첫째' 동총 법(動塚法)으로 구묘가 대리, 소리에 해당되는 좌만 쓰고, 중상운의 좌는 건드리지 않아야 한다.

둘째' 새로 옮긴 음택지에서 좌향을 놓을 때, 태세(太歲) 의 삼살, 좌살, 세파 등에 해당하는 좌는 가급적 피해서 놓아야 한다.

예) 2004년 甲申年 太歲納音==水(泉中水)

. 年克: 乙, 午 좌, 三煞: 巳, 午, 未 좌, 坐殺: 丙 좌,
世波: 寅좌 총 7개坐

2. 삼살(三殺), 좌살(坐殺)

이장할 때는 새로 이장할 묘의 좌향도 따져야 한다. 구묘
에서 이장할 새 묘의 좌(坐)가 삼살(三殺), 좌살(坐殺)에 해
당되지 않아야 한다.

이장하는 해의 삼살과 좌살		
이장하는 해	三殺(坐를 기준)	坐殺(坐를 기준)
申子辰	巳午未	丙丁
巳酉丑	寅卯辰	甲乙
寅午戌	亥子丑	壬癸
亥卯未	申酉戌	庚辛

3. 오산년운법(五山年運法)

오산년운법(五山年運法)은 이장하려는 새 묘의 좌산의
이장년운을 보는 동총년운법이다. 새로 쓰는 묘의 운을 보
는 법을 묘운(墓運)이라 한다.

새로 쓰는 묘의 좌향과 당년의 운으로 생극관계를 확인
하여 그 해에 이장이 가능한가를 살핀다. 이 때 좌는 홍범오

행, 년월일시는 납음오행으로 한다. 단 여러 묘를 동시에 이 장시는 사용 생략한다.

홍범오행을 풀이하면 수성, 목성, 화성, 금성, 토성이 움직이는 24방위, 즉 임자계축간인갑묘을진손사병오정미곤신경유신술건해를 적용하는 것이다.

이곳에서 각 국이 되는 방위를 정하는데 목국은 정미, 화국은 신술, 금국은 계축, 수국은 을진이 된다. 이것으로서 음택의 좌향을 잡고 길흉을 판단한다.

예를 들어보면 어떤 묘가 정좌로 쓰여있다. 이 묘는 홍범오행으로 살펴 금국에 해당한다. 따라서 금국의 기준이 되는 계축이 묘방이 된다. 따라서 포태법을 적용한다. 즉 간인은 절, 갑묘는 태, 을진은 양, 손사는 장생, 병오는 목욕, 정미는 관대, 곤신은 임관, 경유는 제왕, 신술은 쇠, 건해는 병, 임자는 사가 된다.

오산년운법	
五行	洪範五行 해당 方位
木	震 . 艮 . 巳 .
火	離 . 壬 . 丙 . 乙 .
土	癸 . 丑 . 坤 . 庚 . 未 .
金	兌 . 丁 . 乾 . 亥 .
水	甲 . 寅 . 辰 . 巽 . 戌 . 坎 . 申 . 辛 .

五山年運 早見表				
坐山(動家年)	木山 卯艮巳	火山 午壬丙乙	土水山 甲寅巽辰子 戌辛癸申丑 坤庚未	金山 酉丁乾亥
甲己年	辛未 土運	甲戌 火運	戊辰 木運	乙丑 金運
乙庚年	癸未 木運	丙戌 土運	庚辰 金運	丁丑 水運
丙申年	乙未 木運	戊戌 木運	壬辰 水運	己丑 火運
丁壬年	丁未 水運	庚戌 金運	甲辰 火運	辛丑 土運
戊癸年	己未 火운	壬戌 水運	丙辰 土運	癸丑 木運

이장하고자 하는 당년에 산의 운을 생조하거나 비화(比和)하면 매우 길하고 이와 비교하여 년운이 산운을 극하거나 설기하면 이장이 불길하다. 단 망자의 명이나 당일의 일진(납음오행)이 산운을 극하는 년운을 다시 제극하면 구애됨이 없다.

다시 한 번 예를 들어보자. 갑신년의 건좌손향 이장을 살펴본다. 갑신년의 납음오행이 수(泉中水)이고 건좌는 당년 산운이 을축금운이다. 즉 이와 같을시 산음이 년운을 도리어 생조하므로 좋지 않다. 즉 갑신년의 건좌이장은 좋지 않다. 그럼에도 만약 망명이 정사생(사중토)이거나 장사 당일이 경자일(壁上土)이면 연운의 납음수를 토극수로 제압하고 다시 산운의 금을 토생금으로 생조하므로 당년 이장은 하등의 지장이 없다.

4. 금정명암기도혈정국(金精明暗氣到穴定局)

금정명암기도혈정국(金精明暗氣到穴定局)은 여러 가지의 장택론 중 하나이다. 좌산의 명기와 암기를 가리는 것이다. 이 명암기의 도혈은 좌산에 따라 매년 바뀌며 을경정명기(乙庚丁明氣)는 선천영기(先天盈氣)인 바, 그 좌산에 조장하면 매우 길하고 갑병신암기(甲丙辛暗氣)는 후천산기(後天散氣)이므로 불안하다.

년＼명암기	子午年	丑未年	寅申年	卯酉年	辰戌年	巳亥年
	금정명암기도혈정국					
一甲暗	寅甲辰丁未酉山	癸巳丙申戌山	辛亥壬艮山	卯巽坤庚山	乾午山	子丑乙山
二辛暗	子丑乙山	寅甲辰丁未酉山	癸巳丙申戌山	辛亥壬艮山	卯巽坤庚山	乾午山
三丙暗	乾午山	子丑乙山	寅甲辰丁未酉山	癸巳丙申戌山	辛亥壬艮山	卯巽坤庚山
四乙明	卯巽坤庚山	乾午山	子丑乙山	寅甲辰丁未酉山	癸巳丙申戌山	辛亥壬艮山
五庚明	辛亥壬艮山	卯巽坤庚山	乾午山	子丑乙山	寅甲辰丁未酉山	癸巳丙申戌山
六丁明	癸巳丙申戌山	辛亥壬艮山	卯巽坤庚山	乾午山	子丑乙山	寅甲辰丁未酉山

5. 개총기일(開塚吉日)

개총길일(開塚忌日)은 이장을 할 때 구묘를 열수 있는가를 따지는 방법이다. 이장을 목적으로 하거나 합장하려면 이미 쓴 무덤을 헤쳐야 하는데 이를 꺼리는 일시(日時)가 있다. 특히 합장에서 중요하게 여긴다.

개총길일은 이장 뿐 아니라 특히 합장에서 중요하게 사용한다. 예를 들어 이장하거나 합장하려는 묘가 신술건해좌(辛戌乾亥坐)에 해당하면 갑을일(甲乙日)이나 신유시(申酉時)에 묘를 헐지 못한다. 단 12성(星)에 破日이면 무방하다. 곤신경유좌(坤申庚酉坐)가 구묘라면 병정일(丙丁日)이나 축오신술시(丑午申戌時)에 파묘하지 못한다. 구묘가 진술유좌(辰戌酉坐)라면 무기일(戊己日)이나 진술유시(辰戌酉時)에 파묘하지 못한다. 구묘가 간인갑묘좌(艮寅甲卯坐)라면 경신일(庚辛日)이나 축진사시(丑辰巳時)에는 파묘하지 못한다. 구묘가 을진손사좌(乙辰巽巳坐)라면 임계일(壬癸日)이나 축미시(丑未時)에는 파묘하지 못한다.

개총기일		
구묘의 좌(坐)	꺼리는 날(日)	꺼리는 시(時)
신술건해좌(辛戌乾亥坐)	갑을일(甲乙日)	신유시(申酉時)
곤신경유좌(坤申庚酉坐)	병정일(丙丁日)	축오신술시(丑午申戌時)
진술유좌(辰戌酉坐)	무기일(戊己日)	진술유시(辰戌酉時)
간인갑묘좌(艮寅甲卯坐)	경신일(庚辛日)	축진사시(丑辰巳時)
을진손사좌(乙辰巽巳坐)	임계일(壬癸日)	축미시(丑未時)

6. 천상천하(天上天下) 대공망일(大空亡日)

이 날은 모든 흉신(凶神)이 그 영향력을 나타낼 수 없는 날이므로 이장이나 묘지의 개수(改修)에 유리하다.

천상천하(天上天下) 대공망일(大空亡日)
甲申, 甲戌, 甲午, 乙丑, 乙酉, 乙亥, 壬子, 壬寅, 壬辰, 癸卯, 癸巳, 癸未

7. 이장(移葬) 및 개수(改修) 길일(吉日)

이장(移葬) 및 개수(改修) 길일(吉日)
庚午, 辛未, 壬申, 癸酉, 戊寅, 己卯, 壬午, 癸未, 甲申, 乙酉, 甲午, 乙未, 丙申, 丁酉, 壬寅, 癸卯, 丙午, 丁未, 戊申, 己酉, 庚申, 辛酉

8. 합장(合葬)과 쌍분(雙墳)

사람이 죽으면 여러 가지 형태의 시신처리과정을 거친다. 이를 장례라고 한다. 시신의 매장형태도 다양하다. 합장(合葬)은 단독장(單獨葬)과 대조되는 말이다. 즉 하나의 묘에 두명 이상의 시신을 매장하는 것이다. 다른 말로 부장(附葬), 또는 합폄(合窆)이라고도 부른다.

매장은 시신을 땅 속에 묻는 것이다. 이러한 과정에서 단독장과 합장이 나뉜다. 단독장은 한 개의 봉분 속에 하나의 시신을 매장하는 것이며, 합장은 한 개의 봉분 속에 하나 이상의 시신을 매장하는 것을 말한다. 그러나 합장이라고 하더라도 반드시 하나의 묘에 매장하는 것은 아니다. 일반적으로 함장은 하나의 봉분에 매장하는 것이지만 하나의 봉분에 매장하지 않고 풍수지리적 해석에 따라 얼마간의 간격을 두고 매장하기도 한다. 이럴 때에는 봉분을 두 개 만들기도 한다. 이를 합장으로 보지 않는 경우도 있다. 즉 쌍분은 합장으로 보지 않는 것이다.

무덤은 그 형태에 따라 단분(單墳)과 쌍분(雙墳)으로 구분한다. 일반적으로 쌍분은 단분이 두 개 나란히 있는 것을 가리키지만 때로는 두 개의 단분을 반반씩 포개어 쓰는 형태를 말하기도 한다. 지역적 차이가 있는 것이기는 하지만 일반적으로 합장은 하나의 묘에 하나 이상의 시신을 매장하는 것이다. 만약 부부 중 누군가 먼저 죽었다면 나중에 죽은 사람을 먼저 죽어 묻힌 사람의 묘역 합장할 것인지 논하게 된다. 이때 합장할 수 없는 경우와 합장해도 되는 경우가 있다. 가장 먼저 동총운법으로 가리고 이어 삼살방과 세파방을 가리는 것이 일반적이다.

1) 삼살방(三煞方)

삼살방(三殺方)은 아주 다양한 택일에 사용된다. 이사, 혼인에도 반드시 논의되지만 이장과 초상에도 사용되는 중요한 이론이다. 삼살방은 겁살(劫殺), 재살(災殺), 세살(歲殺)을 말한다. 삼살방 역시 합장하거나 쌍분을 조성할 때 꺼리는 방위에 속한다.

이장을 하고자 하는 해가 사, 유, 축년에는 인묘진 향으로 좌를 삼지 않는다. 즉 사유축년에는 인좌신향, 묘좌유향, 진좌술향으로 묘를 쓰지 않는다. 아울러 쌍분이나 다른 독립된 묘를 쓸 경우에도 기존 묘의 동쪽으로는 봉분을 만들지 않는다.

삼살방		
해 (年)	三殺方	
巳酉丑	인묘진 방 (寅卯辰 方)	동북동(겁살), 동(재살), 동남동(천살)을 조심
신자진	사오미 방 (巳午未 方)	남동남(겁살), 남(재살), 남서남(천살)을 조심
해묘미	신유술 방 (申酉戌 方)	서남서(겁살), 서(재살), 서북서(천살)을 조심
인오술	해자축 방 (亥子丑 方)	북서북(겁살), 북(재살), 북동북(천살)을 조심

2) 세파방(歲破方)

이장하고자 하는 해당 년도에 태세와 정충의 방향이 세파방이 된다.

예를 들어 지지에서 가장 먼저 나오는 쥐의 해, 즉 자년(子年)에는 호충이 걸리는 오좌(午坐)로 묘를 쓰면 안된다.

즉 갑자(甲子), 병자(丙子), 무자(戊子), 경자(庚子), 임자년(壬子年)에는 오좌의 묘를 쓸 수 없다. 즉 오좌자향(午坐子向)으로 묘를 쓸 수 없고 기본의 묘를 기준으로 오방(午

方), 즉 남쪽으로 묘를 써도 안된다.

다음은 양의 띠에 해당하는 미(未)의 해라 가정하고 살펴보자. 양의 해에는 호충이 걸리는 축(丑)의 좌향으로는 묘를 쓸 수 없다. 즉 계미(癸未), 기미(己未), 을미(乙未), 신미(辛未), 정미년(丁未年)에는 축좌미향(丑坐未向)으로 묘를 쓰면 안되고 기존 묘의 동쪽으로 써도 안된다.

세파방												
년	子	丑	寅	卯	辰	巳	午	未	申	酉	戌	亥
세파	午	未	申	酉	戌	亥	子	丑	寅	卯	辰	巳

9. 만년도(萬年圖)

만년도(萬年圖)는 매장, 이장 등을 할 때 각각의 해(年)에 운이 어떤지를 알려주는 도표이다.

건물을 중축하거나 개축할 때도 참고하지만 일반적으로 묘를 이장할 때 좌를 따져 그 해의 흉신에 닿는지 살피는 방법이다.

달리 이십사좌운법(二十四坐運法)이라고도 한다. 이는 24개의 방향으로 이루어졌음을 보여주는 것이다.

만년도(萬年圖)										
坐向 /年	甲 子	乙 丑	丙 寅	丁 卯	戊 辰	己 巳	庚 午	辛 未	壬 申	癸 酉
子坐	年 克	炙 退	三殺 陰府	小 利	年 克	炙 退	三殺 歲破	陰府 年克	大 利	向殺 傍陰

癸坐	年克向殺	浮天	坐殺傍陰	大利	年克向殺	大利	坐殺	傍陰年克	向殺	大利
丑坐	年克	傍陰	三殺	小利	年克	大利	三殺傍陰	年克歲破	小利	地官
艮坐	陰府	年克	年克	大利	大利	年克陰府	大利	大利	大利	小利
寅坐	年克	三殺	小利	天官傍陰	年克	三殺	大利	年克天官	傍陰歲破	三殺
甲坐	年克	坐殺	大利	向殺傍陰	年克	坐殺	大利	年克向殺	浮天傍陰	坐殺
卯坐	炙退	三殺年克	年克	小利	炙退陰府	年克三殺	小利	小利	炙退	三殺歲破陰府
乙坐	大利	坐殺	大利	年克向殺	傍陰	坐殺	大利	向殺	大利	坐殺浮天傍陰
辰坐	年克地官	三殺	傍陰	小利	年克	三殺	小利	年克傍陰	小利	三殺
巽坐	年克陰府	大利	大利	大利	年克	陰府	大利	年克	小利	三殺
巳坐	三殺	年克傍陰地官	年克天官	大利	三殺	年克	傍陰天官	大利	三殺	大利
丙坐	坐殺傍陰	大利	向殺	年克	坐殺	傍陰	向殺	浮天	坐殺	大利
午坐	三殺歲破	小利	地官	炙退年克陰府	三殺	小利	大利	炙退	三殺陰府	小利
丁坐	坐殺	傍陰	向殺	大利	坐殺	大利	年克傍陰向殺浮天	大利	坐殺	年克
未坐	三殺年克	歲破	小利	地官	年克三殺傍陰	小利	大利	年克	三殺	傍陰

坤坐	年克	大利	陰府	大利	年克三府浮天	大利	大利	年克陰府	大利	府浮
申坐	年克	天官	傍陰歲破	三殺	年克地官	天官	小利	年克三殺陰府	大利	天官
庚坐	年克	向殺	大利	浮天坐殺	年克傍陰	向殺	小利	年克坐殺	大利	向殺傍陰
酉坐	小利	陰府	炙退	三殺歲破	小利	地官	炙退年克陰府	三殺	小利冬至後小利	傍陰
辛坐	年克傍陰	向殺	浮天	坐殺	年克	向殺傍陰	大利	年克坐殺	大利	向殺
戌坐	年克	小利	大利	三殺傍陰	年克歲破	小利	地官	年克三殺	傍陰	大利
乾坐	小利	陰府	大利	陰府	大利	浮天	年克陰府	小利	陰府	年克
亥坐	天官	大利	三殺	小利	傍陰天官	歲破	年克三殺	地官	天官	年克傍陰
壬坐	浮天向天	傍陰	坐殺	年克	向殺	大利	坐殺傍陰	大利	向殺	大利

坐向/年	甲戌	乙亥	丙子	丁丑	戊寅	己卯	庚辰	辛巳	壬午	癸未
子坐	三殺	年克	陰府	炙退年克	三殺	小利	小利	炙退陰府	三殺歲破	年克
癸坐	坐殺	浮天年克	向殺傍殺	年克	坐殺	大利	向殺	傍陰	坐殺	年克
丑坐	三殺	年克傍	小利	年克	三殺	小利	傍陰	小利	三殺	歲破年

		陰								克
艮坐	陰府	小利	大利	大利	大利	陰府	年克	大利	大利	小利
寅坐	地官	天官年克	小利	年克三殺傍陰	小利	天官	大利	三殺	傍陰	天官年克
甲坐	大利	年克向殺	大殺	坐殺年克傍陰	大利	向殺	大利	坐殺	傍陰浮天	向殺年克
卯坐	小利	地官	炙退	三殺	陰府	大利	年克炙退	三殺	小利	陰府
乙坐	大利	向殺	大利	坐殺	傍陰年克	向殺	大利	坐殺年克	大利	向殺浮天傍陰
辰坐	歲破	年克	地官傍陰	年克三殺	大利	大利	小利	三殺傍陰	小利	年克
巽坐	陰府	年克	大利	年克	大利	陰府	大利	大利	小利	年克
巳坐	天官	傍陰歲破	三殺	地官	天官	大利	年克傍陰三殺	大利	天官	大利
丙坐	三殺傍陰	大利	坐殺	大利	向殺年克	傍陰	坐殺	浮天年克	向殺	大利
午坐	小利	炙退	三殺	陰府	地官	炙退	三殺	年克	陰府	炙退

坐										
			歲破		年克					
丁坐	年克向殺	傍陰	年克坐殺	大利	向殺	大利冬至後不利	浮天傍陰坐殺	大利	年克向殺	大利
未坐	小利	年克	三殺	歲破年克	傍陰	地官	三殺	大利	大利	傍陰年克
坤坐	大利	年克	陰府	年克	陰府浮天	大利	大利	陰府	大利	年克陰府
申坐	小利	年克三殺	傍陰	天官年克	歲破	三殺	地官	傍陰天官	大利	三殺年克
庚坐	大利	坐殺年克	大利	浮天年克向殺	傍陰	坐殺	大利	向殺	小利	傍陰坐殺年克
酉坐	炙退年克	三殺陰府	年克	大利	炙退	三殺歲破	陰府	地官	炙退年克	三殺
辛坐	傍陰	坐殺年克	浮天	向殺年克	小利	坐殺傍陰	大利	向殺	大利	年克坐殺
戌坐	小利	年克三殺	大利	年克	大利	三殺	歲破	小利	傍陰地官	三殺年克
乾坐	年克	陰府	年克	陰府	大利	浮天	陰府	小利	年克陰府	

亥坐	三殺年克	大利	天官年克	小利	三殺傍陰	小利冬至後不利	天官	歲破	三殺年克	傍陰天官
壬坐	坐殺浮天	傍陰	向殺	大利	坐殺年克	大凶	向殺傍陰	年克	坐殺	大利

坐向/年	甲申	乙酉	丙戌,丁亥	戊子	己丑	庚寅	辛卯	壬辰	癸巳
子坐	地官	炙退	陰府三殺年克	大利	小利	炙退	三殺	陰府	年克	炙退
癸坐	向殺	浮天	坐殺年克傍陰	大利	向殺	年克	坐殺	傍陰	年克向殺	大利
丑坐	小利	地官傍陰	三殺年克	大利	大利	大利	傍陰三殺	小利	年克	小利
艮坐	陰府	小利	大利	年克	大利	陰府	大利	大利	大利	三殺
寅坐	歲破	三殺	地官年克	傍陰天官	小利	三殺	大利	天官	傍陰年克	三殺
甲坐	大利	坐殺	年克	向殺傍陰	大利	坐殺	大利	向殺	傍陰浮天	向殺年克年克
卯坐	炙退	歲破三殺	小利	年克地官	陰府炙退	三殺	小利	小利	炙退	陰府年克年克
乙坐	年克	坐殺	大利	向殺	傍陰	坐殺	年克	向殺	大利	坐殺浮天傍陰
辰坐	大利	三殺	年克歲破	小利	地官	三殺	小利	傍陰	年克	三殺

巽坐	陰府	大利	傍陰 年克	大利	大利	陰府	大利	大利	年克	大利
巳坐	三殺	傍陰	天官	年克歲破	三殺	地官	傍陰天官	大利	三殺	年克
丙坐	坐殺傍陰年克	大利	向殺	大利	坐殺	傍陰	向殺年克	浮天	坐殺	大利
午坐	三殺年克	小利	小利	陰府炙退	三殺歲破	小利	年克地官	炙退	陰府三殺	大利
丁坐	坐殺	傍陰	向殺	大利	坐殺	年克	向殺傍陰府天	大利冬至後不利	坐殺	大利
未坐	三殺	小利	年克	小利	傍陰三殺	歲破	小利	地官	三殺年克	傍陰
坤坐	大利	大利	傍陰年克	大利	陰府浮天	大利	大利	陰府	年克	陰府
申坐	大利	天官	陰府年克	三殺	小利	天官	歲破	傍陰三殺	年克地官	天官
庚坐	大利	向殺	年克	浮天坐殺	傍陰	向殺	大利	坐殺	年克	傍陰向殺
酉坐	小利	陰府	炙退	三殺	年克	小利冬地後不利	炙退陰府	三殺歲破	小利	地官
辛坐	傍陰	向殺	浮天年克	坐殺	大利	向殺傍陰	小利	坐殺	年克	向殺
戌坐	小利	大利	年克	三殺傍陰	大利	小利	大利	三殺	歲破年克傍陰	小利
乾坐	大利	陰府	大利	陰府	小利冬至後不利	浮天年克	陰府	小利冬至後不利	陰府	小利
亥坐	天官	大利冬至後不	三殺	小利	陰府天官	年克	三殺	小利冬至後不	天官	傍陰歲破

		利						利		
壬坐	向殺浮天年克	傍陰	坐殺	大利	向殺	大利	年克坐殺傍陰	大利	向殺	大利

坐向/年	甲午	乙未	丙申	丁酉	戊戌	己亥	庚子	辛丑	壬寅	癸卯
子坐	三殺年克歲破	小利	陰府地官	炙退	三殺年克	小利	大利	炙退陰府年克	三殺	小利
癸坐	坐殺年克	浮天	向殺傍陰	大利	坐殺年克	大利	向殺	傍陰年克	坐殺	大利
丑坐	三殺年克	歲破傍陰	小利	地官	三殺年克	大利	傍陰	年克	三殺	小利
艮坐	陰府	年克	年克	大利	大利	陰府年克	大利	大利	大利	小利
寅坐	年克	天官	歲破	三殺傍陰	年克地官	天官	大利	三殺年克	傍陰	年克
甲坐	年克	向殺	大利	坐殺傍陰	年克	向殺	大利	坐殺年克	傍陰浮天	向殺
卯坐	小利	年克	炙退年克	三殺歲破	陰府	地官年克	炙退	三殺	小利	陰府
乙坐	大利	向殺	大利	坐殺年克	傍陰	向殺	大利	坐殺	大利	向殺浮天傍陰
辰坐	年克	小利	傍陰	三殺	年克歲破	小利	地官	三殺傍陰年克	小利	大利
巽坐	陰	大	大	大	年	陰	大	年	小	大

	府年克	利	利	利	克	府	利	克	利	利
巳坐	天官	傍陰年克	三殺年克	大利	天官	年克傍陰	三殺傍陰	地官	天官	大利
丙坐	向殺傍陰	大利	坐殺	年克	向殺	坐殺	傍陰	浮天	向殺	大利
午坐	小利	炙退	三殺	陰府年克	小利	炙退	三殺歲破	小利	陰府地官	炙退
丁坐	向殺	傍陰	三殺	小利	陰府	大利	浮天傍陰坐殺年克	大利	向殺	年克
未坐	年克	小利	三殺	小利	傍陰年克	小利	三殺	歲破年克	小利	傍陰地官
坤坐	年克	大利	陰府	大利	年克陰府浮天	大利	小利	陰府年克	大利	陰府
申坐	年克	三殺	傍陰	天官	年克	三殺	小利	傍陰天官年克	歲破	三殺
庚坐	年克	坐殺	大利	年克向殺	傍陰年克	坐殺	大利	向殺年克	大利	傍陰坐殺
酉坐	炙退	三殺陰府	小利	小利	炙退	三殺	陰府年克	大利	炙退	三殺歲破年克
辛坐	傍陰年克	坐殺	浮天	向殺	年克	坐殺傍陰	大利	向殺年克	小利	坐殺
戌坐	地官年克	三殺	大利	傍陰	年克	三殺	大利	年克	傍陰地官	三殺

乾坐	小利	陰府	大利	陰府	坐殺	浮天	陰府年克	小利	陰府	年克
亥坐	三殺	地官	天官	大利	三殺傍陰	大利	天官年克	大利	三殺	傍陰年克
壬坐	坐殺浮天	傍陰	向殺	年克	坐殺	大利	向殺傍陰	大利	坐殺	大利

坐向/年	甲辰	乙巳	丙午	丁未	戊申	己酉	庚戌	辛亥	壬子	癸丑
子坐	小利	炙退年克	三殺歲破陰府	年克	地官	炙退	三殺	陰府	小利	炙退年克
癸坐	向殺	浮天年克	坐殺傍陰	年克	向殺	大利	坐殺	傍陰	向殺	年克
丑坐	小利	傍陰年克	三殺	年克歲破	小利	地官	三殺陰府	小利	大利	年克
艮坐	陰府	小利	大利	大利	大利	陰府	年克	大利	大利	小利
寅坐	大利	三殺年克	小利	傍陰年克天官	歲破	傍陰	地官	天官	傍陰	三殺年克
甲坐	大利	坐殺年克	大利	年克向殺傍陰	大利	坐殺	大利	向殺	傍陰浮天	坐殺年克
卯坐	炙退	三殺	小利	小利	炙退陰府	三殺歲破	年克	地官	炙退	傍陰三殺
乙坐	大利	坐殺	大利	向殺	傍陰年	坐殺	大利	向殺年	大利	浮天坐殺傍陰

						克		克		
辰坐	大利	年克三殺	大利	年克	大利	三殺	歲破	傍陰	地官	三殺年克
巽坐	陰府	年克	大利	年克	大利	陰府	大利	年克	小利	年克
巳坐	三殺	傍陰	天官	大利	三殺	大利	傍陰天官年克	歲破	三殺	地官
丙坐	坐殺傍陰	大利	向殺	大利	坐殺年克	傍陰	向殺	年克浮天	坐殺	大利
午坐	三殺	大利	小利	陰府炙退	三殺年克	小利	大利	炙退年克	三殺歲破陰府	小利
丁坐	坐殺年克	傍陰	向殺年克	大利	坐殺	小利冬至後不利	年克傍陰向殺	大利	坐殺年克	大利
未坐	三殺	年克	大利	年克	傍陰三殺	小利	小利	小利	三殺	傍陰年克歲破
坤坐	大利	年克	陰府	年克	陰府浮天	大利	大利	陰府	小利	陰府年克
申坐	地官	天官年克	傍陰	年克三殺	小利	天官	小利	傍陰三殺	大利	天官年克
庚坐	大利	年克向殺	小利	坐殺年克浮天	傍陰	向殺	大利	坐殺	大利	傍陰向殺年克
酉坐	年	地	炙退	三	小	小利	炙	三	年	小

	克	官陰府	年克	殺	利	冬至後不利	退陰府	殺	克	利
辛坐	傍陰	向殺年克	浮天	坐殺年克	大利	向殺傍陰	大利	坐殺	大利	向殺年破
戌坐	歲破	年克	地官	傍陰三殺年克	大利	小利	大利	三殺	傍陰	年克
乾坐	年克	陰府	年克	陰府	大利	浮天	陰府	小利	年克陰府	小利
亥坐	天官年克	歲破	坐殺年克	地官	傍陰天官	大利冬至後不利	三殺	大利	天官年克	傍陰
壬坐	向殺浮天	傍陰	坐殺	大利	向殺年克	大利	坐殺傍陰	年克	向殺	大利

坐向/年	甲寅	乙卯	丙辰	丁巳	戊午	己未	庚申	辛酉	壬戌	癸亥
子坐	三殺	小利	陰府年克	炙退	三殺	小利	年克	炙退陰府	三殺年克	小利
癸坐	坐殺	浮天	向殺傍陰年克	大利	坐殺	大利	向殺	傍陰	坐殺年克	大利
丑坐	三殺	傍陰	年克	大利	三殺	歲破	傍陰	地官	年克三殺	小利
艮坐	陰府	小利	大利	年克	大利	陰府	大利	大利	大利	年克
寅坐	大利	天官	年克	傍陰三殺	小利	天官	歲破	三殺	傍陰地官	天官

									年克	
甲坐	大利	向殺	年克	傍陰坐殺	大利	向殺	大坐	殺浮	傍陰府天年克	向殺
卯坐	小利	大利	炙退	年克三殺	陰府	大利	炙退	三殺歲破	小利	地官年克陰府
乙坐	年克	向殺	大利	坐殺	傍陰	向殺	年克	坐殺	大利	浮天傍陰向殺
辰坐	大利	小利	傍陰年克	三殺	大利	小利	小利	傍陰三殺	年克歲破	小利
巽坐	陰府	大利	年克	大利	大利	陰府	大利	大利	年克	대리
巳坐	天官	傍陰	三殺	年克	天官	大利	傍陰三殺	大利	天官	年克歲破
丙坐	向殺傍陰年克	大利	坐殺	大利	向殺	傍陰	坐殺年克	浮天	向殺	大利
午坐	蔭官年克	炙退	三殺	陰府	小利	炙退	三殺年克	小利	陰府	炙退
丁坐	向殺	傍陰	坐殺	大利	向殺	年克	坐殺傍陰浮天	小利冬至後不利	向殺	大利
未坐	小利	地官	年克三殺	小利	傍陰	向殺	三殺	小利	年克	傍陰
坤坐	大利	大利	陰府年克	大利	陰府府天	大利	大利	陰府	年克	陰府
申坐	歲破	三殺	傍陰年克地官	天官	小利	三殺	小利	傍陰	年克	陰府

							天官		
庚坐	大利	坐殺	年克	浮天向殺	傍陰	坐殺	大利	向殺	年克	傍陰坐殺
酉坐	炙退	三殺陰府歲破	小利	地官	炙退	年克三殺	陰府	小利冬至後不利	炙退	三殺
辛坐	傍陰	坐殺	浮天	向殺	大利	坐殺傍陰	大利	向殺	年克	坐殺
戌坐	小利	三殺	年克歲破	傍陰	地官	三殺	大利	小利	傍陰年克	三殺
乾坐	大利	陰府	大利	陰府	小利冬至後不利	浮天年克	陰府	小利冬至後不利	陰府	大利
亥坐	三殺	小利冬至後不利	天官	歲破	傍陰三殺	年克地官	天官	大利冬至後不利	三殺	傍陰
壬坐	坐殺年克浮天	傍陰	向殺	大利	坐殺	大利	向殺年克傍陰	大利	坐殺	大利

만년도 단어 解題		
1	向殺	앉은 자리에서 殺을 범한다. 向으로 쓰지 못한다, 移葬에 극히 해롭다.
2	大利	매우 좋다(坐).
3	小利	보통으로 좋다(坐).
4	坐殺	앉은 자리에서 殺을 범한다. 坐로 쓰지 못한다. 移葬에 극히 해롭다.
5	年克	移葬의 묘에는 꺼리게 되나 초상(初喪)에는 무방하다.
6	浮天	간지의 납음으로 따지지만 꺼린다(공망도 피한다).
7	傍陰	移葬의 묘에는 꺼리게 되나 초상(初喪)에는 무방하다.
8	天官	坐로 사용하지 못한다.
9	歲破	坐로는 쓰지 못한다.
10	三殺	坐向으로 쓰지 못한다. 거의 쓰지 않으나 부득이한 경우에는 制殺法을 적용하면 무난하게 된다(세살, 제살, 겁살). 移葬에 극히 해롭다.
11	地官	坐로 사용하지 못한다.
12	不利	大利冬至後不利, 小利冬至後不利,동지를 기준으로 사용한다.
13	陰府	坐로는 쓰지 못한다.
14	炙退	坐向으로 쓰지 못한다.
15	蔭官	坐로 사용하지 못한다.
16	年破	坐로는 쓰지 못한다.
17	月破	백해무익이니 무조건 사용하지 않는다.
18	太歲	천간이 합되어 오행이 변하지 않으면 사용 가능.